Hans Slomma

Ihr gutes Recht
als Steuerzahler

Hans Slomma

Ihr gutes Recht als Steuerzahler

Steuertips für Arbeitnehmer

Der Verlag, der Sie berät.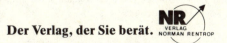

Hans Slomma, Jahrgang 1933, lebt in Buchheim bei Freiburg. Er arbeitet als Redakteur und ist Autor zahlreicher Veröffentlichungen auf dem Gebiet der Steuerpraxis.

CIP-Kurztitelaufnahme der Deutschen Bibliothek
Slomma, Hans: Ihr gutes Recht als Steuerzahler: Steuertips für Arbeitnehmer/Hans Slomma – 1. Aufl. –
Bonn: Rentrop, 1986.
ISBN 3-8125-0063-9

---

1. Auflage Dezember 1986
© Copyright 1986 by Verlag Norman Rentrop, 5300 Bonn 2

Satz: Satzanstalt Wieland Mänken, Bonn
Druck: Druckerei Laub, Elztal-Dallau
Umschlaggestaltung: Uwe Weber, Bonn
Objektleitung: Dr. Wolfgang Stock, Bonn
Lektorat: Detlef Reich, Bonn
Autor des Service-Teils: Oskar Berberich

Verlag Norman Rentrop, Theodor-Heuss-Str. 4, 5300 Bonn 2,
Tel. 0228/8 20 50, Telex 17228309 (ttx d), Teletex 228309 = rentrop
ISBN 3-8125-0063-9

Die Angaben in diesem Buch beruhen auf sorgfältigen Recherchen des Autors. Es gilt jedoch zu beachten, daß die Angaben Änderungen unterliegen. Verlag und Autor können daher keine Haftung für Vollständigkeit und Richtigkeit der Angaben in diesem Buch übernehmen.

Inhaltsverzeichnis

Vorwort	7
I. Einführung	9
II. Steuertips des Bundesfinanzhofs und der Finanzgerichte	13
Arbeitslohn	13
Werbungskosten	19
Fahrten zwischen Wohnung und Arbeitsstätte	19
Ständig wechselnde Einsatzstellen	31
Fortbildungskosten	35
Doppelte Haushaltsführung	44
Reisekosten	62
Mehraufwendungen für Verpflegung	70
Unfallkosten	74
Arbeitszimmer	82
Arbeitsmittel	87
Sonstige Werbungskosten	92
Sonderausgaben	114
Ausbildungskosten	114
Spenden	117
Vorsorgeaufwendungen	119
Außergewöhnliche Belastungen	120

III. Service-Teil ... 157

Tips für den Rechtsstreit mit dem Finanzamt ... 157

Einspruch und Beschwerde ... 157
Klage ... 167
Revision ... 169
Musterbriefe ... 171
Kosten des Finanzgerichtsverfahrens ... 193
Kosten des Verfahrens vor dem
Bundesfinanzhof ... 200

IV. Anhang ... 205

Lohnsteuerkarte ... 205
Einkommensteuer-Tabelle ... 207
Antrag auf Lohnsteuer-Ermäßigung und
Lohnsteuer-Jahresausgleich ... 227
Formulare ... 229

Stichwortverzeichnis ... 245

Abkürzungsverzeichnis ... 251

Vorwort

Unser Steuerrecht ist in einem erbarmungswürdigen Zustand. Da sind zunächst einmal die Gesetze selbst: In sich widersprüchlich, für den Adressaten unverständlich, unleserlich, beim besten Willen nicht nachzuvollziehen und in unübersehbarer Vielzahl. Damit nicht genug. Verordnungen, dickbändige Richtlinien und jährlich fast tausend Verwaltungsanweisungen zur Durchführung der Steuergesetze vollenden den Steuerwirrwarr. Eine hohe und ständig steigende Zahl von Sonderregelungen und Steuervergünstigungen verursacht zusätzliche Komplizierungen.

Steuerrecht

Die Steuerzahler sind einfach überfordert, die geltenden Vorschriften und Bestimmungen zu durchschauen und richtig anzuwenden. Der Überblick geht verloren. Steuervergünstigungen und Gestaltungsmöglichkeiten werden nicht ausgeschöpft. Dadurch verstärken sich die ohnehin schon bestehenden Ungleichmäßigkeiten und willkürlichen Belastungswirkungen weiter. Beim steuerzahlenden Bürger entsteht Unsicherheit, ob es bei der Besteuerung noch korrekt und „rechtens" zugeht. Die Flut von Einsprüchen, Rechtsbehelfen und Gerichtsverfahren zeugt von zunehmender Rechtsunsicherheit. Bundesfinanzhof und Finanzgerichte sind mit der ständig steigenden Zahl von Klagen und Revisionen hoffnungslos überlastet. Die Verfahren dauern immer länger, was einen wirksamen Rechtsschutz in Frage stellt und einer Rechtsverweigerung gleichkommt. So schafft das heutige Steuerrecht nicht mehr, sondern weniger Gerechtigkeit.

Rechtsunsicherheit

Schlimmer noch, der scharfe Zugriff der Lohn- und Einkommensteuer und auch der Sozialabgaben hat schon so

IHR GUTES RECHT ALS STEUERZAHLER

Schwarzarbeit — manchen Mitbürger in die abgabenverweigernde Schwarzarbeit getrieben. So ziehen zig Milliarden an unserer Staatskasse vorbei. Milliarden, die für eine Steuerentlastung aller Steuerzahler bitter benötigt werden.

Das alles sollte, das muß für den Gesetzgeber die höchste Alarmstufe einläuten. Nicht länger darf er nur an Symptomen kurieren. Dringend notwendig ist eine Ursachentherapie und das heißt: Absenkung der übermäßigen Abgabenbelastung; Abbau überholter und Vereinfachung verbleibender Steuern; Vereinfachung des Besteuerungsverfahrens insgesamt.

Information — Bis zur Verwirklichung dieser Ziele ist es notwendig, mehr Licht in den „Steuerdschungel" zu bringen, den Steuerzahler zu informieren, ihn über seine Rechte aufzuklären. Dazu leistet das vorliegende Buch einen nützlichen Beitrag. Hier findet der Leser in verständlicher Form die wichtigsten Urteile aller Steuergerichte. Sie sind übersichtlich nach Sachgebieten geordnet. Das erspart möglichen Ärger, Ratlosigkeit und nicht zuletzt kostbare Freizeit.

Wiesbaden, im Dezember 1986

Dr. Armin Feit
Präsident des Bundes der
Steuerzahler e.V.

I. Einführung

Arbeitnehmer sind die Leute mit den „gläsernen Taschen". *Arbeitnehmer*
Der Arbeitgeber führt die Lohnsteuer direkt an das Finanzamt ab, der Gestaltungsspielraum der Arbeitnehmer beim Steuersparen ist gegenüber anderen Berufsgruppen vergleichsweise gering. Was ist gegen die viel zu hohen Steuern zu tun? Es gilt, alle nur denkbaren Steuersparmöglichkeiten auszuschöpfen. Häufig spielt dabei das Finanzamt nicht oder nicht ganz mit, weil es – ob begründet oder nicht – oft eine andere (nämlich profiskalische) Rechtsauffassung vertritt als der Steuerzahler. Und was tut dieser dagegen? Häufig genug macht sich ein gewisser Fatalismus breit, verbunden mit der Scheu, dem Beamtenapparat „da oben" Paroli zu bieten. Dieses Unbehagen resultiert meistens aus der Unsicherheit, wie es wohl weitergehen mag, wenn das Finanzamt den Einspruch zurückweist.

Da ist es gut, die Rechtsprechung des Bundesfinanzhofs *Rechtsprechung*
(BFH) und der Finanzgerichte (FG) für Arbeitnehmer zu kennen. Ist es nicht so, daß der Steuerzahler ab und an einmal aus den Medien über ein spektakuläres Urteil des Bundesfinanzhofs etwas erfährt und im übrigen die Urteile des Bundesfinanzhofs und der Finanzgerichte ihm nicht zugänglich sind? Dabei gibt es gute Gründe, über die Rechtsprechung informiert zu sein:

- Wer die Urteile des Bundesfinanzhofs und der Finanzgerichte durchsieht, wird rasch feststellen, daß die Gerichte ihm so manchen wertvollen Steuertip geben. Zahlen Sie also nicht mehr Steuern als Sie müssen, sondern nutzen Sie die Rechtsprechung.

- Jeder Finanzbeamte wird bei zunächst kontroverser Rechtsauffassung Ihren Argumenten aufgeschlossener gegenüberstehen, wenn Sie ihn darauf aufmerksam machen können, daß der Bundesfinanzhof oder ein Finanzgericht in Ihrem Sinn oder doch ähnlich bereits entschieden hat. Der Bundesfinanzhof ist das höchste deutsche Steuergericht, die Finanzgerichte liegen eine Instanz darunter. Sie werden also zunächst bemüht sein, ein für Sie passendes Urteil des Bundesfinanzhofs zu finden. Erst dann, wenn Sie keines finden können, werden Sie auf ein passendes Finanzgerichtsurteil zurückgreifen.
- Sie werden bei der Lektüre der Rechtsprechung feststellen, daß die Finanzgerichte nicht immer einheitlich entscheiden, sondern zum gleichen Sachverhalt das eine Gericht mitunter pro und das andere contra. Diese Tatsache sagt dann etwas darüber aus, wie Ihre Chancen sind, in einem Verfahren vor dem Finanzgericht zu obsiegen. Ihre Chancen werden um so geringer sein, je weniger Finanzgerichte Ihre Rechtsauffassung vertreten.
- In der folgenden Urteilssammlung finden Sie auch solche Urteile des Bundesfinanzhofs und der Finanzgerichte, die ausschließlich zuungunsten der betreffenden Steuerzahler ergangen sind. Auch diese Rechtsprechung sollten Sie kennen, denn sie hilft Ihnen, unnötigen Streit mit Ihrem Finanzamt zu vermeiden; Streit, der nicht nur das vielleicht gute Einvernehmen mit Ihrem Finanzbeamten trüben kann, sondern der Sie auch Geld kostet, falls Sie im Verfahren vor dem Finanzgericht oder gar vor dem Bundesfinanzhof unterliegen.

Steuertips

Im folgenden Kapitel II, dem Hauptteil dieses Buches, finden Sie mehr als 600 Steuertips des Bundesfinanzhofs und der Finanzgerichte aus den letzten zehn Jahren nach Sachgebieten geordnet. Mit Hilfe der Stichworte in der Randspalte und des umfangreichen Stichwortverzeichnisses am Ende des Buches werden Sie sich rasch zurechtfinden. Die Stichworte zu den Urteilen des Bundesfinanzhofs sind zum schnelleren Auffinden unterstrichen. Alle Urteile sind rechtskräftig.

Service-Teil

Kapitel III dieses Buches ist der Service-Teil, der Ihnen ausführlich erklärt, welche Rechtswege Sie in welcher Lage beschreiten können, welche Vorteile diese Ihnen bringen und welche Risiken Sie möglicherweise erwarten. Hier finden Sie außerdem zum jeweiligen Rechtsmittel die passenden Musterbriefe, die Sie in dieser Weise auch verwenden sollten, damit Sie das Wissen, daß Sie sich mit Hilfe des Hauptteils angeeignet haben, auch effektiv verwerten können und nichts vergessen. Sie werden feststellen, daß Ihnen diese Formulierungshilfen viel Zeit ersparen.

Musterbriefe

Am Ende des Kapitels finden Sie die Kostentabellen für ein Verfahren vor dem Finanzgericht und dem Bundesfinanzhof für den Fall, daß Sie unterliegen: Sie können somit das Kostenrisiko gut abschätzen.

Kostentabellen

Das Buch wird Ihnen nützen, sich im Dickicht des Steuerwesens besser zurechtzufinden. Viel Erfolg! Und den Kaufpreis setzen Sie natürlich von der Steuer ab.

II. Steuertips des Bundesfinanzhofs und der Finanzgerichte

Arbeitslohn

Zahlt ein Arbeitgeber seinem Arbeitnehmer bei dessen *Ausscheiden wegen Erreichens der Altersgrenze* einen der Höhe nach, entsprechend der Dauer der Betriebszugehörigkeit, gestaffelten Geldbetrag, so kann in dem einmaligen Bezug eine *Entlohnung für eine mehrjährige Tätigkeit* liegen, die nach § 34 Abs. 3 Einkommensteuergesetz (EStG) auf drei Jahre zu verteilen ist (BFH, Urteil v. 10. 6. 1983; BStBl 1983 II, S. 575).

Altersgrenze

Anwärterbezüge, die ein *Student der einstufigen Juristenausbildung* während der Studienabschnitte erhält (hier: Niedersachsen), sind steuerpflichtiger Arbeitslohn (BFH, Urteil v. 19. 4. 1985; BStBl 1985 II, S. 465).

Anwärterbezüge

Arbeitslohn durch Zuwendung eines geldwerten Vorteils ist nicht schon dann anzunehmen, wenn der Arbeitgeber damit rechnen muß, daß einzelne Arbeitnehmer den gestundeten Kaufpreis für *entgeltlich überlassenes Arbeitsgerät* abredewidrig nicht entrichten werden, und wenn der Arbeitgeber es unterläßt, zunächst mit Gegenforderungen ganz oder teilweise aufzurechnen (BFH, Urteil v. 25. 1. 1985; BStBl 1985, II S. 437).

Arbeitsgerät

Betriebsausflug

Bei einem jährlichen Betriebsausflug sind Aufwendungen eines Arbeitgebers für die Beförderung zu einem gängigen Ausflugslokal und für die Bewirtung darin nicht durch das individuelle Dienstverhältnis der teilnehmenden Arbeitnehmer veranlaßt. Die den Arbeitnehmern dabei zukommenden Vorteile sind daher kein Arbeitslohn.
Gleiches gilt, wenn am Betriebsausflug auch *Ehegatten* von Arbeitnehmern teilnehmen, sofern den Ehegatten aller Arbeitnehmer die Teilnahme freigestellt ist. (BFH, Urteil v. 22. 3. 1985; BStBl 1985 II, S. 532).

Betriebsveranstaltung

Übliche Zuwendungen im Rahmen einer Betriebsveranstaltung sind nicht allein deswegen durch das individuelle Arbeitsverhältnis eines jeden Arbeitnehmers veranlaßt und damit Arbeitslohn, weil sie die in den Lohnsteuer-Richtlinien festgelegte Freigrenze von 50 DM übersteigen. Aufwendungen eines Arbeitgebers für einen *Gaststättenbesuch mit Kegelbahnbenutzung* in Höhe von etwa 60 DM je Arbeitnehmer können im ganz überwiegend eigenbetrieblichen Interesse des Arbeitgebers an der Durchführung einer Betriebsveranstaltung liegen, so daß die Annahme von Arbeitslohn ausscheidet (BFH, Urteil v. 22. 3. 1985; BStBl 1985 II, S. 529).

Dienstreisen in die DDR

Arbeitslohn, der auf Dienstreisen in die DDR oder nach Ost-Berlin entfällt, ist auch dann steuerfrei, wenn der Arbeitnehmer täglich zu seiner Wohnung in West-Berlin zurückkehrt und er solche Dienstreisen beinahe jeden Arbeitstag unternimmt (BFH, Urteil v. 21. 8. 1985; BStBl 1986 II, S. 64).

Erbbaurecht

Bestellt ein Arbeitgeber seinem Arbeitnehmer ein *Erbbaurecht* zu einem *unangemessenen niedrigen Erbbauzins,* so sind die Vorteile, die sich aus dem unentgeltlichen Teil der Erbbaurechtsbestellung ergeben, dem Arbeitnehmer im Jahr der Bestellung des Erbbaurechts zugeflossen (BFH, Urteil v. 10. 6. 1983; BStBl 1983 II, S. 642).

ARBEITSLOHN

Gutschriften beim Arbeitgeber zugunsten des Arbeitnehmers aufgrund eines Gewinnbeteiligungs- und Vermögensbildungsmodells sind dem Arbeitnehmer dann noch nicht zugeflossen, wenn er über die gutgeschriebenen Beträge wirtschaftlich nicht verfügen kann (BFH, Urteil v. 14. 5. 1982; BStBl 1982 II, S. 469).

Gewinnbeteiligungs- und Vermögensbildungsmodell

Zuwendungen des Arbeitgebers anläßlich der Kommunion beziehungsweise Konfirmation eines Kindes sind durch das individuelle Dienstverhältnis veranlaßt und deshalb steuerpflichtiger Arbeitslohn (BFH, Urteil v. 9. 8. 1985; BStBl 1986 II, S. 95).

Kommunion/Konfirmation

Ein dem Arbeitnehmer zugewendeter *geldwerter Vorteil* ist Arbeitslohn, wenn er durch das individuelle Dienstverhältnis veranlaßt ist. Hierunter fällt auch eine vom Arbeitgeber gewährte Lehrabschlußprämie an einen von ihm ausgebildeten Arbeitnehmer in Höhe von 150 DM. Die vom Bundesfinanzhof entwickelte Rechtsprechung zum Begriff des steuerfreien Gelegenheitsgeschenks wird sowohl für Geld- als auch für Sachgeschenke aufgegeben (BFH, Urteil v. 22. 3. 1985; BStBl 1985 II, S. 641).

Lehrabschlußprämie

Werden dem Geschäftsführer einer GmbH die Mitgliedsbeiträge für einen Industrieclub von der GmbH erstattet, so ist die Erstattung kein steuerpflichtiger Arbeitslohn, wenn der Arbeitnehmer im ganz überwiegend eigenbetrieblichen Interesse des Arbeitgebers dem Club beigetreten ist (BFH, Urteil v. 20. 9. 1985; BStBl 1985 II, S. 718).

Mitgliedsbeiträge für einen Industrieclub

Einkünfte eines Arbeitnehmers, der für seinen in der Bundesrepublik Deutschland oder in West-Berlin ansässigen Arbeitgeber auf einer *Baustelle in der DDR* tätig ist, sind insoweit auch dann steuerfrei, wenn der einzelne Arbeitseinsatz auf dieser Baustelle nur wenige Tage gedauert hat (BFH, Urteil v. 21. 1. 1983; BStBl 1983 II, S. 224).

Tätigkeit in der DDR

Tätigkeit in der DDR

Einkünfte eines Arbeitnehmers, der für seinen in der Bundesrepublik Deutschland ansässigen Arbeitgeber auf einer *Baustelle in der DDR* tätig ist, sind auch dann steuerfrei, wenn der Arbeitslohn in der Bundesrepublik Deutschland ausbezahlt wird (BFH, Urteil v. 27. 3. 1981; BStBl 1981 II, S. 530).

Tätigkeit in Italien

Nach dem *Doppelbesteuerungsabkommen mit Italien* sind regelmäßig die Einkünfte aus nichtselbständiger Arbeit steuerfrei, die dem Verhältnis zwischen den tatsächlichen Aufenthaltstagen in Italien zu den vereinbarten Arbeitstagen pro Jahr entsprechen. Unter den vereinbarten Arbeitstagen pro Jahr sind die Kalendertage (365) abzüglich der Tage zu verstehen, an denen der Arbeitnehmer laut Arbeitsvertrag nicht zu arbeiten verpflichtet ist (Hierzu rechnen die Urlaubstage sowie arbeitsfreie Samstage, Sonntage und gesetzliche Feiertage). Hält sich ein Arbeitnehmer in Italien nur stundenweise auf, so ist das Arbeitsentgelt pro Arbeitstag in einen steuerfreien und einen steuerpflichtigen Teil aufzuteilen (BFH, Urteil v. 29. 1. 1986; BStBl 1986 II, S. 479).

Tätigkeit in Italien

Das *Besteuerungsrecht Italiens* besteht auch dann, wenn ein im Privatdienst beschäftigter Arbeitnehmer auf Weisung seines inländischen Arbeitgebers nur wenige Tage im Jahr eine Tätigkeit in Italien ausübt (BFH, Urteil v. 20. 10. 1982; BStBl 1983 II, S. 402).

Todesfallversicherung

Eine Todesfallversicherung, die den Hinterbliebenen eines auf einer Geschäftsreise tödlich verunglückten Arbeitnehmers aufgrund einer vom Arbeitgeber nach dem Pauschalsystem für Betriebsfahrzeuge abgeschlossenen Autoinsassen-Unfallversicherung zufließt, ist kein steuerpflichtiger Arbeitslohn (BFH, Urteil v. 22. 4. 1982; BStBl 1982 II, S. 496).

ARBEITSLOHN

Überläßt ein Arbeitgeber seinem Arbeitnehmer ein Wirtschaftsgut zu einem *Preis unter dem Verkehrswert,* so kann dieser Vorteil eine Entlohnung für eine mehrjährige Tätigkeit im Sinn des § 34 Abs. 3 EStG darstellen, wenn sich dies aus den Gesamtumständen des Einzelfalls ergibt (BFH, Urteil v. 10. 6. 1983; BStBl 1983 II, S. 642).

Überlassung von Wirtschaftsgütern

Unterhaltszuschüsse der *Rechts-(Gerichts-)Referendare* sind steuerpflichtige Einnahmen bei den Einkünften aus nichtselbständiger Arbeit (BFH, Urteil v. 12. 8. 1983; BStBl 1983 II, S. 718).

Unterhaltszuschüsse

Gewinne aus einer vom Arbeitgeber veranstalteten *Verlosung* können zum steuerpflichtigen Arbeitslohn gehören, wenn an der Verlosung nur Arbeitnehmer teilnahmeberechtigt sind, die in bestimmten Zeiträumen wegen Krankheiten nicht gefehlt haben (BFH, Urteil v. 15. 12. 1977; BStBl 1978 II, S. 239).

Verlosung

Versicherungsprämien, die ein Arbeitgeber für einen Kfz-Unfallversicherungsvertrag leistet, um Betriebsangehörige und betriebsfremde Personen gegen Gesundheitsschädigungen bei Kraftfahrzeugunfällen auf Dienstreisen pauschal durch eine Personen- und Summenversicherung zu versichern, sind bei den Arbeitnehmern nicht lohnsteuerpflichtig, wenn ihnen kein unentziehbarer Rechtsanspruch auf die Leistungen aus der Versicherung zusteht.
Tagegelder, die aufgrund einer solchen Versicherung an den Arbeitgeber geleistet und an die Arbeitnehmer als Versicherte weitergeleitet werden, sind regelmäßig lohnsteuerpflichtiger Arbeitslohn, wenn sie keinen steuerfreien Ersatz zum Beispiel für Schmerzensgeld und nicht von anderer Seite steuerfrei ersetzte Aufwendungen zur Beseitigung von Unfallfolgen darstellen (BFH, Urteil v. 13. 4. 1976; BStBl 1976 II, S. 694).

Versicherungsprämien

Vorsorgeuntersuchungen   Vom Arbeitgeber veranlaßte *unentgeltliche Vorsorgeuntersuchungen* seiner leitenden Angestellten stellen dann keinen steuerpflichtigen Arbeitslohn dar, wenn sie in ganz überwiegend eigenbetrieblichem Interesse des Arbeitgebers durchgeführt werden (BFH, Urteil v. 17. 9. 1982; BStBl 1983 II, S. 39).

Werbungskosten

Wird ein in Ausbildung befindlicher *Beamter* entsprechend dem Ausbildungsplan nur für einen Monat an eine auswärtige Dienststelle abgeordnet und kehrt er anschließend an die ausbildende Dienststelle zurück, so bleibt diese während der Dauer der Abordnung seine regelmäßige Arbeitsstätte (BFH, Urteil v. 8. 7. 1983; BStBl 1983 II, S. 679).

Fahrten zwischen Wohnung und Arbeitsstätte

Abordnung eines Beamten

Fährt ein *Finanzbeamter* täglich von seiner Wohnung zur *Landesfinanzschule,* um einen sechs Monate dauernden Abschlußlehrgang zu absolvieren, so handelt es sich bei diesen Fahrten um Fahrten zwischen Wohnung und Arbeitsstätte und nicht um Dienstreisen, denn regelmäßige Arbeitsstätte während des Besuchs des Abschlußlehrgangs war für den Steuerzahler die Landesfinanzschule (FG Baden-Württemberg, Urteil v. 25. 8. 1981; EFG 1982, S. 125).

Abschlußlehrgang

Bringt ein Ehegatte den anderen morgens (auf dem Weg zur Arbeit) mit dem gemeinsamen Pkw zum Bahnhof, und holt er ihn nach der Rückkehr vom Arbeitsplatz abends wieder vom Bahnhof ab, so sind die Aufwendungen für Fahrten zwischen Wohnung und Arbeitsstätte wie folgt zu berücksichtigen: Der eine Ehegatte erhält den vollen Pauschbetrag von 0,36 DM je Entfernungskilometer, der andere für die abendliche Rückkehr vom Bahnhof zur Wohnung einen Pauschbetrag von 0,18 DM je Entfernungskilometer (FG Nürnberg, Urteil v. 10. 7. 1985; EFG 1985, S. 605).

Ehegatten-Fahrgemeinschaft

Fahrten eines Arbeitnehmers mit seinem Pkw zur Arbeitsstätte und zurück sind auch dann als Fahrten zwischen Wohnung und Arbeitsstätte anzuerkennen, wenn für die tägliche *Hin- und Rückfahrt insgesamt fünf Stunden* Zeit benötigt werden. Das gilt unabhängig von der Kilometerzahl. Ein Arbeitnehmer führte Fahrten zwischen Wohnung und Arbeitsstätte (hauptsächlich auf Autobahnen) durch,

Entfernung zwischen Wohnung und Arbeitsstätte

von denen eine Strecke jeweils 260 km betrug. Die Fahrten waren steuerlich anzuerkennen (FG Nürnberg, Urteil v. 5. 6. 1985; EFG 1985, S. 553).

Entfernung zwischen Wohnung und Arbeitsstätte

Wenn die Entfernung zwischen Wohnung und Arbeitsstätte so groß ist, daß ein Arbeitnehmer es bei dem von ihm regelmäßig benutzten Beförderungsmittel arbeitstäglich nicht auf sich nehmen würde, am selben Tag zur Arbeit und zurück zu fahren, soll nach der Rechtsprechung des Bundesfinanzhofs ein Werbungskostenabzug nicht in Betracht kommen. Legt der Arbeitnehmer die Strecke gleichwohl täglich zurück, so ist ihm ein Abzug der gesamten Werbungskosten für Fahrten zwischen Wohnung und Arbeitsstätte nicht zu versagen (FG Bremen, Urteil v. 16. 12. 1983; EFG 1984, S. 280).

Entfernung zwischen Wohnung und Arbeitsstätte

Beträgt die Entfernung zwischen Wohnung und Arbeitsstätte 201 km, so kann auch diese Entfernung unter Umständen noch als angemessen anzusehen sein, so daß ein Abzug der Werbungskosten mit 0,36 DM je Entfernungskilometer in Betracht kommt (FG Düsseldorf, Urteil v. 19. 1. 1983; EFG 1983, S. 559).

Entfernung zwischen Wohnung und Arbeitsstätte

Fahrten zwischen Wohnung und Arbeitsstätte liegen nur dann vor, wenn der Arbeitnehmer die Hin- und Rückfahrt von der *Entfernung* und vom *Zeitaufwand* her mit dem von ihm benutzten Beförderungsmittel an einem Arbeitstag zurücklegen kann und ihm darüber hinaus so viel Zeit verbleibt, daß er noch am selben Tag seiner Beschäftigung am Arbeitsplatz nachgehen kann (BFH, Urteil v. 9. 3. 1979; BStBl 1979 II, S. 648).

Fahrten zur Baustelle

Ein Steuerzahler wohnte in K. und wurde an verschiedenen Baustellen außerhalb von K. eingesetzt. Teilweise übernachtete er am Einsatzort in einem *Baustellenwagen*, teilweise fuhr er zu seiner Wohnung in K. Ein Baustellenwagen ist keine Wohnung. Daher sind die Aufwendungen für die Fahrten von K. zu den Baustellen als Werbungskosten abzugsfähig (FG Nürnberg, Urteil v. 10. 2. 1978; EFG 1978, S. 391).

Regelmäßige *Fahrten eines ledigen Zeitsoldaten* von der Kaserne zur Heimatgemeinde und zurück sind Fahrten zwischen Wohnung und Arbeitsstätte, wenn sich der Lebensmittelpunkt des Soldaten weiterhin am Heimatort befindet. Dies gilt unabhängig von der Dauer der Verpflichtung des Soldaten bei der Bundeswehr (FG Baden-Württemberg, Urteil v. 5. 2. 1982; EFG 1982, S. 240).
Fahrten zur Kaserne

Ein *Zeitsoldat* behielt während des gesamten Wehrdienstes seine bisherige Wohnung bei den Eltern bei und fuhr – bis auf wenige Ausnahmen (Unterkunft in der Kaserne) – täglich von dieser Wohnung zur Arbeitsstätte. Das Finanzgericht erkannte diese Fahrten zwischen Wohnung und Arbeitsstätte an und folgte nicht der Ansicht des Finanzamts, daß nur eine Heimfahrt wöchentlich zu berücksichtigen sei (FG München, Urteil v. 14. 11. 1977; EFG 1978, S. 266).
Fahrten zur Kaserne

Ist eine *Strecke verkehrsgünstiger,* so kann die Entfernung zwischen Wohnung und Arbeitsstätte bei stärkeren Verkehrsbehinderungen nach der verkehrsgünstigeren Strecke berechnet werden (FG Nürnberg, Urteil v. 5. 4. 1977; EFG 1977, S. 367).
Fahrtstrecke

Lebt ein Steuerzahler während der Sommermonate nicht in seiner Stadtwohnung, sondern in einem massiven, mit dem notwendigen Komfort ausgestatteten *Holzhaus* auf einem *Laubengrundstück* und fährt er während dieser Zeit von dort aus täglich zum Arbeitsplatz, so kann in der Regel davon ausgegangen werden, daß das Haus auf dem Lau-
Ferienhaus

bengrundstück in dieser Zeit den örtlichen Mittelpunkt der Lebensinteressen bildet. Die Fahrten zwischen diesem Haus und der Tätigkeitsstätte sind Fahrten zwischen Wohnung und Arbeitsstätte (BFH, Urteil v. 10. 11. 1978; BStBl 1979 II, S. 335).

Fortbildungsveranstaltung Besucht ein Arbeitnehmer auf Weisung seines Arbeitgebers unter Freistellung von seiner sonstigen Tätigkeit, aber unter Fortzahlung der Bezüge eine mehrere Monate dauernde Fortbildungsveranstaltung, so sind seine täglichen Fahrten mit dem Pkw von der Wohnung zur Fortbildungsstätte keine Dienstreisen, sondern Fahrten zwischen Wohnung und Arbeitsstätte (BFH, Urteil v. 23. 3. 1979; BStBl 1979 II, S. 521).

Körperbehinderung Bei *erheblicher Gehbehinderung* ist es möglich, bei Fahrten zwischen Wohnung und Arbeitsstätte anstatt der Kilometerpauschale die *tatsächlichen Kraftfahrzeugkosten* als Werbungskosten abzuziehen. Eine andere Beeinträchtigung der Gesundheit als die Gehbehinderung kann der Gehbehinderung nicht gleichgesetzt werden, auch wenn die Benutzung öffentlicher Verkehrsmittel gleichwohl mehr oder weniger unzumutbar ist (FG Düsseldorf, Urteil v. 22. 2. 1978; EFG 1978, S. 375).

Körperbehinderung Ein *schwer Körperbehinderter* im Sinn des § 9 Abs. 2 EStG, der im eigenen Pkw täglich einmal von einem Dritten zur Arbeitsstätte gefahren und nach Beendigung der Arbeit von dort abgeholt wird, kann auch die Aufwendungen für die Ab- und Anfahrten des Fahrers – die sogenannten *Leerfahrten* – als Werbungskosten absetzen (BFH, Urteil v. 2. 12. 1977; BStBl 1978 II, S. 260).

Körperbehinderung Entstehen einem *schwer Körperbehinderten* Aufwendungen dadurch, daß er mit dem Kraftfahrzeug von einem

Dritten zur Arbeit gebracht und wieder abgeholt wird, so sind die Aufwendungen für diese Fahrten in der tatsächlichen Höhe als Werbungskosten abzugsfähig (FG Baden-Württemberg, Urteil v. 14. 12. 1976; EFG 1977, S. 259).

Kauft ein Steuerzahler einen *privaten Pkw auf Kredit,* so sind die dadurch entstehenden Schuldzinsen bei Fahrten zwischen Wohnung und Arbeitsstätte nicht neben den Pauschbeträgen von 0,36 DM je Entfernungskilometer als Werbungskosten absetzbar (Niedersächsisches FG, Urteil v. 16. 5. 1977; EFG 1978, S. 165).

Kreditzinsen (Pkw-Kauf)

Bei Fahrten zwischen Wohnung und Arbeitsstätte sind mit dem Pauschbetrag von 0,36 DM je Entfernungskilometer auch die *Zinsen* abgegolten, die für einen *Kredit zur Anschaffung des Fahrzeugs* anfallen (Schleswig-Holsteinisches FG, Urteil v. 21. 6. 1978; EFG 1979, S. 77).

Kreditzinsen (Pkw-Kauf)

Wer vom Arbeitgeber zu einem Lehrgang abgeordnet wird, der länger als drei Monate dauert, hat am Lehrgangsort bereits von Anfang an seine neue regelmäßige Arbeitsstätte, so daß die Hin- und Rückfahrten Fahrten zwischen Wohnung und Arbeitsstätte darstellen (Niedersächsisches FG, Urteil v. 18. 12. 1984; EFG 1985, S. 343).

Lehrgang

Aufwendungen für Mittagsheimfahrten sind auch bei *Körperbehinderten* den allgemeinen Kosten der Lebenshaltung zuzurechnen und führen nicht zu Werbungskosten (BFH, Urteil v. 2. 4. 1976; BStBl 1976 II, S. 452).

Mittagsheimfahrten

Tritt auf einer Fahrt zwischen Wohnung und Arbeitsstätte am Pkw des Steuerzahlers ein Motorschaden ein, so ist die Feststellung, ob die Kosten für einen *Austauschmotor* zu

Motorschaden

den außergewöhnlichen Kosten gehören, die nicht durch die Kilometer-Pauschbeträge abgegolten sind, aufgrund aller Umstände des konkreten Einzelfalls zu treffen. Eine Typisierung ist insoweit ausgeschlossen (BFH, Urteil v. 29. 1. 1982; BStBl 1982 II, S. 325).

Motorschaden

Außergewöhnliche Kosten sind bei Fahrten zwischen Wohnung und Arbeitsstätte und Familienheimfahrten neben dem Pauschbetrag von 0,36 DM je Entfernungskilometer abzugsfähig. Entsteht bei einem *Gebrauchtwagen* mit einer Gesamtleistung von rund 50.000 km am *Motor ein Totalschaden,* so handelt es sich bei den Kosten für einen *Austauschmotor* nicht um außergewöhnliche Kosten, zumal auch dann nicht, wenn der Steuerzahler beim Kauf des Gebrauchtwagens wußte, daß der Wagen über dreieinhalb Jahre lang auf einen Fahrlehrer zugelassen war, und er daher mit größeren Schäden am Pkw rechnen mußte (Hessisches FG, Urteil v. 6. 4. 1981; EFG 1982, S. 17).

Nutzung eines fremden Pkw

Der Pauschbetrag von 0,36 DM je Entfernungskilometer für Fahrten zwischen Wohnung und Arbeitsstätte steht nicht nur dem bürgerlich-rechtlichen Eigentümer des Wagens zu, sondern auch *Kindern,* die den *Wagen eines Elternteils benutzen* und die laufenden Kosten tragen (FG Düsseldorf, Urteil v. 19. 1. 1983; EFG 1983, S. 559).

Nutzung eines fremden Pkw

Benutzt der Steuerzahler für Fahrten zwischen Wohnung und Arbeitsstätte das *Kraftfahrzeug seiner Verlobten,* so kann er die Pauschale von 0,36 DM je Entfernungskilometer auch dann in Anspruch nehmen, wenn er weder für Steuer und Versicherung aufkommt noch den Wertverzehr des Fahrzeugs trägt (FG Berlin, Urteil v. 5. 12. 1980; EFG 1981, S. 340).

Nutzung eines fremden Pkw

Benutzt ein Arbeitnehmer für Fahrten zwischen Wohnung und Arbeitsstätte den *Pkw seiner Verlobten,* mit der er zusammenlebt, so kann er die Kilometerpauschale von 0,36 DM je Entfernungskilometer auch dann in Anspruch nehmen, wenn die laufenden Unkosten für den Wagen von den Verlobten je zur Hälfte getragen werden (Niedersächsisches FG, Urteil v. 4. 9. 1978; EFG 1979, S. 120).

Ein Arbeitnehmer, der nicht rechtlicher oder wirtschaftlicher Eigentümer des von ihm benutzten Kraftwagens ist, kann für Fahrten zwischen Wohnung und Arbeitsstätte die Kilometerpauschale von 0,36 DM je Entfernungskilometer gleichwohl in Anspruch nehmen, wenn er die Aufwendungen für Treibstoff, Reparaturen und Wartung trägt. Keine Voraussetzung für die Inanspruchnahme der Kilometerpauschale ist, daß der Steuerzahler die Kfz-Steuer, die Kfz-Versicherung und den Wertverzehr des Pkw zu tragen hat (FG Nürnberg, Urteil v. 7. 4. 1978; EFG 1978, S. 487).

Nutzung eines fremden Pkw

Parkhausgebühren für das Abstellen des Fahrzeugs in der Nähe der Arbeitsstätte können nicht neben dem Pauschbetrag von 0,36 DM je Kilometer der einfachen Entfernung als Werbungskosten abgezogen werden (BFH, Urteil v. 2. 2. 1979; BStBl 1979 II, S. 372).

Parkhausgebühren

Die *regelmäßige Arbeitsstätte* befindet sich auch dann am jeweiligen Ort der Ausbildung, wenn ein Arbeitnehmer, der in einem Ausbildungsverhältnis steht, an einem Praktikum teilnimmt, das an einem anderen als dem bisherigen Ausbildungsort stattfindet. Die Fahrtkosten sind daher lediglich mit 0,36 DM je Entfernungskilometer bei Benutzung des eigenen Pkw als Fahrtaufwendungen für Fahrten zwischen Wohnung und Arbeitsstätte absetzbar (FG Niedersachsen, Urteil v. 28. 6. 1983; EFG 1984, S. 116).

Praktikum

Fährt ein *Studienreferendar* regelmäßig von der *Ausbildungsschule* zum *auswärtigen Studienseminar*, so handelt es

Studienseminar

sich bei den Fahrten um Fahrten zwischen Wohnung und Arbeitsstätte und nicht um Dienstreisen, da sowohl die Ausbildungsschule als auch das Studienseminar regelmäßige Arbeitsstätten des Steuerzahlers sind. Ein Arbeitnehmer kann durchaus zur gleichen Zeit zwei regelmäßige Arbeitsstätten haben (FG Münster, Urteil v. 2. 10. 1979; EFG 1980, S. 120).

Verschiedene Tätigkeitsorte

Erzielt ein Steuerzahler an einem Ort Einkünfte aus selbständiger Arbeit und an einem anderen Ort Einkünfte aus nichtselbständiger Tätigkeit, so sind Aufwendungen für Fahrten zwischen den Tätigkeitsorten steuerlich nur begrenzt abzugsfähig, und zwar in dem Umfang, wie ein Abzug bei Fahrten zwischen Wohnung und Arbeitsstätte in Betracht kommen würde (FG Münster, Urteil v. 23. 1. 1985; EFG 1985, S. 490).

Verschiedene Tätigkeitsorte (Nahverkehr)

Fährt ein *Omnibusfahrer,* der bei einem Nahverkehrsunternehmen in einer Großstadt tätig ist, mit dem Pkw zu verschiedenen Omnibusübernahmestellen innerhalb der Stadt, so handelt es sich bei diesen Fahrten um Fahrten zwischen Wohnung und Arbeitsstätte. Die für Dienstreisen geltenden Grundsätze können nicht angewendet werden (FG Nürnberg, Urteil v. 13. 12. 1984; EFG 1985, S. 234).

Verschiedene Tätigkeitsorte (Bank)

Ist ein Arbeitnehmer als Mitglied der *Betriebsreserve einer Bank* abwechselnd in verschiedenen Zweigstellen innerhalb derselben Großstadt tätig, so handelt es sich bei den Fahrten zu den Tätigkeitsstätten um Fahrten zwischen Wohnung und Arbeitsstätte und nicht um Fahrten zu ständig wechselnden Einsatzstellen (BFH, Urteil v. 2. 11. 1984; BStBl 1985 II, S. 266).

Verschiedene Tätigkeitsorte (Hafen)

Arbeitet ein Arbeitnehmer abwechselnd an verschiedenen Stellen, jedoch innerhalb eines in sich geschlossenen, nicht weit auseinanderliegenden und überschaubaren Gebiets (hier: *Hamburger Hafen*), so sind seine Fahrten mit dem Pkw dorthin Fahrten zwischen Wohnung und Arbeitsstätte und keine Fahrten zu ständig wechselnden Einsatzstellen (BFH, Urteil v. 2. 11. 1984; BStBl 1985 II, S. 139).

Ist ein *Hafenarbeiter* ausschließlich im Gebiet eines *Freihafens* mit Be- und Entladearbeiten beschäftigt, so handelt es sich bei den Pkw-Fahrten zwischen der Wohnung und den jeweiligen Lagerschuppen um Fahrten zwischen Wohnung und Arbeitsstätte und nicht um Fahrten zu ständig wechselnden Einsatzstellen. Es kommt daher nur ein Werbungskostenabzug von 0,36 DM je Entfernungskilometer in Betracht (Schleswig-Holsteinisches FG, Urteil v. 8. 3. 1984; EFG 1984, S. 498).

Verschiedene Tätigkeitsorte (Hafen)

Fahrten eines *Rechts-(Gerichts-)Referendars* zwischen seiner Wohnung und der jeweiligen Ausbildungsstation sind Fahrten zwischen Wohnung und Arbeitsstätte und nicht Fahrten zu ständig wechselnden Einsatzstellen (BFH, Urteil v. 12. 8. 1983; BStBl 1983 II, S. 718).

Verschiedene Tätigkeitsorte (Ausbildung)

Fahren *Außendienstmonteure* mit dem Pkw von der Wohnung zum Betrieb, um von dort aus mit dem Werkstattwagen *ständig wechselnde Einsatzstellen* anzufahren, so handelt es sich bei den Fahrten zum Betrieb um Fahrten zwischen Wohnung und Arbeitsstätte (FG Baden-Württemberg, Urteil v. 15. 11. 1978; EFG 1979, S. 279).

Verschiedene Tätigkeitsorte (Montage)

Aufwendungen für Fahrten zwischen Wohnung und Arbeitsstätte eines Arbeitnehmers mit einem Taxi können als Werbungskosten abzugsfähig sein (BFH, Urteil v. 20. 5. 1980; BStBl 1980 II, S. 582).

Taxi

Taxi

Wer für Fahrten zwischen Wohnung und Arbeitsstätte ein Taxi benutzt, kann die ihm dafür entstehenden Aufwendungen uneingeschränkt als Werbungskosten absetzen (FG Berlin, Urteil v. 28. 2. 1980; EFG 1980, S. 437).

Unterbrechung der Arbeitszeit

Muß ein Arbeitnehmer wegen Unterbrechung der Arbeitszeit um mindestens vier Stunden täglich zweimal zur Arbeitsstätte fahren, so steht ihm die Pauschale von 0,36 DM je Entfernungskilometer für beide Fahrten täglich zu (FG Nürnberg, Urteil v. 27. 7. 1983; EFG 1984, S. 173).

<u>*Verminderung des Pauschbetrags*</u>

Der Pauschbetrag von 0,36 DM für Fahrten zwischen Wohnung und Arbeitsstätte mit dem eigenen Kraftfahrzeug gilt *zwei Fahrten täglich* ab, nämlich eine Hin- und eine Rückfahrt. Legt ein Arbeitnehmer nur eine Fahrt zurück, so kann er nur 0,18 DM je Entfernungskilometer und Arbeitstag als Werbungskosten abziehen.

Fährt ein Ehemann seine Ehefrau, die am selben Ort, aber nur halbtags arbeitet, mittags mit dem eigenen Kraftfahrzeug zur Wohnung und kehrt anschließend mit dem Wagen wieder zu seiner Arbeitsstätte zurück, so ist nur der Teil der Fahrt durch den Beruf der Ehefrau veranlaßt, bei dem sie selbst mitfährt (BFH, Urteil v. 26. 7. 1978; BStBl 1978 II, S. 661).

Wohnmobil als Wohnung

Hat ein Steuerzahler sein Wohnmobil in einem *Ferienzentrum* abgestellt und fährt er von dort aus zur Arbeitsstätte, so handelt es sich bei diesen Fahrten nicht um Fahrten zwischen Wohnung und Arbeitsstätte, da das Wohnmobil nicht als Wohnung in diesem Sinn angesehen werden kann (FG Hamburg, Urteil v. 13. 4. 1981; EFG 1982, S. 18).

<u>*Zweitwohnung*</u>

Hat ein Arbeitnehmer *zwei Wohnungen,* von denen er sich abwechselnd zu seiner Arbeitsstätte begibt, so sind die Aufwendungen für seine Fahrten von der weiter entfernt liegenden Wohnung ohne Rücksicht auf die Entfernung zur Arbeitsstätte und ohne Prüfung der Angemessenheit als Werbungskosten zu berücksichtigen, wenn die weiter entfernt liegende Wohnung den Lebensmittelpunkt des Steuerzahlers darstellt (BFH, Urteil v. 13. 12. 1985; BStBl 1986 II, S. 221).

Hat ein Steuerzahler zwei Wohnungen, von denen aus er abwechselnd zur Arbeitsstätte fährt, dann sind die Fahrten von der entfernter liegenden Wohnung nur dann Fahrten zwischen Wohnung und Arbeitsstätte, wenn die Wohnung der örtliche Mittelpunkt seiner Lebensinteressen oder die Hauptwohnung ist. Benutzt der Steuerzahler das *Wochenend- oder Ferienhaus* nur als Zweitwohnung oder bewohnt er es nur während der Ferien, so handelt es sich nicht um eine Wohnung im obengenannten Sinn (FG Düsseldorf, Urteil v. 17. 4. 1985; EFG 1985, S. 604).

Zweitwohnung

Fährt ein Steuerzahler von der Zweitwohnung zur Arbeitsstätte, so sind seine Aufwendungen als Werbungskosten im Rahmen des § 9 Abs. 1 EStG dann berücksichtigungsfähig, wenn er die Zweitwohnung nicht nur kurzfristig oder nur an den Wochenenden benutzt. Es kommt darauf an, wo sich der Mittelpunkt der Lebensinteressen befindet. Wird die Zweitwohnung während der Sommer- und Herbstferien oder nur während der Sommerferien ständig genutzt, so ist dies keine nur kurzfristige Nutzung mehr, sondern der Mittelpunkt der Lebensinteressen befindet sich dann am Ort der Zweitwohnung (FG Hamburg, Urteil v. 22. 1. 1985; EFG 1985, S. 291).

Zweitwohnung

Wird ein lediger *Polizeibeamter* versetzt und nimmt er sich an seinem neuen Arbeitsort ein *möbliertes Zimmer,* so unterhält er zwei Wohnungen. Fährt er von seiner Erstwohnung, die auch den Mittelpunkt seiner persönlichen Lebensführung darstellt, zum neuen Arbeitsort, so handelt es sich um Fahrten zwischen Wohnung und Arbeitsstätte. Die

Zweitwohnung

wöchentlichen Heimfahrten (Entfernung: eine Strecke 295 km) sind auch nicht unangemessen, da die überwiegende Zahl der Arbeitnehmer unter sonst vergleichbaren Bedingungen die Fahrten ebenso durchgeführt hätte (FG Köln, Urteil v. 6. 1. 1982; EFG 1982, S. 461).

Zweitwohnung

Die Steuerzahlerin wohnt in M. und arbeitete bei der Deutschen Lufthansa als Reisebegleiterin. Da sie wegen ihres Bereitschaftsdienstes kurzfristig erreichbar sein mußte, mietete sie in der Nähe des Flughafens ein *Zimmer*. Die einfache Entfernung zwischen Zimmer und Wohnung in M. betrug 428 km. Die Fahrten zwischen Wohnung und Zimmer wurden als Fahrten zwischen Wohnung und Arbeitsstätte anerkannt, da Dienst und Freizeit der Steuerzahlerin nicht täglich, sondern in Blöcken von mehreren Tagen aufeinander folgten (Hessisches FG, Urteil v. 22. 1. 1981; EFG 1981, S. 287).

Zweitwohnung

Hat ein Arbeitnehmer *mehrere Wohnungen,* von denen aus er sich abwechselnd zu seiner Arbeitsstätte begibt, so können die Fahrtaufwendungen von jeder dieser Wohnungen aus, unabhängig davon, wie häufig sie wöchentlich durchgeführt werden, Werbungskosten für Fahrten zwischen Wohnung und Arbeitsstätte sein. Für die Fahrtaufwendungen von der weiter vom Beschäftigungsort entfernt liegenden Wohnung aus gilt dies jedoch nur, wenn sie der örtliche Mittelpunkt der Lebensinteressen des Arbeitnehmers ist. Dieser Mittelpunkt befindet sich bei einem verheirateten Arbeitnehmer im allgemeinen dort, wo seine Familie wohnt (BFH, Urteil v. 10. 11. 1978; BStBl 1979 II, S. 219).

Zweitwohnung

Bei einem verheirateten Arbeitnehmer, der *mehrere Wohnungen* besitzt und sich zum Teil von der einen und zum Teil von der anderen Wohnung aus zur Arbeitsstätte begibt, sind auch die Aufwendungen für Fahrten zwischen der vom Beschäftigungsort weiter entfernt liegenden Wohnung zur Arbeitsstätte in der Regel Werbungskosten, wenn die weiter entfernt liegende Wohnung den örtlichen Mittelpunkt der Lebensinteressen des Arbeitnehmers darstellt. Diese Entscheidung gilt entsprechend auch für *alleinstehende Arbeitnehmer*. Der örtliche Mittelpunkt der Lebensinteressen eines alleinstehenden Arbeitnehmers befindet sich im allgemeinen am Ort der Wohnung, von der aus er sich überwiegend zur Arbeitsstätte begibt. In Ausnahmefällen können auch bei einem Alleinstehenden der Ort, von dem aus er sich überwiegend zur Arbeitsstätte begibt, und der örtliche Mittelpunkt der Lebensinteressen auseinanderfallen (BFH, Urteil v. 10. 11. 1978; BStBl 1979 II, S. 224).

Ständig wechselnde Einsatzstellen

Ein *Polizeibeamter* wurde zur Ausbildung und Vorbereitung an andere Orte als seinen bisherigen Dienstort abgeordnet, weil er zum Aufstieg in die höhere Polizeilaufbahn vorgesehen war. Bei seinen Tätigkeiten dort handelte es sich um solche an ständig wechselnden Einsatzstellen, so daß die entsprechenden Fahrtkosten und Mehraufwendungen für Verpflegung Werbungskosten darstellten (FG des Saarlandes, Urteil v. 19. 5. 1982; EFG 1983, S. 112).

Abordnung eines Beamten

Arbeit an ständig wechselnden Einsatzstellen liegt auch dann vor, wenn der Arbeitnehmer außer seiner Einsatzstelle keine regelmäßige Arbeitsstätte hat. Ein sachlich einleuchtender Grund für eine solche zusätzliche Anforderung ist nicht erkennbar (FG Berlin, Urteil v. 14. 9. 1979; EFG 1980, S. 119).

Einsatzstelle

Fahren *Außendienstmonteure* zu ihrer Einsatzstelle, so stellen diese Fahrten solche zu ständig wechselnden Einsatzstellen und nicht Fahrten zwischen Wohnung und Arbeitsstätte dar, und zwar unabhängig davon, wie lange der Einsatz auf der jeweiligen Einsatzstelle dauert. Bei der Gewährung des Pauschsatzes für Verpflegungsmehraufwand

Fahrten zur Einsatzstelle

hingegen ist die Drei-Monats-Frist zu berücksichtigen, nach deren Ablauf der Pauschbetrag nicht mehr zu gewähren ist (Schleswig-Holsteinisches FG, Urteil v. 28. 9. 1978; EFG 1979, S. 18).

Entfernung von der Wohnung

Ist ein Arbeitnehmer (hier: *Bauarbeiter*) an verschiedenen Einsatzorten in einer Entfernung von seiner Wohnung tätig, wie sie auch von vielen anderen Arbeitnehmern mit einer festen Arbeitsstätte täglich zurückgelegt wird (hier: 12 bis 25 km), so sind die Fahrten mit dem Pkw zu den verschiedenen Einsatzstellen Fahrten zwischen Wohnung und Arbeitsstätte und nicht Fahrten zu ständig wechselnden Einsatzstellen (BFH, Urteil v. 10. 5. 1985; BStBl 1985 II, S. 595).

Entfernung von der regelmäßigen Arbeitsstätte

Für die Anerkennung einer Dienstreise ist unter anderem erforderlich, daß der Arbeitnehmer in einer Entfernung von mindestens 15 km von der regelmäßigen Arbeitsstätte tätig wird. Diese Mindestentfernung gilt nicht für Fahrten von *Außendienstmonteuren* zu ständig wechselnden Einsatzstellen (Schleswig-Holsteinisches FG, Urteil v. 28. 9. 1978; EFG 1979, S. 19).

Fahrten zu ein und demselben Ort

Fährt ein Arbeitnehmer mit ständig wechselnden Einsatzstellen mit seinem Pkw von seiner Wohnung ständig zu ein und demselben Ort, von wo er mit dem Kraftfahrzeug des Arbeitgebers zur jeweiligen Einsatzstelle weiterbefördert wird, so kann er für seine Fahrten mit dem Pkw nur 0,36 DM je km der einfachen Entfernung als Werbungskosten absetzen (BFH, Urteil v. 11. 7. 1980; BStBl 1980 II, S. 653).

Mehraufwendungen für Verpflegung

Mehraufwendungen für Verpflegung wegen der Beschäftigung an wechselnden Einsatzstellen sind nicht als Werbungskosten anzuerkennen, wenn ein *Waldarbeiter* in einem 11 Quadratkilometer großen Revier eingesetzt ist und an verschiedenen Hieborten arbeitet (BFH, Urteil v. 19. 2. 1982; BStBl 1983 II, S. 466).

Erhält ein *Lehrer* nach Abschluß seiner Ausbildung zwar einen unbefristeten Arbeitsvertrag, kommt er jedoch nur als mobile Reserve in den Einsatz, so kann er die Fahrtkosten unbeschränkt als Werbungskosten absetzen, vorausgesetzt, daß die Fahrten zwischen Wohnung und Arbeitsstätte dienstreiseähnlichen Charakter haben und insbesondere die Entfernung zur Arbeitsstätte außerhalb des Wohnortes mindestens 15 km beträgt (FG Nürnberg, Urteil v. 19. 1. 1984; EFG 1985, S. 235).   *Mobile Reserve*

Arbeitet ein *Bankangestellter* als sogenannter „Springer" an verschiedenen Zweigstellen im Filialbereich einer Bank, so ist er an ständig wechselnden Einsatzstellen tätig (Niedersächsisches FG, Urteil v. 12. 9. 1984; EFG 1985, S. 121).   *„Springer"*

Fahrten, die eine *Lehramtsanwärterin* zwischen ihrer Wohnung und der jeweiligen Schule durchführt, sind keine Fahrten zu ständig wechselnden Einsatzstellen und auch keine Dienstreisen oder Dienstgänge, sondern Fahrten zwischen Wohnung und Arbeitsstätte (FG Nürnberg, Urteil v. 21. 3. 1984; EFG 1985, S. 235).   *Verschiedene Tätigkeitsorte*

Ein *Gleisbauarbeiter der Deutschen Bundesbahn* mit jeweils verschiedenen Einsatzorten ist an ständig wechselnden Einsatzstellen tätig. Seine Aufwendungen für Wochenendheimfahrten mit dem Kraftfahrzeug von den jeweiligen Einsatzorten zum Familienwohnsitz sind in der Höhe abzugsfähig, wie sie bei Dienstreisen abgesetzt werden können. Befindet sich an den jeweiligen Einsatzorten ein *Bauzug,* so gilt dies auch dann. Der Bauzug stellt nicht die regelmäßige Arbeitsstätte des Steuerzahlers dar (Hessisches FG, Urteil v. 27. 11. 1981; EFG 1982, S. 293).   *Verschiedene Tätigkeitsorte*

Kurzfristige Tätigkeit auf verschiedenen Einsatzstellen

Arbeitnehmer auf ständig wechselnden Einsatzstellen können für Fahrten zwischen Wohnung und Einsatzstelle mit dem Pkw die tatsächlichen Kraftfahrzeugkosten oder die für Dienstreisen geltenden Pauschbeträge absetzen. Dies gilt für die ersten drei Monate der Tätigkeit auf der jeweiligen Einsatzstelle. Danach können die Fahrtkosten nur noch mit den für Fahrten zwischen Wohnung und Arbeitsstätte geltenden Pauschbeträgen abgesetzt werden (BFH, Urteil v. 14. 7. 1978; BStBl 1978 II, S. 660).

Langfristige Tätigkeiten auf verschiedenen Einsatzstellen

Ein auf ständig wechselnden Einsatzstellen tätiger Arbeitnehmer kann auch nach Ablauf von drei Monaten einen ausschließlich beruflich bedingten Mehraufwand für Verpflegung haben, der steuerlich zu berücksichtigen ist. Fährt der Arbeitnehmer täglich von seiner Wohnung aus zu ständig wechselnden *Baustellen,* so gilt die Beschränkung auf die Fahrtkostenpauschale von 0,36 DM je Entfernungskilometer auch dann nicht, wenn die Tätigkeit an einer Baustelle drei Monate überschreitet (FG Nürnberg, Urteil v. 29. 7. 1976; EFG 1977, S. 114).

Kurzfristige auswärtige Tätigkeit

Ist eine Tätigkeit an verschiedenen Einsatzstellen nur vorübergehender Natur, so können die besonderen Vorschriften für Fahrten zu ständig wechselnden Einsatzstellen gleichwohl gelten (FG Düsseldorf, Urteil v. 6. 3. 1985; EFG 1985, S. 446).

Kurzfristige auswärtige Tätigkeit

Sind *Waldarbeiter* innerhalb eines Waldreviers nur vorübergehend an einer bestimmten Einsatzstelle tätig, so arbeiten sie nicht an ständig wechselnden Einsatzstellen. Mehraufwendungen für Verpflegung wie bei Arbeiten an ständig wechselnden Einsatzstellen stehen ihnen zum Abzug nicht zu, die Fahrten zur jeweiligen Einsatzstelle sind Fahrten zwischen Wohnung und Arbeitsstätte, die nur mit 0,36 DM je Entfernungskilometer bei Benutzung eines eigenen Kraftwagens berücksichtigungsfähig sind (Hessisches FG, Urteil v. 19. 2. 1981; EFG 1981, S. 560).

Wird ein Arbeitnehmer längere Zeit an einer Stelle eingesetzt, im Urteilsfall fünf Jahre lang, so handelt es sich nicht mehr um eine Tätigkeit auf ständig wechselnden Einsatzstellen, auch wenn er nach seinem Berufsbild diese Tätigkeit typischerweise ausübt (Niedersächsisches FG, Urteil v. 5. 9. 1984; EFG 1985, S. 290).

Langfristige auswärtige Tätigkeit

Sind *Bau- oder Montagearbeiter* mit ständig wechselnden Einsatzstellen an einer auswärtigen Einsatzstelle länger als drei Monate tätig, so handelt es sich nach Ablauf der drei Monate nicht mehr um eine Dienstreise. Die in den Lohnsteuer-Richtlinien enthaltene entsprechende Regelung ist rechtlich nicht zu beanstanden (FG Hamburg, Urteil v. 21. 9. 1983; EFG 1984, S. 271).

Langfristige auswärtige Tätigkeit

Holt ein Ehegatte den anderen von einer Fortbildungsstätte ab, so können die Aufwendungen für die Abholfahrten einschließlich der Hinfahrt (Leerfahrt) als Werbungskosten abgezogen werden (BFH, Urteil v. 23. 10. 1981; BStBl 1982 II, S. 215).

Fortbildungskosten

Abholfahrten von einer Fortbildungsstätte

Um Fortbildungskosten handelt es sich, wenn ein *graduierter Ingenieur* Aufwendungen für ein Aufbaustudium an einer Technischen Fachhochschule zum *graduierten Wirtschaftsingenieur* hat. Sie sind als Werbungskosten abzugsfähig (FG Berlin, Urteil v. 7. 9. 1984; EFG 1985, S. 340).

Aufbaustudium an einer Technischen Fachhochschule

Nimmt ein *Zeitsoldat* an Lehrgängen der Bundeswehrfachschule teil, zu der er abkommandiert worden ist, um die *mittlere Reife* zu erlangen, so handelt es sich bei seinen Aufwendungen dafür um abzugsfähige Werbungskosten im Rahmen eines Ausbildungsdienstverhältnisses (BFH, Urteil v. 28. 9. 1984; BStBl 1985 II, S. 89).

Bundeswehrfachschule

Bundeswehrhochschule — Wird ein *Offizier* vom Dienstherrn im Rahmen des fortbestehenden Dienstverhältnisses unter Fortzahlung der Bezüge zu einem Studium an einer Hochschule der Bundeswehr abkommandiert, so sind die Aufwendungen für Fahrten zwischen Wohnung und Hochschule mit der Kilometerpauschale von 0,36 DM je Kilometer der einfachen Entfernung als Werbungskosten abzugsfähig (BFH, Urteil v. 12. 12. 1979; BStBl 1980 II, S. 124).

Fahrten zur Fortbildungsstätte — Fahrten zur auswärtigen Fortbildungsstätte, an der der Arbeitnehmer freiwillig an einem Ausbildungslehrgang teilnimmt, während die Dienstbezüge weitergezahlt werden, sind keine Dienstreisen. Für die Dauer des Lehrgangs ist die Fortbildungsstätte die regelmäßige Arbeitsstätte des Arbeitnehmers. Die Lehrgangskosten sind nur in der Höhe als Werbungskosten abzugsfähig, wie sie nach den Grundsätzen der beruflich veranlaßten doppelten Haushaltsführung berücksichtigungsfähig sind (FG Rheinland-Pfalz, Urteil v. 14. 1. 1981; EFG 1981, S. 448).

Fahrten zur Fortbildungsstätte — Vollzieht sich die berufliche Fortbildung nicht im Rahmen eines Dienstverhältnisses und führt die Anwendung der Kilometer-Pauschbeträge nicht zu einer offensichtlich unzutreffenden Besteuerung, so kann ein verheirateter Steuerzahler, der täglich mit dem eigenen Kraftfahrzeug zur Fortbildungsstätte fährt, den für Dienstreisen geltenden Kilometersatz für diese Fahrten sowie für Familienheimfahrten auch dann in Ansatz bringen, wenn der auswärtige *Fortbildungslehrgang länger als drei Monate* dauert (FG Baden-Württemberg, Urteil v. 19. 10. 1977; EFG 1978, S. 69).

Fernstudium als Offizier — Entstehen einem *Berufsoffizier* im Rahmen seines Berufs auf Weisung des Dienstherrn und unter Fortzahlung der Dienstbezüge Aufwendungen für ein Hochschulstudium, so handelt es sich um voll abzugsfähige Fortbildungskosten. Aufwendungen für ein Fernstudium nach eigener Wahl und aus eigenem Entschluß sind jedoch Ausbildungskosten, die ihm Rahmen der Sonderausgaben nur beschränkt abzugsfähig sind (FG Köln, Urteil v. 18. 4. 1983; EFG 1984, S. 25).

Nimmt ein Steuerzahler an einem etwa dreimonatigen Fortbildungslehrgang teil und fallen seine Gehaltsbezüge für diese Zeit weg, so wird der Lehrgangsort nicht zur regelmäßigen Arbeitsstätte des Steuerzahlers. Daher sind die Fahrtkosten und die Mehraufwendungen für Verpflegung entsprechend den für Dienstreisen geltenden Grundsätzen als Werbungskosten abzugsfähig (Niedersächsisches FG, Urteil v. 5. 6. 1979; EFG 1980, S. 120).

Fortbildungsdauer

Bei einer *Abordnung zur Fortbildungsveranstaltung* wird der Ort der Abordnung dann nicht zur regelmäßigen Arbeitsstätte, wenn die Abordnungszeit begrenzt (im Urteilsfall zwei Monate), von verhältnismäßig kurzer Dauer ist und von vornherein feststeht, daß der Arbeitnehmer an seinen vorherigen Arbeitsplatz zurückkehrt. In diesem Fall sind die Reisen Dienstreisen (Schleswig-Holsteinisches FG, Urteil v. 19. 12. 1975; EFG 1976, S. 122).

Fortbildungsdauer

Bei einer *Abordnung zu einer Gemeindeverwaltungsschule* für die Zeit von sechs Monaten unter Fortzahlung der Bezüge stellt die Schule von vornherein die regemäßige Arbeitsstätte des Arbeitnehmers dar (Niedersächsisches FG, Urteil v. 4. 8. 1975; EFG 1976, S. 123).

Fortbildungsdauer

Um Fortbildungskosten handelt es sich, wenn die Aufwendungen dazu dienen, in dem vor Beginn des Lehrgangs ausgeübten Beruf auf dem laufenden zu bleiben und bereits vorhandene Kenntnisse theoretisch zu vertiefen und zu ergänzen. Veranstaltet eine private Akademie für angewandte Betriebswirtschaft Lehrgänge zum *technischen Betriebswirt,* so stellen die Aufwendungen für die Teilnahme

Fortbildungskosten

daran abzugsfähige Fortbildungskosten dar (FG Düsseldorf, Urteil v. 14. 1. 1980; EFG 1980, S. 229).

Fortbildungskosten — Fortbildungskosten liegen dann noch vor, wenn die neu erworbenen Kenntnisse oder Fertigkeiten die *berufliche Basis* des Steuerzahlers *verbreitern,* so daß gerade durch die Verbindung der bisherigen mit den neuen Kenntnissen zusätzliche berufliche Chancen begründet werden (FG Düsseldorf, Urteil v. 7. 12. 1978; EFG 1979, S. 330).

Fortbildungskosten — Entstehen einem Steuerzahler Aufwendungen dafür, im bisher ausgeübten Beruf eine *Spitzenposition* zu erreichen, so handelt es sich auch dann um Fortbildungskosten, wenn der Steuerzahler damit zugleich die Voraussetzungen schafft, einen anderen Beruf auszuüben (FG Hamburg, Urteil v. 19. 8. 1976; EFG 1977, S. 59).

Fortbildungslehrgang — Nimmt ein verheirateter Steuerzahler auf seine Kosten an einem Fortbildungslehrgang teil, der auswärts stattfindet und viereinhalb Monate dauert, so darf er ohne Einzelnachweis absetzen: die Fahrtkosten für Fahrten zwischen Heimatort und Zimmer am Unterrichtsort nach den für Dienstreisen geltenden Grundsätzen, die Mehraufwendungen für Verpflegung nach den Sätzen, wie sie für die doppelte Haushaltsführung gelten (FG Nürnberg, Urteil v. 15. 10. 1981; EFG 1981, S. 171).

Fortbildungslehrgang für Kinder- und Jugendpsychotherapie — Um Fortbildungskosten handelt es sich, wenn ein *Sozialarbeiter* an einem berufsbegleitenden Fortbildungslehrgang für Kinder- und Jugendpsychotherapie teilnimmt, da die Fortbildung zum *Psychagogen* zu keiner wesentlich anderen beruflichen, gesellschaftlichen oder wirtschaftlichen Stellung des graduierten Sozialarbeiters oder *Sozialpädagogen* führt (FG Köln, Urteil v. 6. 8. 1981; EFG 1982, S. 238).

Fortbildungskosten liegen nur dann vor, wenn es sich um die begrenzte Spezialisierung in einem ausgeübten Beruf gehandelt hat, ohne daß damit eine wesentlich andere berufliche, gesellschaftliche und wirtschaftliche Stellung des Steuerzahlers verbunden war. Aufwendungen für ein abgeschlossenes Hochschulstudium des geschäftsführenden *Vorstandsmitglieds einer Genossenschaft* sind keine Fortbildungskosten in diesem Sinn (Niedersächsisches FG, Urteil v. 13. 8. 1980; EFG 1981, S. 172).

Hochschulstudium

Wird ein Hochschulstudium im Rahmen eines ausgeübten Berufs als *Offizier der Bundeswehr* auf Weisung des Dienstherrn unter Fortzahlung der Dienstbezüge durchgeführt, so sind die durch das Studium verursachten Aufwendungen Fortbildungskosten und keine Ausbildungskosten (BFH, Urteil v. 7. 11. 1980; BStBl 1981 II, S. 216).

Hochschulstudium als Offizier

Aufwendungen eines *Berufsoffiziers* für ein Hochschulstudium, zu dem er von seinem Arbeitgeber unter Weiterzahlung der Bezüge abkommandiert wird, stellen in vollem Umfang abzugsfähige Werbungskosten dar. Die Aufwendungen dienen unmittelbar der Erzielung von Einnahmen (FG Düsseldorf, Urteil v. 8. 6. 1977; EFG 1977, S. 527).

Hochschulstudium als Offizier

Nicht um Fortbildungskosten handelt es sich bei den Aufwendungen eines *Lehrers,* der an Kursen für Gruppendynamik teilnimmt, wenn ein eindeutiger objektiver Bezug zwischen den Kursen für Gruppendynamik und der Lehrtätigkeit fehlt. Im Urteilsfall waren gruppendynamische Übungen nicht Gegenstand der pädagogischen Ausbildung und nicht Voraussetzung für die Übernahme einer Lehrtätigkeit (FG Köln, Urteil v. 28. 11. 1980; EFG 1981, S. 233).

Kurse für Gruppendynamik

Aufwendungen eines Steuerzahlers für die Teilnahme an Seminaren der Akademie für Persönlichkeitsentfaltung für

Kurse zur Persönlichkeitsentfaltung

ganzheitliche Methodik sind Kosten der Lebensführung und damit keine abzugsfähigen Werbungskosten (FG Rheinland-Pfalz, Urteil v. 3. 11. 1980; EFG 1981, S. 383).

Lehrgangszuschüsse

Ein Steuerzahler nahm an einem *Fortbildungslehrgang* teil und erhielt als Zuschuß ein Unterhaltsgeld mit Familienzuschlag (§ 44 AFG) und Zuschüsse zu den Fahrtkosten und dem Unterhalt (§ 45 AFG). Die dem Steuerzahler entstandenen Aufwendungen sind für den Werbungskostenabzug insoweit zu kürzen, als es sich um zweckgebundene steuerfreie Bezüge zur unmittelbaren Förderung seiner Weiterbildung handelt, also um die Bezüge gemäß § 45 AFG, nicht jedoch um die Bezüge gemäß § 44 AFG (FG München, Urteil v. 17. 9. 1976; EFG 1977, S. 6).

Lizenz eines Linienflugzeugführers

Ein Steuerzahler war *Flugzeugführer* und schied aus der Bundeswehr aus. Er besaß den privaten Flugzeugführerschein sowie die Berufsflugzeugführer-Lizenzen der Klassen I und II. Er nahm an einem Lehrgang teil, um die Lizenz eines (zivilen) Linienflugzeugführers zu erlangen. Die Aufwendungen hierfür sind Fortbildungskosten und damit Werbungskosten (FG Düsseldorf, Urteil v. 5. 10. 1977; EFG 1978, S. 118).

<u>*Mehraufwendungen für Verpflegung*</u>

Mehraufwendungen für Verpflegung anläßlich von Fortbildungsveranstaltungen sind dann nicht nach Reisekostengrundsätzen als Werbungskosten abzugsfähig, wenn der Steuerzahler in keinem Arbeitsverhältnis steht und keine regelmäßige (feste) Arbeitsstätte besitzt (BFH, Urteil v. 23. 8. 1979; BStBl 1979 II, S. 773).

Private Arbeitsgemeinschaft

Aufwendungen zur Erwerbung, Sicherung und Erhaltung der Einnahmen sind Werbungskosten. Hierzu gehören auch Aufwendungen für die Fortbildung. Durch eine berufliche Fortbildungsmaßnahme sind auch diejenigen Kosten veranlaßt, die durch die Teilnahme an einer von Lehrgangsteilnehmern *privat organisierten Arbeitsgemeinschaft* entstehen. Die dadurch entstandenen Aufwendungen sind abzugsfähige Werbungskosten. Die Lehrgangsteilnehmer hatten eine Arbeitsgemeinschaft privat organisiert, in der der Unterrichtsstoff vor- und/oder nachbereitet wurde (FG Berlin, Urteil v. 3. 2. 1982; EFG 1982, S. 513).

Beteiligt sich ein *Finanzanwärter* an einer Lerngemeinschaft, um sich auf die Inspektorenprüfung vorzubereiten, so stellen die Fahrtkosten Fortbildungskosten dar und sind als Werbungskosten abzugsfähig (FG Münster, Urteil v. 18. 10. 1978; EFG 1979, S. 223). *Private Lerngemeinschaft*

Entstehen einem kaufmännischen Angestellten, der im Pharmabereich zum *Außenhandelskaufmann* ausgebildet worden ist, Aufwendungen für einen Lehrgang, um sich auf die Prüfung als Pharma-Referent vorzubereiten, so handelt es sich bei diesen Aufwendungen um voll abzugsfähige Fortbildungskosten (FG Nürnberg, Urteil v. 23. 5. 1985; EFG 1985, S. 488). *Prüfung als Pharma-Referent*

Aufwendungen einer *Diplom-Psychologin* für die Teilnahme an Veranstaltungen eines Instituts für Psychotherapie mit dem Ziel, *Psychotherapeutin* zu werden, sind voll abzugsfähige Fortbildungskosten (BFH, Urteil v. 18. 3. 1977; BStBl 1977 II, S. 547). *Seminare für Psychotherapie*

Nimmt ein Steuerzahler an einem Lehrgang teil, um den Titel „Staatlich anerkannter Betriebswirt" zu erlangen, so kann es sich bei den Aufwendungen für den Lehrgang um Fortbildungskosten handeln. Jedenfalls legt der Erwerb des Titels allein noch nicht die Vermutung nahe, daß es sich um Ausbildungskosten handelt. Der Steuerzahler wurde nach dem Lehrgang am gleichen Arbeitsplatz eingesetzt *„Staatlich anerkannter Betriebswirt"* und erhielt die gleichen Bezüge. Das Finanzgericht erkannte seine Aufwendungen als Fortbildungskosten an (FG Düsseldorf, Urteil v. 19. 7. 1977; EFG 1978, S. 264).

„Staatlich geprüfter Betriebswirt"

Besucht ein Steuerzahler eine *zweijährige Wirtschaftsfachschule* mit dem Ziel, den Abschluß als „Staatlich geprüfter Betriebswirt" zu machen, so handelt es sich in der Regel auch dann um voll abzugsfähige Fortbildungskosten, wenn anschließend die berufliche Tätigkeit gewechselt wird (FG Rheinland-Pfalz, Urteil v. 19. 9. 1985; EFG 1986, S. 71).

„Staatlich geprüfter Betriebswirt"

Aufwendungen für den Besuch eines zweijährigen Lehrgangs an der *Wirtschaftsfachschule* der Akademie für praktische Betriebswirtschaft in Köln mit dem Ziel des Abschlusses als „Staatlich geprüfter Betriebswirt" stellen Fortbildungskosten dar und sind daher voll abzugsfähige Werbungskosten (BFH, Urteil v. 16. 8. 1979; BStBl 1979 II, S. 675).

„Staatlich geprüfter Betriebswirt"

Besucht ein *Kaufmannsgehilfe* die Westfalen-Akademie, um den Abschluß „Staatlich geprüfter Betriebswirt" zu erlangen, so stellen die Kosten dafür voll abzugsfähige Fortbildungskosten dar (FG Münster, Urteil v. 29. 4. 1976; EFG 1976, S. 441).

„Staatlich geprüfter Betriebswirt"

Die Kosten eines Lehrgangs zur Erlangung des Titels „Staatlich geprüfter Betriebswirt" sind als Fortbildungskosten abzugsfähige Werbungskosten (FG Düsseldorf, Urteil v. 13. 6. 1978; EFG 1978, S. 589).

Steuerbevollmächtigten-Prüfung

Scheidet ein *Steueroberinspektor* aus dem Dienst aus und bereitet er sich im Anschluß daran auf die Steuerbevollmächtigten-Prüfung vor, so handelt es sich bei den dafür entstehenden Aufwendungen nicht um voll abzugsfähige Fortbildungskosten, wohl aber um beschränkt abzugsfähige Ausbildungskosten im Rahmen des Sonderausgabenabzugs (FG Baden-Württemberg, Urteil v. 10. 7. 1984; EFG 1985, S. 119).

Studiert ein *Gymnasiallehrer,* der die Fächer Geschichte, Deutsch und Latein unterrichtet hat, Kinder- und Jugendpsychotherapie, so handelt es sich bei den dadurch entstehenden Aufwendungen nicht um abzugsfähige Fortbildungskosten. Sie sind aber als Sonderausgaben beschränkt abziehbar (FG Baden-Württemberg, Urteil v. 4. 9. 1984; EFG 1985, S. 119).

Studium der Kinder- und Jugendpsychotherapie

Aufwendungen eines *Anwärters zum Sanitätsoffizier* für das Universitätsstudium der Zahnmedizin, der zu diesem Zweck beurlaubt ist und ein steuerpflichtiges Ausbildungsgeld erhält, sind im Rahmen des fortbestehenden Dienstverhältnisses zur Bundeswehr Werbungskosten bei den Einkünften aus nichtselbständiger Arbeit (BFH, Urteil v. 28. 9. 1984; BStBl 1985 II, S. 87).

Studium der Zahnmedizin

Nimmt ein *Lehrer* an Supervisionsveranstaltungen teil, so sind die Aufwendungen dafür nur dann abzugsfähige Werbungskosten, wenn glaubhaft gemacht werden kann, daß die Veranstaltungen ausschließlich – oder so gut wie ausschließlich – beruflichen Inhalt hatten (Hessisches FG, Urteil v. 29. 8. 1985; EFG 1986, S. 72).

Supervisionsveranstaltungen

Aufwendungen eines *Chemielaboranten* zum Besuch der Technikerschule, um *Chemotechniker* zu werden, stellen abzugsfähige Fortbildungskosten dar (FG Hamburg, Urteil v. 4. 12. 1975; EFG 1976, S. 277).

Technikerschule

Verwaltungs- und Wirtschaftsakademie

Besucht ein *Konstrukteur* eine Verwaltungs- und Wirtschaftsakademie, um seine kaufmännischen Kenntnisse zu erweitern, so dient der Besuch der Akademie nicht dem Wechsel in einen kaufmännischen Beruf, sondern nur der höheren Qualifikation im bisherigen Beruf. Die Aufwendungen für den Besuch der Akademie sind daher Fortbildungskosten und in vollem Umfang als Werbungskosten absetzbar (FG Köln, Urteil v. 25. 9. 1980; EFG 1981, S. 232).

Zusatzstudium für die Lehrbefähigung an Sonderschulen

Belegt eine *Realschullehrerin* ein Zusatzstudium, um die Lehrbefähigung für den Unterricht an Sonderschulen zu erlangen, so kann es sich um Fortbildungskosten handeln, die bei ihren Einkünften aus nichtselbständiger Arbeit als Werbungskosten voll abzugsfähig sind (Hessisches FG, Urteil v. 16. 8. 1982; EFG 1983, S. 164).

Doppelte Haushaltsführung

Abwesenheit von der gemeinsamen Familienwohnung

Sind beide *Eheleute* außerhalb der Familienwohnung berufstätig und wohnen beide auch außerhalb, so haben sie in der Zeit, in der in der gemeinsamen Familienwohnung kein hauswirtschaftliches Leben stattfindet, keine im Rahmen einer doppelten Haushaltsführung zu berücksichtigenden Mehraufwendungen für Verpflegung (Hessisches FG, Urteil v. 27. 11. 1981; EFG 1983, S. 18).

Arbeitnehmer ohne eigenen Hausstand

Auch bei Arbeitnehmern ohne eigenen Hausstand kann eine „auswärtige Beschäftigung von verhältnismäßig kurzer Dauer" zu abzugsfähigen Mehraufwendungen führen. Dies kann der Fall sein, wenn die Ausbildungs- beziehungsweise Beschäftigungsorte während einer insgesamt dreijährigen Ausbildung jeweils nach einigen Monaten wechseln und dem Steuerzahler daher nicht zugemutet werden kann, seine bisherige Wohnung aufzugeben (Hessisches FG, Urteil v. 20. 10. 1981; EFG 1982, S. 238).

Eine beruflich veranlaßte doppelte Haushaltsführung ist auch dann anzuerkennen, wenn ein *Ausländer* in die Bundesrepublik Deutschland zum Zweck der Arbeitsaufnahme einreist und hier auch Arbeit findet, er zur Vermeidung der Abschiebung aber wahrheitswidrig (und im Ergebnis erfolglos) in einem Asylverfahren behauptet, politisch verfolgt zu sein (BFH, Urteil v. 16. 12. 1983; BStBl 1984 II, S. 271).

Asylbewerber

Die doppelte Haushaltsführung eines Asylbewerbers ist in der Regel privat veranlaßt, so daß ein Werbungskostenabzug dafür nicht in Betracht kommt (FG Münster, Urteil v. 26. 5. 1983; EFG 1983, S. 598, FG Rheinland-Pfalz, Urteil v. 16. 3. 1983; EFG 1983, S. 598).

Asylbewerber

Asylbewerber, die in die Bundesrepublik Deutschland kommen, eine Wohnung beziehen und eine Arbeit aufnehmen, begründen damit in der Regel keine doppelte Haushaltsführung, da diese nicht beruflich (also nicht durch das Arbeitsverhältnis) veranlaßt ist (FG Hamburg, Urteil v. 26. 10. 1982; EFG 1983, S. 282).

Asylbewerber

Eine doppelte Haushaltsführung liegt nicht vor, wenn die Ehefrau an der Ausreise aus einem Ostblockstaat gehindert wird, auch wenn der Ehemann in der Bundesrepublik Deutschland lebt (FG Berlin, Urteil v. 21. 5. 1979; EFG 1979, S. 593).

Ausreise aus einem Ostblockstaat

Außergewöhnliche Kosten anläßlich Familienheimfahrten mit dem Pkw bei doppelter Haushaltsführung sind zusätzlich zum Pauschbetrag von 0,36 DM je Entfernungskilometer als Werbungskosten abzugsfähig. Bei einem fünf Jahre alten Pkw mit einer Gesamtfahrleistung von über 200.000 km ist ein Getriebeschaden nicht außergewöhnlich (FG Hamburg, Urteil v. 1. 11. 1978; EFG 1979, S. 175).

Außergewöhnliche Kosten

Begründung des Familienwohnsitzes außerhalb des Arbeitsorts

Begründen Ehegatten ihren Familienwohnsitz außerhalb des Arbeitsorts des alleinverdienenden Ehemanns und behält der Ehemann eine in der Nähe seines Arbeitsplatzes gelegene Wohnung bei, so ist die doppelte Haushaltsführung in der Regel nicht beruflich veranlaßt (BFH, Urteil v. 26. 11. 1976; BStBl 1977 II, S. 158).

Begründung eines behelfsmäßigen Haushalts

Begründen *jungverheiratete Eheleute* vorübergehend nur einen behelfsmäßigen Haushalt, so genügt auch dieser den Anforderungen an eine doppelte Haushaltsführung. Ein eigener Hausstand setzt nicht notwendig eine Wohnung mit mehreren Wohnräumen, Küche und Nebenräumen voraus. Die Eheleute wohnten im Haus der Eltern des Ehemanns, hatten dort ein eigenes Wohn- und Schlafzimmer und benutzten Küche, Bad und Toilette mit den Eltern gemeinsam (FG Rheinland-Pfalz, Urteil v. 14. 11. 1984; EFG 1985, S. 171).

Berufstätigkeit von Eheleuten an verschiedenen Orten

Sind Ehegatten an verschiedenen Orten berufstätig, so sind Mehraufwendungen für doppelte Haushaltsführung steuerlich berücksichtigungsfähige Werbungskosten, solange ein beruflicher Anlaß durch das Arbeitsverhältnis des einen oder des anderen Ehegatten begründet ist, an einem der Tätigkeitsorte ein gemeinsamer Haushalt besteht und sich noch eine zweite Wohnung am Tätigkeitsort des auswärts beschäftigten Ehegatten befindet (FG Münster, Urteil v. 12. 4. 1978; EFG 1978, S. 539).

Besuchsfahrten der Familie

Bei Vorliegen einer doppelten Haushaltsführung, die beruflich veranlaßt ist, ist eine Besuchsreise der Ehefrau zu ihrem dienstlich unabkömmlichen Ehemann nicht schon deshalb privat veranlaßt, weil der Ehemann im Ausland beschäftigt ist und der Aufenthalt der Ehefrau von längerer Dauer ist. Neben den Reisekosten der Ehefrau sind bei einer Besuchsreise auch diejenigen der minderjährigen Kinder jedenfalls dann als Werbungskosten abzugsfähig, wenn sie insgesamt den Betrag nicht übersteigen, den der Arbeitnehmer bei Durchführung aller ihm steuerwirksam möglichen Familienheimfahrten hätte abziehen können (BFH, Urteil v. 28. 1. 1983; BStBl 1983 II, S. 313).

Kann bei einer doppelten Haushaltsführung der Arbeitnehmer keine Familienheimfahrt unternehmen, weil er dienstlich verhindert ist, so können die Kosten für den Besuch durch die Ehefrau berücksichtigungsfähige Werbungskosten sein. Nicht möglich ist ein Abzug der Besuchskosten der Ehefrau, wenn die Fahrt zum Arbeitnehmer den Charakter einer Ferienreise hat oder die Reise nicht durch beruflich bedingte Trennung veranlaßt war (FG Berlin, Urteil v. 14. 2. 1980; EFG 1980, S. 438).

Besuchsfahrten der Familie

Aufwendungen für die Besuchsfahrt der Ehefrau oder Familie zum Arbeitsort des Ehemanns können abzugsfähige Werbungskosten darstellen, wenn die Besuchsfahrt an die Stelle einer nicht möglichen Familienheimfahrt tritt (FG Bremen, Urteil v. 16. 2. 1979; EFG 1979, S. 330).

Besuchsfahrten der Familie

Bei der im Rahmen einer doppelten Haushaltsführung zu prüfenden Frage, ob ein auswärts beschäftigter Arbeitnehmer sich maßgeblich am Familienhaushalt beteiligt, ist nicht von Bedeutung, ob und inwieweit solche Leistungen durch den Bezug von Kindergeld ausgeglichen wurden und welche Beträge das Finanzamt als Kinderbetreuungskosten nach § 33a Abs. 3 Nr. 1 EStG berücksichtigt hat (BFH, Urteil v. 17. 1. 1986; BStBl 1986 II, S. 307).

Beteiligung am Familienhaushalt

Sind beide Eheleute berufstätig, so ist eine maßgebende finanzielle Beteiligung an der gemeinsamen Haushaltsführung in der Regel anzunehmen, wenn der finanzielle Beitrag des auswärts tätigen Ehegatten in etwa seinem Anteil am Einkommen beider Eheleute entspricht. Eine finanzielle Beteiligung an der gemeinsamen Haushaltsführung

Beteiligung an der gemeinsamen Haushaltsführung

kann auch in der Anschaffung von Haushaltsgegenständen und Möbeln liegen (BFH, Urteil v. 17. 11. 1978; BStBl 1979 II, S. 146).

Beteiligung am Heimathaushalt

Ein *ausländischer Arbeitnehmer* kann sich am eigenen Hausstand im Ausland auch anders beteiligen als dadurch, daß er jährlich mindestens eine Familienheimfahrt durchführt, zum Beispiel durch Briefe, Telefonate und Mitteilungen durch Kollegen aus der gleichen Region (FG/Düsseldorf, Urteil v. 12. 3. 1985; EFG 1985, S. 446).

Beteiligung am Heimathaushalt

Soll eine doppelte Haushaltsführung anzunehmen sein, so muß der Steuerzahler unter anderem am hauswirtschaftlichen Leben in der Familienwohnung persönlich mitwirken. Diese Voraussetzung ist bei einem *türkischen Arbeitnehmer*, der seine Familie einmal jährlich in der Türkei besucht, gegeben, wenn im übrigen briefliche oder telefonische Kontakte bestehen. Die doppelte Haushaltsführung ist auch dann anzuerkennen, wenn der ausländische Arbeitnehmer in einem Jahr aus wichtigem Grund den Heimatbesuch unterlassen hat, zum Beispiel weil er krank oder vorübergehend arbeitslos war (FG Hamburg, Urteil v. 7. 3. 1984; EFG 1985, S. 172).

Beteiligung am Heimathaushalt

Ein *ausländischer Arbeitnehmer* leistete im Jahr 1981 Zahlungen in die Türkei in Höhe von 5.250 DM. Eine Beteiligung am hauswirtschaftlichen Leben liegt nicht nur in der Leistung von Geldzahlungen sondern auch darin, daß der Gastarbeiter seiner Familie eine Wohnung bereitstellte. Das Gericht bewertete die Familienwohnung mit 750 DM (FG Berlin, Urteil v. 27. 1. 1984; EFG 1984, S. 399).

Beteiligung am Heimathaushalt

Voraussetzung für die Anerkennung einer doppelten Haushaltsführung ist unter anderem, daß sich der Steuerzahler am hauswirtschaftlichen Leben des Haushalts in der Heimat finanziell maßgebend beteiligt. Die maßgebende finanzielle Beteiligung muß der Steuerzahler nachweisen. Von der persönlichen Mitwirkung kann nicht notwendig auch auf eine finanzielle Beteiligung am hauswirtschaftlichen Leben geschlossen werden (Niedersächsisches FG, Urteil v. 21. 10. 1983; EFG 1984, S. 117).

Die Anerkennung einer doppelten Haushaltsführung setzt eine maßgebliche finanzielle Beteiligung am Heimathaushalt des Steuerzahlers voraus. Bei der Beurteilung dieser Frage ist auch die Zeit vor und nach dem Streitjahr zu berücksichtigen. Es kommt allein darauf an, ob eine dauerhafte und fortlaufende Beteiligung des Steuerzahlers festzustellen ist (FG Berlin, Urteil v. 18. 10. 1983; EFG 1984, S. 281).

Beteiligung am Heimathaushalt

Die für die Anerkennung einer doppelten Haushaltsführung unter anderem erforderliche maßgebliche Beteiligung am Familienhaushalt kann bei einem ausländischen Arbeitnehmer auch dann bejaht werden, wenn die hierfür erforderliche Leistung eines finanziellen Beitrags erst im Laufe eines Jahres, etwa in der Mitte des Jahres, erbracht wird (BFH, Urteil v. 10. 12. 1983; BStBl 1984 II, S. 521).

Beteiligung am Heimathaushalt

Ist ein *ausländischer Arbeitnehmer* verheiratet, lebt seine Familie in der Heimat ohne eigenes Einkommen und beteiligt sich der Steuerzahler am ausländischen Familienhaushalt persönlich maßgebend, so kann vermutet werden, daß er sich am Familienhaushalt auch finanziell maßgeblich beteiligt. Allerdings ist diese Vermutung widerlegbar (FG Berlin, Urteil v. 25. 11. 1981; EFG 1982, S. 462).

Beteiligung am Heimathaushalt

Voraussetzung für die Annahme einer doppelten Haushaltsführung ist unter anderem, daß sich der Steuerzahler am Haushalt seiner Familie maßgebend finanziell beteiligt.

Beteiligung am Heimathaushalt

Die finanzielle Beteiligung eines *ausländischen Arbeitnehmers* am heimatlichen Haushalt der Familie kann auch darin bestehen, daß er ein Wohngebäude erwirbt oder erstellt (FG Rheinland-Pfalz, Urteil v. 27. 5. 1981; EFG 1982, S. 126).

<u>Beteiligung am Heimathaushalt</u>

Eine doppelte Haushaltsführung erfordert bei *inländischen* wie auch bei *ausländischen Arbeitnehmern* eine maßgebende persönliche und finanzielle Mitwirkung am Familienhaushalt. Sie ist bei türkischen Arbeitnehmern in der Regel zu bejahen, wenn sie einmal im Jahr ihre Familien in der Türkei besuchen, in der Zwischenzeit briefliche oder telefonische Kontakte halten und wenn die Beträge, die sie dem Familienhaushalt zuwenden, nicht erkennbar unzureichend sind (BFH, Urteil v. 2. 9. 1977; BStBl 1978 II, S. 26).

<u>Dauer der doppelten Haushaltsführung</u>

Mehraufwendungen aufgrund einer aus beruflichem Anlaß begründeten doppelten Haushaltsführung sind in der Regel nur dann als Werbungskosten abzugsfähig, wenn die doppelte Haushaltsführung objektiv nicht als Dauerzustand angelegt worden ist (Schleswig-Holsteinisches FG, Urteil v. 11. 5. 1977; EFG 1977, S. 483).

<u>Dauer der doppelten Haushaltsführung</u>

Die Kosten einer doppelten Haushaltsführung können nicht zeitlich unbegrenzt Werbungskosten sein, sondern bei langer Dauer einer doppelten Haushaltsführung muß auch deren Beibehaltung beruflich bedingt sein (FG Berlin, Urteil v. 25. 2. 1977; EFG 1977, S. 419).

<u>Dauernd getrennt lebende Eheleute</u>

Ein dauernd getrennt lebender Ehegatte führt weder mit dem anderen Ehegatten noch mit den beim anderen Ehegatten lebenden Kindern einen gemeinsamen Haushalt, so daß die Voraussetzungen für die steuerliche Anerkennung einer doppelten Haushaltsführung nicht vorliegen (Hessisches FG, Urteil v. 20. 8. 1976; EFG 1977, S. 169).

Eine doppelte Haushaltsführung wird bei einem Arbeitnehmer, der in eheähnlicher Gemeinschaft lebt und an den Wochenenden vom Ort der Berufsausbildung in die gemeinsame Wohnung fährt, nicht anerkannt. Daraus, daß das Gesetz diese Fahrten als Familienheimfahrten bezeichnet, ist abzuleiten, daß nicht jede Verbundenheit von Personen in einem Haushalt für die Anerkennung einer doppelten Haushaltsführung genügt (FG Düsseldorf, Urteil v. 22. 6. 1981; EFG 1982, S. 185).

Eheähnliche Gemeinschaft

Liegt doppelte Haushaltsführung vor, so kann der Abzug der Fahrtkosten nicht wahlweise oder ergänzend nach den Vorschriften für Fahrten zwischen Wohnung und Arbeitsstätte vorgenommen werden, sondern es kommt nur der Abzug für wöchentlich eine Familienheimfahrt in Betracht (Schleswig-Holsteinisches FG, Urteil v. 5. 10. 1983; EFG 1984, S. 173).

Fahrtkosten

Der Abzug von Aufwendungen als Werbungskosten im Rahmen einer doppelten Haushaltsführung wird nicht dadurch ausgeschlossen, daß ein *ausländischer Arbeitnehmer* nur einmal jährlich eine Familienheimfahrt durchführt. Eine Reise im Rahmen einer doppelten Haushaltsführung wird als eindeutig beruflich veranlaßt angesehen. Es liegt keine Vermischung privater und beruflicher Interessen vor, die den Abzug der Aufwendungen ausschlösse (Niedersächsisches FG, Urteil v. 14. 6. 1984; EFG 1985, S. 18).

Familienheimfahrt

Wöchentliche Familienheimfahrten sind auch dann anzuerkennen, wenn sich die Ehegatten an einem anderen Ort der Fahrtstrecke treffen. Diese Auffassung wird dem Sinn und Zweck der Vorschriften über die doppelte Haushaltsführung gerecht (FG Rheinland-Pfalz, Urteil v. 2. 7. 1979; EFG 1980, S. 68).

Familienheimfahrten

Familienheimfahrten

Seeleute werden häufig gegen geringes Entgelt an Bord verpflegt. Sie können daher Pauschbeträge für Verpflegungsmehraufwand nicht in Anspruch nehmen. Entstehen ihnen Mehraufwendungen für Verpflegung jedoch auf Familienheimfahrten, so ist es zulässig, die für Dienstreisen geltenden Pauschbeträge anzusetzen (FG Bremen, Urteil v. 15. 3. 1977; EFG 1977, S. 369).

Gleisbauzug

Verheiratete Arbeitnehmer, die mit *Gleisbauarbeiten* beschäftigt sind und in einem Gleisbauzug der Deutschen Bundesbahn wohnen, haben dort die Woche über eine zweite Wohnung. Es können insoweit die Voraussetzungen einer doppelten Haushaltsführung erfüllt sein (BFH, Urteil v. 3. 10. 1985; BStBl 1986 II, S. 715).

Großfamilie

Eine doppelte Haushaltsführung kann auch dann anzuerkennen sein, wenn die *ausländischen Eheleute* zunächst landesüblich im Haus der Eltern innerhalb einer Großfamilie leben, denn ein eigener Hausstand kann auch im Hause der Eltern geführt werden. Voraussetzung ist, daß von den sonstigen Mitgliedern der Großfamilie eine gewisse räumliche Trennung besteht und auch eine gewisse finanzielle Unabhängigkeit vorliegt. Wenn es landesüblich ist, mit anderen Angehörigen in einer Großfamilie zu leben, so reicht es aus, wenn dem Steuerzahler und seiner Familie wenigstens ein Raum zur eigenen Nutzung zur Verfügung steht (FG München, Urteil v. 2. 5. 1984; EFG 1984, S. 547).

Heimfahrten

Ein *lediger Zeitsoldat,* der sich auf zwei Jahre bei der Bundeswehr verpflichtet hat, kann die Aufwendungen für wöchentlich eine Heimfahrt mit 0,36 DM je Kilometer der einfachen Entfernung absetzen, wenn er die Wohnung als Mittelpunkt seiner Lebensinteressen während der genannten Zeit beibehält, er nach Beendigung der Tätigkeit bei der Bundeswehr voraussichtlich wieder dorthin zurückkehrt und ihm die Aufgabe der Wohnung deshalb nicht zuzumuten ist (BFH, Urteil v. 20. 12. 1982; BStBl 1983 II, S. 269).

Ein *lediger Arbeitnehmer*, der wegen eines dienstlich veranlaßten Lehrgangs von verhältnismäßig kurzer Dauer vorübergehend seinen Aufenthalt am Ort des Lehrgangs oder in der Nähe nimmt und am bisherigen Wohnort seine Wohnung, die den örtlichen Mittelpunkt seiner Lebensinteressen bildet, beibehält, kann für eine Heimfahrt wöchentlich 0,36 DM je Kilometer der einfachen Entfernung als Werbungskosten abziehen (BFH, Urteil v. 10. 11. 1978; BStBl 1979 II, S. 157).

Heimfahrten

Die doppelte Haushaltsführung muß, um steuerlich anerkannt zu werden, beruflich veranlaßt sein. Erlangen unverheiratete Personen durch die Eheschließung zwei Hausstände, so ist die doppelte Haushaltsführung beruflich veranlaßt, wenn diese Personen von diesen Hausständen aus wie bisher ihrer Tätigkeit nachgehen. Die doppelte Haushaltsführung ist dann ab dem Zeitpunkt der Eheschließung anzuerkennen, und zwar auch dann, wenn die gemeinsame Wohnung bereits erhebliche Zeit vor der Eheschließung bezogen worden ist (Hessisches FG, Urteil v. 4. 4. 1984; EFG 1984, S. 546).

Heirat

Eine doppelte Haushaltsführung ist im Zeitpunkt der Eheschließung nicht aus beruflichen Gründen entstanden, wenn nur ein Ehegatte berufstätig ist, beide Eheleute ihre bisherigen Wohnungen an getrennten Orten auch nach der Eheschließung beibehalten und die Eheleute die Wohnung im eigenen Einfamilienhaus des nicht berufstätigen Ehegatten zur Familienwohnung bestimmen (BFH, Urteil v. 20. 12. 1982; BStBl 1983 II, S. 306).

Heirat

Arbeiten die Steuerzahler an verschiedenen Orten und wohnen sie auch am jeweiligen Arbeitsort, so handelt es sich nicht um eine beruflich veranlaßte doppelte Haushaltsführung, wenn sie heiraten und eine der beiden Wohnungen zum Familienwohnsitz machen (FG Bremen, Urteil v. 3. 8. 1981; EFG 1983, S. 597).

Heirat

Heirat

Die steuerliche Anerkennung von Mehraufwendungen wegen doppelter Haushaltsführung setzt unter anderem voraus, daß diese beruflich veranlaßt ist. Auch bei Steuerzahlern, die erst im Zeitpunkt der Eheschließung einen doppelten Haushalt einrichten, kann die Unterhaltung dieses doppelten Haushalts beruflich veranlaßt sein (BFH, Urteil v. 13. 7. 1976; BStBl 1976 II, S. 654).

Heirat nach der Einreise in die Bundesrepublik Deutschland

Bei nur kirchlicher Eheschließung eines *türkischen Arbeitnehmers* zum Zeitpunkt seiner Einreise in die Bundesrepublik Deutschland und später nachgeholter standesamtlicher Trauung liegt keine doppelte Haushaltsführung vor. Der Steuerzahler war dann nämlich zum Zeitpunkt der Einreise in der Bundesrepublik Deutschland nicht verheiratet, so daß er zu diesem Zeitpunkt aus beruflicher Veranlassung einen doppelten Haushalt nicht begründet hatte (FG München, Urteil v. 3. 4. 1985; EFG 1985, S. 555).

Heirat nach der Einreise in die Bundesrepublik Deutschland

Eine doppelte Haushaltsführung muß durch den Beruf veranlaßt sein. Das ist sie nicht, wenn ein *ausländischer Arbeitnehmer,* der seit Jahren in der Bundesrepublik Deutschland arbeitet, heiratet und mit seiner Frau, die nicht berufstätig ist, unter Beibehaltung seines Wohnsitzes in der Bundesrepublik im Heimatland einen Familienwohnsitz begründet (FG München, Urteil v. 13. 10. 1982; EFG 1983, S. 117).

Heirat vor der Einreise in die Bundesrepublik Deutschland

Hat ein *Jugoslawe* in der Heimat nach islamischen Recht kirchlich geheiratt und nimmt er danach in der Bundesrepublik Deutschland eine Berufstätigkeit auf, während die Familie die Familienwohnung in der Heimat beibehält, so liegt gleichwohl eine doppelte Haushaltsführung vor (FG Münster, Urteil v. 13. 9. 1984; EFG 1985, S. 172).

Heirat während des Heimaturlaubs im Ausland

Heiratet ein *ausländischer Arbeitnehmer* während des Heimaturlaubs und begründet er anläßlich der Eheschließung einen Familienwohnsitz im Heimatland, so ist seine doppelte Haushaltsführung nicht beruflich veranlaßt (FG Düsseldorf, Urteil v. 11. 1. 1980; EFG 1980, S. 335).

Ein *ausländischer Arbeitnehmer*, der seinen Jahresurlaub in der Heimat verbringt, hat keine Familienheimfahrt durchgeführt. Vielmehr gehören die ihm durch die Heimfahrt entstehenden Kosten in vollem Umfang zu den Kosten der privaten Lebensführung (FG Berlin, Urteil v. 23. 5. 1977; EFG 1977, S. 579).
Jahresurlaub im Heimatland

Hält sich ein *lediger Arbeitnehmer* deswegen vorübergehend auswärts auf, weil an diesem Ort ein dienstlich veranlaßter Lehrgang stattfindet, so sind die Grundsätze für Mehraufwendungen wegen „doppelter Haushaltsführung" auf ihn anzuwenden. Das heißt unter anderem, daß er Aufwendungen für eine wöchentliche Heimfahrt mit 0,36 DM je Entfernungskilometer als Werbungskosten absetzen kann. Aufwendungen für „zusätzliche Fahrten zwischen Wohnung und Arbeitsstätte" sind nicht abzugsfähig (FG Düsseldorf, Urteil v. 10. 2. 1982; EFG 1982, S. 513).
Lehrgang

Bei den in den LStR vorgesehenen Beträgen für Verpflegungsmehraufwendungen anläßlich einer doppelten Haushaltsführung handelt es sich um Pauschbeträge, die nur in den Fällen nicht anzuwenden sind, in denen sonst eine offensichtlich unzutreffende Besteuerung eintreten würde (BFH, Urteil v. 16. 12. 1981; BStBl 1982 II, S. 302).
Mehraufwendungen für Verpflegung

Ein *unverheirateter Arbeitnehmer* ohne doppelte Haushaltsführung hat nach Ablauf von zwei Wochen seit Beginn seiner Tätigkeit an einem neuen Beschäftigungsort seine Mehraufwendungen für Verpflegung nachzuweisen oder zumindest glaubhaft zu machen. Die bei verheirateten Arbeitnehmern mit doppelter Haushaltsführung anerkannten Pauschsätze für Verpflegungsmehraufwendungen können nicht als nachgewiesen oder glaubhaft gemacht angesehen werden (BFH, Urteil v. 15. 11. 1982; BStBL 1983 II, S. 177).
Mehraufwendungen für Verpflegung

Mietaufwendungen am Arbeitsort

Mehraufwendungen wegen beruflich veranlaßter doppelter Haushaltsführung sind nicht notwendig und insoweit steuerlich nicht berücksichtigungsfähig, wenn sie nach den Umständen des Einzelfalls als überhöht anzusehen sind. Mietaufwendungen am Arbeitsort können überhöht sein, wenn der Steuerzahler dort zur Befriedigung seiner gesellschaftlichen Bedürfnisse eine große und teure Wohnung genommen hat (BFH, Urteil v. 16. 3. 1979; BStBl 1979 II, S. 473).

Möblierung der Wohnung am Arbeitsort

Für die Annahme einer doppelten Haushaltsführung ist es nicht erforderlich, daß die Wohnung am Arbeitsort mit eigenen Möbeln des Arbeitnehmers eingerichtet ist. Für die Annahme eines eigenen Hausstandes am Arbeitsort reicht ein möbliertes Zimmer, ein Zimmer in einem Hotel oder in einer Pension aus (FG Berlin, Urteil v. 10. 3. 1978; EFG 1978, S. 497).

Nachweis des gemeinschaftlichen Haushalts

Kann nicht ohne weiteres davon ausgegangen werden, daß zwischen einem *ausländischen Arbeitnehmer* und dem im Ausland lebenden Ehegatten eine intakte Ehe besteht, so sind an den Nachweis der maßgeblichen finanziellen Beteiligung am Familienhaushalt strenge Anforderungen zu stellen. Dies gilt besonders dann, wenn nach den Umständen zweifelhaft ist, daß die Ehegatten einen Haushalt weiterhin gemeinschaftlich führen (FG Baden-Württemberg, Urteil v. 14. 11. 1978; EFG 1979, S. 176).

Notwendigkeit der Mehraufwendungen

Mehraufwendungen für eine doppelte Haushaltsführung sind nur dann und insoweit abzugsfähig, als sie notwendig sind. Das Gericht ist der Ansicht, daß das Erfordernis der Notwendigkeit nicht nur die Mehraufwendungen der Höhe nach, sondern auch dem Grunde nach Betrifft (FG Hamburg, Urteil v. 11. 1. 1982; EFG 1982, S. 514).

Pauschsätze

Die Pauschsätze für doppelte Haushaltsführung sind Regelsätze, die nur angewendet werden dürfen, wenn sie nicht zu einer offensichtlich unzutreffenden Besteuerung führen. Mehraufwendungen für Verpflegung werden in der Regel in dem Maße geringer, in dem sich ein Steuerzahler am Ort seiner Arbeit etabliert (FG Düsseldorf, Urteil v. 28. 8. 1980; EFG 1981, S. 288).

Führt ein Arbeitnehmer nach einer beruflichen Veränderung zunächst einen doppelten Haushalt und lebt er danach über mehrere Jahre hinweg mit seiner Familie am Beschäftigungsort, dann führt die Rückkehr der Familie an ihren früheren Wohnort in der Regel nicht zu einer beruflich veranlaßten doppelten Haushaltsführung des Arbeitnehmers (BFH, Urteil v. 2. 11. 1981; BStBl 1982 II, S. 323).

Rückkehr der Familie an ihren früheren Wohnort

Ein *Unverheirateter* führt einen doppelten Haushalt, wenn er am Beschäftigungsort wohnt und wenn am bisherigen Wohnort ein Haushalt weitergeführt wird, zu dem ein von ihm *finanziell abhängiger Angehöriger* gehört. Durch einen Wegzug dieses Angehörigen wird die doppelte Haushaltsführung nicht unterbrochen. Vielmehr ruht sie und ist steuerlich wieder zu berücksichtigen, wenn in den ersten Haushalt erneut ein finanziell abhängiger Angehöriger einzieht (FG Nürnberg, Urteil v. 18. 2. 1981; EFG 1981, S. 452).

Ruhen der doppelten Haushaltsführung

Geht ein *Strafgefangener* außerhalb der Strafvollzugsanstalt ein freies Arbeitsverhältnis ein und besucht er an den Wochenenden seine Familie, so handelt es sich nicht um eine doppelte Haushaltsführung (FG Düsseldorf, Urteil v. 1. 3. 1978; EFG 1978, S. 487).

Strafgefangener

Um steuerlich anerkannt zu werden, muß die doppelte Haushaltsführung beruflich veranlaßt sein. Eine berufliche Veranlassung kann auch dann zu bejahen sein, wenn der Steuerzahler umzieht, weil er auf eine als sicher angekün-

Umzug

	digte Versetzung vertraut, die Versetzung dann jedoch unterbleibt (Hessisches FG, Urteil v. 27. 1. 1982; EFG 1982, S. 515).
Späterer Umzug	Eine doppelte Haushaltsführung kann auch dann beruflich veranlaßt sein, wenn der Arbeitnehmer sich eine Wohnung am Beschäftigungsort nicht bereits bei Antritt der auswärtigen Tätigkeit, sondern erst Jahre danach nimmt (BFH, Urteil v. 9. 3. 1979; BStBl 1979 II, S. 520).
Umzugsbereitschaft	Ein *lediger Arbeitnehmer* ohne doppelte Haushaltsführung, der nach einer beruflich veranlaßten Versetzung seine Wohnung am bisherigen Beschäftigungsort beibehält, kann Aufwendungen für Unterkunft am Beschäftigungsort auch nicht für eine Übergangszeit als Werbungskosten absetzen, wenn er wegen fehlender Umzugsbereitschaft von vornherein auf die Suche nach einer angemessenen Wohnung verzichtet (BFH, Urteil v. 11. 3. 1983; BStBl 1983 II, S. 629).
Umzugsbereitschaft	Beruflich veranlaßt bleibt eine doppelte Haushaltsführung auch dann, wenn ein Steuerzahler sich weigert, an den Arbeitsort umzuziehen, weil dafür zwingende private Gründe vorliegen (Hessisches FG, Urteil v. 27. 10. 1977; EFG 1978, S. 223).
Umzugsbereitschaft	Das Aufrechterhalten der doppelten Haushaltsführung ist auch bei *ausländischen Arbeitnehmern* in der Regel privat veranlaßt, wenn sie vorwiegend wegen wirtschaftlicher Erwägungen und wegen Schwierigkeiten beim Umschulen der Kinder sowie beim Vermieten des eigenen Hauses von einem Umzug der Familie an den Arbeitsort Abstand nehmen (BFH, Urteil v. 6. 9. 1977; BStBl 1978 II, S. 31).
Unterbrechung der doppelten Haushaltsführung	Hält sich ein *ausländischer Arbeitnehmer* mit seiner Frau in der Bundesrepublik Deutschland gleichzeitig beinahe ein Jahr lang auf, so kann es dennoch sein, daß der Familien-

haushalt in Italien fortbesteht, so daß eine früher begonnene doppelte Haushaltsführung durch den – wenn auch langen – Besuch der Ehefrau nicht unterbrochen wird (Hessisches FG, Urteil v. 26. 10. 1984; EFG 1985, S. 291).

Eine doppelte Haushaltsführung kann nicht bereits deshalb ausgeschlossen werden, weil der Arbeitnehmer am Arbeitsort zu einer anderen Frau ein ehewidriges Verhältnis unterhält und mit ihr zusammenlebt (FG Münster, Urteil v. 22. 6. 1977; EFG 1978, S. 18).

Ehewidriges Verhältnis

Um doppelte Haushaltsführung handelt es sich auch dann, wenn der Familienwohnsitz deswegen verlegt wird, weil der eine Ehegatte den Arbeitsplatz wechselt. Der am bisherigen Wohnsitz bleibende andere Ehegatte führt dann einen beruflich veranlaßten doppelten Haushalt (Niedersächsisches FG, Urteil v. 8. 1. 1985; EFG 1985, S. 235).

Verlegung des Familienwohnsitzes

Mehraufwendungen wegen doppelter Haushaltsführung dürfen nur dann als Werbungskosten abgezogen werden, wenn die Entstehung der doppelten Haushaltsführung beruflich veranlaßt ist. Eine doppelte Haushaltsführung ist nicht beruflich veranlaßt, wenn der Arbeitnehmer seine Familienwohnung aus privaten Gründen vom bisherigen Wohnort, der auch der Beschäftigungsort ist, wegverlegt und am Beschäftigungsort einen zweiten Hausstand führt (BFH, Urteil v. 2. 12. 1981; BStBl 1982 II, S. 298).

Verlegung des Familienwohnsitzes

Verlegt ein Steuerzahler seinen Familienwohnsitz vom Beschäftigungsort weg und behält er einen Haushalt am Beschäftigungsort bei, so ist dies regelmäßig als privat veranlaßt anzusehen. Eine doppelte Haushaltsführung kann steuerlich nur dann anerkannt werden, wenn die Entscheidung des Steuerzahlers, einen weiteren Haushalt einzurichten, berufliche Gründe hat (Hessisches FG, Urteil v. 4. 9. 1980; EFG 1981, S. 126).

Verlegung des Familienwohnsitzes

Verlegung des Familienwohnsitzes

Aufwendungen sind nur solche Ausgaben, die der Steuerzahler tatsächlich geleistet hat, und nicht solche, die er hätte machen können. Verlegt ein Steuerzahler seinen Familienwohnsitz aus privaten Gründen vom Beschäftigungsort weg, so kann er weder Aufwendungen für doppelte Haushaltsführung steuerlich anerkannt erhalten noch Ausgaben für einen Rückumzug als Werbungskosten absetzen (Niedersächsisches FG, Urteil v. 25. 9. 1980; EFG 1981, S. 231).

Verlegung des Familienwohnsitzes

Auch bei Eheleuten können Mehraufwendungen wegen doppelter Haushaltsführung grundsätzlich nur bei dem Ehegatten als Werbungskosten berücksichtigt werden, durch dessen Arbeitsverhältnis sie veranlaßt worden sind. Haben die Eheleute am Ort der nichtselbständigen Beschäftigung des Ehemanns einen gemeinsamen Haushalt geführt, so können Mehraufwendungen, die dadurch entstehen, daß die Ehefrau mit dem gemeinsamen Kind an einen anderen Ort zieht, während der Mann vorerst am Beschäftigungsort bleibt, beim Ehemann auch dann nicht als Werbungskosten wegen doppelter Haushaltsführung anerkannt werden, wenn die Ehefrau wegen eines am anderen Ort einzugehenden Arbeitsverhältnisses dorthin gezogen ist und die Eheleute später diesen Ort auch zum Familienwohnsitz bestimmen (BFH, Urteil v. 16. 4. 1980; BStBl 1980 II, S. 512).

Verlegung des Familienwohnsitzes

Die Wegverlegung des Wohnsitzes vom Beschäftigungsort unter Beibehaltung eines zweiten Haushalts am Beschäftigungsort führt regelmäßig nicht zu einer steuerrechtlich zu berücksichtigenden doppelten Haushaltsführung (BFH, Urteil v. 10. 11. 1978; BStBl 1979 II, S. 219).

Verlobte

Eine doppelte Haushaltsführung liegt nur vor, wenn der Arbeitnehmer außerhalb des Orts, an dem er einen eigenen Hausstand unterhält, beschäftigt ist und auch am Beschäftigungsort wohnt. Keinen eigenen Hausstand hat ein lediger Arbeitnehmer, der mit seiner Verlobten in einer gemeinsamen Wohnung lebt (FG Baden-Württemberg, Urteil v. 23. 10. 1980; EFG 1981, S. 174).

Bei einem *Unverheirateten* sind Mehraufwendungen einer doppelten Haushaltsführung nur dann gegeben, wenn er vor Aufnahme der auswärtigen Beschäftigung mit von ihm *finanziell abhängigen Angehörigen* einen eigenen Hausstand unterhalten hat, diesen Hausstand auch nach Aufnahme der auswärtigen Beschäftigung weiterhin unterhält und die Kosten der Unterhaltung ganz oder überwiegend trägt. Eine Verlobte ist nicht „finanziell abhängig" in diesem Sinn, so daß eine doppelte Haushaltsführung unter *Verlobten* steuerlich nicht anerkannt werden kann (FG München, Urteil v. 9. 12. 1977; EFG 1978, S. 222).

Verlobte

Ledige Arbeitnehmer mit eigenem Hausstand können bei einer beruflich bedingten Versetzung für eine gewisse Übergangszeit Fahrtkosten, Mehraufwendungen für Verpflegung und Aufwendungen für ein möbliertes Zimmer am neuen Beschäftigungsort als Werbungskosten geltend machen. Die Übergangszeit endet mit dem Umzug in eine Wohnung, die nach objektiven Maßstäben als angemessen anzusehen ist (BFH, Urteil v. 23. 7. 1976; BStBl 1976 II, S. 795).

Versetzung

Hat ein Arbeitnehmer, nachdem er am neuen Beschäftigungsort einen zweiten Haushalt begründet hat, seine Familienwohnung am bisherigen Wohnort vorübergehend aufgegeben, so führt dies nicht dazu, die berufliche Veranlassung der doppelten Haushaltsführung in Frage zu stellen, wenn am bisherigen Wohnort alsbald eine neue Familienwohnung bezogen wird (Schleswig-Holsteinisches FG, Urteil v. 4. 11. 1980; EFG 1981, S. 235).

Vorübergehende Aufgabe der Familienwohnung

Bei einer auswärtigen Beschäftigung von verhältnismäßig kurzer Dauer hängt die Abziehbarkeit des beruflich veran-

Zeitsoldat

laßten Mehraufwands nicht davon ab, daß dem *ledigen Arbeitnehmer* für die Beibehaltung der Unterkunft am bisherigen Wohnort Aufwendungen entstehen. Der Abzug kommt zum Beispiel auch dann in Betracht, wenn ein *lediger Zeitsoldat* in der Wohnung der Eltern ein Zimmer beibehält (BFH, Urteil v. 10. 2. 1983; BStBl 1983 II, S. 515).

Reisekosten

Arbeitsgemeinschaft

Fahrten eines *Rechts-(Gerichts-)Referendars* zwischen seiner Wohnung und dem Ort der Arbeitsgemeinschaft sind Dienstreisen, wenn der Ort der Arbeitsgemeinschaft mindestens 15 Kilometer vom Ort der praktischen Ausbildung des Referendars entfernt ist (BFH, Urteil v. 12. 8. 1983; BStBl 1983 II, S. 720).

Regelmäßige Arbeitsstätte

Arbeitet ein *Berufskraftfahrer* einen vollen Arbeitstag in der Woche am Betriebssitz, indem er in der Werkstatt die Maschinen des Arbeitgebers wartet, so hat er dort seine regelmäßige Arbeitsstätte (FG München, Urteil v. 31. 8. 1984; EFG 1985, S. 14).

Regelmäßige Arbeitsstätte

Bei einem *Berufskraftfahrer* kann sich die regelmäßige Arbeitsstätte am Betriebssitz des Arbeitgebers befinden, wenn sich aus der Häufigkeit des Aufenthalts am Betriebssitz und dem Umfang der dortigen Verrichtung ergibt, daß der Betriebssitz trotz der ausgedehnten Reisetätigkeit beruflicher Mittelpunkt des Fahrers ist (BFH, Urteil v. 11. 5. 1979; BStBl 1979 II, S. 474).

Regelmäßige Arbeitsstätte

Ob ein *Getränkeverkaufsfahrer* seine regelmäßige Arbeitsstätte am Betriebssitz des Arbeitgebers hat, hängt von den im Einzelfall vorliegenden Verhältnissen ab. Der Betriebssitz kann insbesondere dann regelmäßige Arbeitsstätte sein, wenn der Fahrer dort nachweislich in regelmäßiger

Wiederkehr zum Beispiel Lade- oder Lagerarbeiten zu verrichten und über den Getränkeverkauf abzurechnen hat (BFH, Urteil v. 11. 5. 1979; BStBl 1979 II, S. 474).

Ist ein Arbeitnehmer für denselben Arbeitgeber an zwei regelmäßigen Arbeitsstätten tätig und fährt er aus dienstlichen Gründen von der einen Arbeitsstätte zur zweiten, so handelt es sich um *Dienstreisen*. Nur wenn es sich um Fahrten in Erfüllung mehrerer Arbeitsverträge an verschiedenen Orten handelt, liegen Fahrten zwischen Wohnung und Arbeitsstätte vor, wobei es unerheblich ist, ob der Arbeitnehmer die einzelnen Dienststellen unmittelbar oder nacheinander aufsucht (FG Münster, Urteil v. 29. 7. 1980; EFG 1981, S. 82).
Zwei regelmäßige Arbeitsstätten

Arbeitet ein Steuerzahler an 225 Tagen im Jahr im *Außendienst* ununterbrochen jeweils länger als 12 Stunden und zusätzlich noch an 30 Samstagen zwischen fünf und elf Stunden, so handelt es sich bei ihm nicht um *Dienstreisen*. Seine Mehraufwendungen für Verpflegung kann er gemäß Abschnitt 22 Abs. 2 LStR nur mit täglich 3 DM geltend machen (FG des Saarlandes, Urteil v. 7. 10. 1983; EFG 1984, S. 542).
Außendiensttätigkeit

Bei einem *Professor der Geographie* und Didaktik der Geographie ist nicht jede unter geographischen Gesichtspunkten interessante Auslandsreise schon deshalb Teil der Berufsausübung. Aufwendungen hierfür sind nur dann Werbungskosten, wenn ein enger und konkreter Bezug zur beruflichen Tätigkeit, wie etwa ein Forschungsauftrag für diese Gegend, vorliegt (BFH, Urteil v. 23. 10. 1981; BStBl 1982 II, S. 69).
Auslandsreisen

Bei *Postbeamten,* die im Bahnpostbegleitdienst eingesetzt sind, muß die Anwendung der in den Lohnsteuer-Richtlinien für Verpflegungsmehraufwand vorgesehenen Pausch-
Bahnpostbegleitdienst

beträge bei Dienstreisen nicht deshalb zu einer offensichtlich unzutreffenden Besteuerung führen, weil diese Bediensteten in regelmäßiger Wiederkehr dieselben Zielorte anfahren (BFH, Urteil v. 2. 4. 1982; BStBl 1982 II, S. 498).

Beschäftigungsdauer

Wird ein in Ausbildung befindlicher *Beamter* entsprechend dem Ausbildungsplan nur für einen Monat an eine auswärtige Dienststelle abgeordnet und kehrt er anschließend an die ausbildende Dienststelle zurück, so bleibt diese während der Dauer der Abordnung seine regelmäßige Arbeitsstätte (BFH, Urteil v. 8. 7. 1983; BStBl 1983 II, S. 679).

Beschäftigungsdauer

Ist eine auswärtige Beschäftigung, die auf Weisung des Arbeitgebers erfolgt, von vornherein so angelegt, daß eine Beschäftigung von drei Monaten vorgesehen ist, so stellt der auswärtige Aufenthalt keine Dienstreise dar (FG Rheinland-Pfalz, Urteil v. 14. 1. 1981; EFG 1981, S. 449).

Dienstgang

Die Anweisung in den Lohnsteuer-Richtlinien, wonach bei einem Dienstgang Mehraufwendungen bis zu 3 DM ohne Einzelnachweis anerkannt werden können, wenn der Dienstgang länger als vier Stunden dauert, ist eine der Lebenserfahrung entsprechende Schätzung, die von den Steuergerichten zu beachten ist, wenn sie nicht im Einzelfall zu einer offensichtlich unzutreffenden Besteuerung führt (BFH, Urteil v. 14. 8. 1981; BStBl 1982 II, S. 24).

Dienstgänge und Dienstreisen von der eigenen Wohnung

Ein Arbeitnehmer führte Dienstreisen und Dienstgänge von seiner Wohnung aus durch und machte für die Fahrten mit dem eigenen Pkw die Pauschale von 0,42 DM je gefahrenen Kilometer geltend. Das Gericht erkannte dies auch in den Fällen an, in denen die jeweiligen Einsatzstellen von der Wohnung weiter entfernt lagen als von der regelmäßigen Arbeitsstätte des Arbeitnehmers (Hessisches FG, Urteil v. 15. 6. 1983; EFG 1984, S. 115).

Die Anwendung der in den Lohnsteuer-Richtlinien vorgesehenen Pauschbeträge für Verpflegungsmehraufwendungen bei eintägigen Dienstreisen führt in der Regel auch dann zu keiner offensichtlich unzutreffenden Besteuerung, wenn es sich überwiegend um Fahrten in ein nur wenige Gemeinden umfassendes Gebiet in der Umgebung des Ortes handelt, in dem der Arbeitnehmer seine regelmäßige Arbeitsstätte hat (BFH, Urteil v. 23. 4. 1982; BStBl 1982 II, S. 500).

Eintägige Dienstreise

Für die Annahme einer Dienstreise kommt es nicht darauf an, ob die Reise durchgeführt wird, um an einem bestimmten Ort tätig zu werden, oder ob die Fahrt selbst die Tätigkeit darstellt (FG Düsseldorf, Urteil v. 17. 12. 1979; EFG 1980, S. 230).

Dienstreise

Der Begriff der „Dienstreise" ist eng auszulegen. Nur solchen Arbeitnehmern entstehen Mehraufwendungen für Verpflegung, die aufgrund der Eigenart ihrer Berufstätigkeit tagsüber meßbar mehr für Verpflegung aufwenden als Arbeitnehmer, die „stationär" tätig sind (FG Berlin, Urteil v. 1. 4. 1977; EFG 1978, S. 86).

Dienstreise

Der Steuerzahler, ein angestellter *Facharzt,* nahm in einem ausländischen Wintersportort während der Wintersaison an einem Fachkursus teil. Das Gericht entschied, daß die Aufwendungen auch dann abzugsfähige Werbungskosten darstellen, wenn die zeitliche Gestaltung der Veranstaltungen (8 Uhr bis 11.30 Uhr und 16 Uhr bis 19 Uhr) den Teilnehmern die Möglichkeit gibt, private Interessen in nur unerheblichem Umfang zu verfolgen (FG Hamburg, Urteil v. 1. 2. 1983; EFG 1983, S. 494).

Fachkurse

Bekommt ein Arbeitnehmer, der in West-Berlin arbeitet, von seinem Arbeitgeber die Auflage, für Reisen von und nach Berlin aus Sicherheitsgründen ein Flugzeug zu benut-

Flugreisen

zen, so kann er die ihm dadurch entstehenden Mehraufwendungen als Werbungskosten bei seinen Einkünften aus nichtselbständiger Arbeit abziehen (FG Berlin, Urteil v. 20. 5. 1980; EFG 1981, S. 13).

Heimfahrten an den Wochenenden

Erstreckt sich eine Dienstreise über mehrere Wochen und kehrt der Steuerzahler an den Wochenenden zum Ort seines Lebensmittelpunkts zurück, so gehören die Kosten der Heimfahrten grundsätzlich zu den steuerlich berücksichtigungsfähigen Kosten der Dienstreise. Dies gilt auch für *ledige Steuerzahler* (BFH, Urteil v. 17. 12. 1976; BStBl 1977 II, S. 294).

Kostennachweis

Benutzt ein Arbeitnehmer auf einer Dienstreise seinen Pkw, so sind die dadurch verursachten Fahrtkosten Werbungskosten, soweit der Arbeitgeber ihm diese Kosten nicht oder nur teilweise ersetzt hat. Die Kosten für den Kraftstoffverbrauch brauchen nicht durch Belege nachgewiesen zu werden, wenn gefahrene Kilometer, Fahrzeugtyp, Baujahr und Kraftstoffpreis feststehen. Ein Nachweis durch Belege braucht auch für solche Kosten nicht erbracht zu werden, für die ein Nachweis nicht möglich ist (z. B. Telefonkosten von einer Werkstatt aus oder Parkgebühren). Es reicht aus, daß diese Kosten wahrscheinlich sind (FG Münster, Urteil v. 23. 8. 1978; EFG 1979, S. 118).

Kraftfahrzeugkosten

Tatsächliche Kraftfahrzeugkosten, z. B. bei Dienstreisen, können nicht durch Berufung auf die sogenannten ADAC-Tabellen nachgewiesen werden (BFH, Urteil v. 27. 6. 1980; BStBl 1980 II, S. 651).

Kreditzinsen (Pkw)

Zinsen für einen Kredit zur *Anschaffung eines privaten Pkw* können auch insoweit steuerlich nicht berücksichtigt werden, als der Arbeitnehmer Fahrtkosten für Dienstreisen mit den Pauschbeträgen der LStR geltend macht (BFH, Urteil v. 30. 11. 1979; BStBl 1980 II, S. 141).

Nimmt ein Steuerzahler für Dienstreisen mit dem eigenen Pkw die Kilometerpauschale in Anspruch, so können daneben Schuldzinsen für die Anschaffung des Wagens auf Kredit nicht als Werbungskosten abgesetzt werden (FG Hamburg, Urteil v. 27. 1. 1977; EFG 1977, S. 258).

Kreditzinsen (Pkw)

Befindet sich ein *Finanzanwärter* auf einem Lehrgang und ist ihm das dort angebotene kostenlose Kantinenessen zuwider, so handelt es sich bei seinen Mehraufwendungen zur Selbstbeköstigung um „notwendige" Aufwendungen, die zu Werbungskosten führen. Die Steuerzahlerin, eine Steuerbeamtin, befand sich auf einem mehrmonatigen Abschlußlehrgang als Finanzanwärterin, nahm nicht an der kostenlosen Vollverpflegung teil, sondern verköstigte sich selbst. Entgegen der Auffassung des Finanzamtes hielt das Finanzgericht die Mehraufwendungen für notwendig im Sinn des § 9 Abs. 1 Nr. 5 EStG (FG Düsseldorf, Urteil v. 16. 3. 1984; EFG 1985, S. 17).

Mehraufwendungen für Verpflegung

Mehraufwendungen für Verpflegung eines Arbeitnehmers wegen mehr als zwölfstündiger Abwesenheit von der Wohnung sind mit 3 DM täglich auch dann als Werbungskosten abzugsfähig, wenn die Voraussetzungen dafür nicht an der Mehrzahl der jährlichen Arbeitstage vorgelegen haben (BFH, Urteil v. 30. 3. 1979; BStBl 1979 II, S. 498).

<u>Mehraufwendungen für Verpflegung</u>

Entstehen einem Steuerzahler auf Dienstreisen Parkgebühren, so darf er diese neben den in den Lohnsteuer-Richtlinien geregelten Kilometerpauschsätzen als Werbungskosten abziehen (FG Bremen, Urteil v. 26. 8. 1977; EFG 1977, S. 580).

Parkgebühren

Nimmt ein Steuerzahler bei Dienstreisen mit dem Privat-Pkw für die Fahrtkosten die Kilometerpauschale in Anspruch, so können Parkgebühren für das Abstellen des

Parkgebühren

Fahrzeugs an Parkuhren und in Parkhäusern nicht zusätzlich zum Pauschbetrag als Werbungskosten abgezogen werden (FG Düsseldorf, Urteil v. 6. 9. 1977; EFG 1978, S. 86).

Pauschbeträge

Die Pauschbeträge für *Mehraufwendungen für Verpflegung* und die *Kilometerpauschalen* bei Dienstreisen sind grundsätzlich auch von den Finanzgerichten zu beachten (BFH, Urteil v. 25. 10. 1985; BStBl 1986 II, S. 200).

Streifenfahrten

Wird ein *Polizeibeamter* der Verkehrsüberwachung zu täglichen Streifenfahrten eingesetzt, so handelt es sich bei den Fahrten um Dienstreisen, soweit sie in eine Entfernung von mindestens 15 km von der regelmäßigen Arbeitsstätte führen. Bei entsprechendem Nachweis steht dem Steuerzahler der Abzug von Mehraufwendungen für Verpflegung zu. Durch bewußte Überschreitungen von Weisungen des Arbeitgebers entstandene Aufwendungen sind nicht durch das Arbeitsverhältnis veranlaßt und können daher nicht als Werbungskosten abgezogen werden (FG Düsseldorf, Urteil v. 14. 12. 1977; EFG 1978, S. 319).

Studienfahrten

Ein *Englischlehrer,* der seine Schulklasse jährlich in den Ferien nach London begleitet und die Reise organisiert und leitet, kann seine Reisekosten als Werbungskosten absetzen, da diese Aufwendungen nahezu ausschließlich beruflich veranlaßt sind. Außerunterrichtliche Veranstaltungen dienen der Vertiefung, Erweiterung und Ergänzung des Unterrichts. Auch mehrtägige Studienfahrten sind hierfür geeignete Veranstaltungen (FG Baden-Württemberg, Urteil v. 19. 7. 1984; EFG 1985, S. 16).

Studienfahrten

Fährt eine aus *Referendaren* bestehende Arbeitsgemeinschaft aus Studiengründen zu französischen Gerichten und zu Institutionen der Europäischen Gemeinschaft in Brüssel und Paris, so sind die den Teilnehmern dafür entstehenden

Aufwendungen abzugsfähige Werbungskosten, wenn das Besuchsprogramm ausreichend straff organisiert worden ist (FG Köln, Urteil v. 18. 4. 1983; EFG 1984, S. 25).

Fahren *Religionslehrer* als Reisegruppe zu den biblischen Stätten in Israel, Jordanien und Ägypten, so werden die Aufwendungen in der Regel privat mitveranlaßt und können damit keine abzugsfähigen Werbungskosten sein (FG Köln, Urteil v. 26. 11. 1985; EFG 1986, S. 117)

Studienreisen

Arbeitet ein *Kundendienst-Techniker* auf Einsatzstellen, die im Nahbereich seines Wohnorts liegen, und kehrt er am Abend regelmäßig in seine Wohnung zurück, so stellen die Fahrten zu den Einsatzstellen keine Dienstreisen dar, auch wenn die Einsatzorte zum Teil mehr als 15 km von der Wohnung entfernt liegen. Er kann jedoch als Werbungskosten je Arbeitstag seine Mehraufwendungen für Verpflegung pauschal, also ohne Einzelnachweis, mit 5 DM je Arbeitstag absetzen (FG Baden-Württemberg, Urteil v. 10. 7. 1984; EFG 1985, S. 16).

Tägliche Rückkehr zur eigenen Wohnung

Führt ein Steuerzahler eine Dienstreise von mehreren Wochen durch und übernachtet er nicht am Reiseort, sondern kehrt täglich mit dem privaten Pkw zur Familienwohnung zurück, so sind für diese Fahrten nicht die für Fahrten zwischen Wohnung und Arbeitsstätte, sondern die für Dienstreisen geltenden Kilometerpauschalen zu gewähren (Niedersächsisches FG, Urteil v. 24. 1. 1977; EFG 1977, S. 475).

Tägliche Rückkehr zur Familienwohnung

Ist ein Steuerzahler ausschließlich an Bord eines Schiffes tätig, so führt er keine Dienstreisen durch, wenn er sich mit dem Schiff unterwegs befindet. Vielmehr ist das Schiff die regelmäßige Arbeitsstätte des Steuerzahlers. Einen etwaigen Verpflegungsmehraufwand kann er nicht als Werbungskosten absetzen (FG Schleswig-Holstein, Urteil v. 5. 10. 1983; EFG 1984, S. 173).

Tätigkeit an Bord eines Schiffes

Tageszeitung

Die Lektüre einer Tageszeitung wie der FAZ dient der Befriedigung privaten Wissens- und Bildungsstrebens, mag sie auch zugleich den Beruf fördern. Wurde eine Tageszeitung bereits abonniert, so beruht der Kauf weiterer Zeitungen auf Dienstreisen auf der freien Entscheidung des Steuerzahlers und stellt keine Werbungskosten dar (FG Düsseldorf, Urteil v. 22. 7. 1980; EFG 1981, S. 12).

Übernachtungskosten

Ist die Entstehung von Übernachtungskosten anläßlich von Dienstreisen dem Grunde nach unbestritten, so ist das Finanzgericht nicht gehindert, die Höhe der Kosten zu schätzen (BFH, Urteil v. 17. 7. 1980; BStBl 1981 II, S. 14).

Verlust des Reisekostenvorschusses

Einem Steuerzahler wurde auf einer Dienstreise der Reisekostenvorschuß gestohlen. Den Verlust erhielt er von keiner Seite ersetzt. Der Geldverlust fällt begrifflich unter die Werbungskosten und ist damit bei den Einkünften aus nichtselbständiger Arbeit abzugsfähig. Der Abzug als Werbungskosten setzt voraus, daß das untergegangene Vermögen dazu bestimmt war, einer Einkunftsquelle zu dienen (FG Köln, Urteil. v. 29. 10. 1980; EFG 1981, S. 128).

Mehraufwendungen für Verpflegung

Abwesenheit von der Wohnung

Bei mehr als zwölfstündiger beruflicher Abwesenheit von der Wohnung kann ein Pauschbetrag für Verpflegungsmehraufwand von täglich 3 DM in Anspruch genommen werden. Maßgebend ist, ob der Steuerzahler tatsächlich mehr als 12 Stunden abwesend ist und nicht, ob er zur Mittagszeit hätte heimkehren und damit den 12-Stunden-Zeitraum unterbrechen können (FG Nürnberg, Urteil v. 15. 11. 1979; EFG 1980, S. 131).

Abwesenheit von der Wohnung

Bei mehr als zwölfstündiger Abwesenheit von der Wohnung aus beruflichen Gründen wird ein Pauschbetrag für Verpflegungsmehraufwendungen von täglich 3 DM gewährt. Dieser Pauschbetrag wird jedoch dann nicht gewährt, wenn der Steuerzahler diese Zeitgrenze zwar überschreitet, dafür jedoch keine zwingende dienstliche Veranlassung besteht; zum Beispiel, wenn er darauf verzichtet, das Mittagessen zu Hause einzunehmen, obwohl die Mittagspause 90 Minuten beträgt und die Wohnung von der Arbeitsstätte nur 4 km entfernt ist (FG des Saarlandes, Urteil v. 23. 5. 1978; EFG 1978, S. 486).

Die Begleitung durch die Ehefrau auf einer Dienstreise ist weitaus überwiegend beruflich veranlaßt, wenn ein Steuerzahler nach einem Herzinfarkt es auf dringenden Rat des Arztes unterläßt, ein Fahrzeug über längere Strecken selbst zu führen, und daher von seiner Frau abgelöst wird. Auch die für die Ehefrau angefallenen Mehraufwendungen für Verpflegung stellen abzugsfähige Werbungskosten dar, die mit den für Dienstreisen geltenden Pauschbeträgen berücksichtigt werden können (Hessisches FG, Urteil v. 28. 7. 1976; EFG 1977, S. 10).

Begleitung durch die Ehefrau auf Dienstreisen

Das Gericht entschied entgegen Abschnitt 22 Abs. 3 LStR, daß bei einem Berufskraftfahrer, der am Betriebssitz des Arbeitgebers keine regelmäßige Arbeitsstätte hat, der aber zugleich einen doppelten Haushalt führt, der Mehraufwand für Verpflegung auf 18 beziehungsweise 23 DM zu schätzen ist für jeden Tag, an dem er mehr als 6 beziehungsweise 12 Stunden dienstlich unterwegs ist (Hessisches FG, Urteil v. 19. 1. 1983; EFG 1983, S. 346).

Berufskraftfahrer

Die Anwendung der Pauschsätze für Mehraufwendungen für Verpflegung darf im Einzelfall nicht zu einer unzutreffenden Besteuerung führen. Verpflegungsmehraufwendungen, die *Berufskraftfahrern* auf Inlands- und Auslandsfahrten entstehen, müssen nach der Dauer der Abwesenheit auch dann geschätzt werden, wenn es sich um Dienstreisen handelt. Es würde sich eine unzutreffende Besteuerung ergeben, wenn die Pauschsätze der Lohnsteuer-Richt-

Berufskraftfahrer

linien für Verpflegungsmehraufwendungen in Ansatz kämen (FG des Saarlandes, Urteil v. 13. 5. 1981; EFG 1982, S. 17).

Berufskraftfahrer

Berufskraftfahrern steht bei mehr als sechsstündiger Abwesenheit von der Betriebsstätte wegen Mehraufwendungen für Verpflegung eine Pauschale von täglich 8 DM zu. *Angestellte Taxifahrer* sind Berufskraftfahrer in diesem Sinn (FG Hamburg, Urteil vom 2. 9. 1982; EFG 1983, S. 116).

Busfahrer

Ist ein *Stadtbusfahrer* im Linienverkehr ausschließlich aus beruflichen Gründen mehr als sechs Stunden unterwegs, so führt ein Pauschbetrag von täglich 8 DM für Verpflegungsmehraufwand weder zu einer unzutreffenden Auslegung des Werbungskostenbegriffs noch der Höhe nach zu einer offensichtlich unzutreffenden Besteuerung. Der Pauschbetrag steht dem Stadtbusfahrer im Linienverkehr also zu (FG Nürnberg, Urteil v. 13. 12. 1984; EFG 1985, S. 233).

Busfahrer

Das Gericht schätzte bei einem *Omnibusfahrer* der städtischen Verkehrsbetriebe in West-Berlin den beruflich veranlaßten Mehraufwand für Verpflegung und erkannte für das Jahr 1980 einen Satz von 5 DM täglich als abzugsfähig an (FG Berlin, Urteil v. 6. 5. 1983; EFG 1984, S. 67).

Busfahrer

Sind einem Steuerzahler Mehraufwendungen für Verpflegung nicht entstanden, so kann er die für *Berufskraftfahrer* geltenden Pauschsätze nicht in Anspruch nehmen, da dies sonst zu einer unzutreffenden Besteuerung führen würde. Das Gericht ist der Ansicht, daß *Omnibusfahrer,* die im städtischen Verkehr Hamburgs eingesetzt werden, grundsätzlich keine beruflich veranlaßten Mehraufwendungen für Verpflegung haben (FG Hamburg, Urteil v. 22. 1. 1982; EFG 1982, S. 409).

Erhält ein *Fernmeldetechniker* für seine Außendiensttätigkeit vom Arbeitgeber niedrigere Mehraufwendungen für Verpflegung erstattet, als nach den für Reisekosten geltenden Grundsätzen zulässig ist, so kann er die Differenz zwischen Ersatz und Pauschbeträgen ohne Einzelnachweis als Werbungskosten absetzen (FG Nürnberg, Urteil v. 22. 2. 1979, EFG 1979, S. 453).

Differenz zwischen Ersatz vom Arbeitgeber und Pauschalbeträgen

---

Wird Gemeinschaftsverpflegung zu einem sehr günstigen Preis abgegeben und nimmt der Steuerzahler daran teil, so könnte es sein, daß die Anwendung der Pauschbeträge für Verpflegungsmehraufwand zu einer unzutreffenden Besteuerung führen würde (FG München, Urteil v. 13. 10. 1978; EFG 1980, S. 15).

Gemeinschaftsverpflegung

Wird ein Arbeitnehmer für fünfeinhalb Monate zu einem Lehrgang abgeordnet, so ist der Lehrgangsort die regelmäßige Arbeitsstätte des Arbeitnehmers. Mehraufwendungen für Verpflegung können daher lediglich im Rahmen der für die doppelte Haushaltsführung geltenden Pauschsätze berücksichtigt werden (Niedersächsisches FG, Urteil v. 14. 5. 1985; EFG 1985, S. 554).

Lehrgang

Lokomotivführer der Deutschen Bundesbahn dürfen die für Dienstreisen geltenden Pauschbeträge für Verpflegungsmehraufwand auch dann nicht als Werbungskosten absetzen, wenn es sich bei der Art der Tätigkeit um Dienstreisen handelt. In der Regel kann davon ausgegangen werden, daß die tatsächlichen Mehraufwendungen für Verpflegung nicht höher sind als die vom Dienstherrn hierfür gewährten Aufwandsentschädigungen. Dies gilt für Lokomotivführer im Plan-, Sonder- oder Rangierdienst (FG Nürnberg, Urteil v. 5. 10. 1976; EFG 1977, S. 57).

Lokomotivführer der Deutschen Bundesbahn

Die für Dienstreisen in den Lohnsteuer-Richtlinien geregelten Pauschsätze für Verpflegungsmehraufwendungen sind dem Steuerzahler grundsätzlich zu gewähren, es sei

Pauschsätze

denn, es würde dadurch eindeutig und offensichtlich zu einer unzutreffenden Besteuerung kommen (FG Düsseldorf, Urteil v. 6. 12 1978; EFG 1979, S. 224).

Schätzung des Mehraufwands

Ist ein Mehraufwand für Verpflegung in Höhe der in den Lohnsteuer-Richtlinien vorgesehenen Pauschsätze nicht entstanden, so ist der Mehraufwand unter Berücksichtigung aller Umstände zu schätzen. Die Pauschsätze sind zwar auch von den Steuergerichten zu beachten, jedoch nur, solange sie im Einzelfall nicht zu offensichtlich falschen Ergebnissen führen (FG Köln, Urteil v. 5. 2. 1981; EFG 1981, S. 569).

Vergleichsgrundlage

Ein Abzug von Mehraufwendungen für Verpflegung als Werbungskosten kommt nur auf der Vergleichsgrundlage in Betracht, was ein Steuerzahler aufzuwenden hätte, der seinen Lebensunterhalt selbst bestreiten muß (Schleswig-Holsteinisches FG, Urteil v. 26. 5. 1982; EFG 1982, S. 559).

Verpflegung durch den Dienstherrn

Wer als Arbeitnehmer im Rahmen einer Dienstreise vom Dienstherrn kostenlos verpflegt wird, dieses Angebot aber nicht annimmt, sondern statt dessen eigenen Aufwand in Kauf nimmt, kann diesen Aufwand nur dann teilweise als Werbungskosten geltend machen, wenn er nachweist, daß er an der kostenlosen Verpflegung aus beruflichen Gründen nicht teilgenommen hat (FG Berlin, Urteil v. 23. 2. 1979; EFG 1979, S. 490).

Unfallkosten

Abholfahrten von der Arbeitsstätte

Fahren Ehegatten, die beim selben Arbeitgeber in derselben Schicht tätig sind, regelmäßig gemeinsam mit ihrem Pkw zur Arbeitsstätte und zurück zur Wohnung, mußte die Ehefrau aber ausnahmsweise nach Ende der Schicht mit dem Pkw allein nach Hause fahren, weil der Ehemann aus beruflichen Gründen länger an der Arbeitsstätte zurückbleiben mußte, so ist die abendliche Abholfahrt der Ehefrau beruflich veranlaßt. Aufwendungen anläßlich eines auf der Abholfahrt eingetretenen Unfalls können dann grundsätzlich als Werbungskosten anerkannt werden (BFH, Urteil v. 3. 8. 1984; BStBl 1984 II, S. 800).

Fahren Ehegatten morgens zusammen zur Arbeitsstätte des Ehemanns und benutzt die Ehefrau den Pkw anschließend, um damit zu ihrer Arbeitsstätte zu fahren, so ist die abendliche Fahrt der Ehefrau zur Arbeitsstätte des Ehemanns, um ihn dort abzuholen, durch die Berufstätigkeit des Ehemanns veranlaßt. Aufwendungen anläßlich eines auf der Abholfahrt eingetretenen Unfalls können dann grundsätzlich als Werbungskosten anerkannt werden (BFH, Urteil v. 11. 7. 1980; BStBl 1980 II, S. 655).

Abholfahrten von der Arbeitsstätte

Aufwendungen zur Beseitigung von Schäden aufgrund eines Kfz-Unfalls, der sich auf einer an sich beruflich veranlaßten Fahrt ereignet hat, sind dann nicht als Werbungskosten bei den Einkünften aus nichtselbständiger Arbeit abzugsfähig, wenn der Unfall durch Alkoholeinfluß des Steuerzahlers herbeigeführt wurde (BFH, Urteil v. 6. 4. 1984; BStBl 1984 II, S. 434).

Alkoholeinfluß

Kosten eines Kraftfahrzeugunfalls sind steuerlich nicht berücksichtigungsfähig, wenn die Fahrtüchtigkeit durch Alkoholeinfluß beeinträchtigt war (FG Münster, Urteil v. 23. 8. 1978; EFG 1979, S. 119).

Alkoholeinfluß

Nimmt ein Arbeitnehmer im Anschluß an die Arbeit an einer Betriebssportveranstaltung teil und erleidet er auf der Heimfahrt mit dem Pkw einen Unfall, so stellen die Unfallkosten keine abzugsfähigen Werbungskosten dar. Ein Abzug als Werbungskosten ist selbst dann ausgeschlossen, wenn die Sportveranstaltung auf dem Betriebsgelände des Arbeitgebers stattgefunden hat (Hessisches FG, Urteil v. 13. 1. 1981; EFG 1981, S. 285).

Betriebssportveranstaltung

Diebstahl des Pkw

Ein Pkw, der von einem Arbeitnehmer nahezu ausschließlich beruflich genutzt wird, ist ein *Arbeitsmittel*. Wird ein solcher Pkw entwendet und später in stark beschädigtem Zustand wieder aufgefunden, so kann der dem Steuerzahler entstandene und von der Versicherung nicht ersetzte Schaden als Abschreibung für außergewöhnliche Abnutzung zu Werbungskosten führen (BFH, Urteil v. 29. 4. 1983; BStBl 1983 II, S. 586).

Ehrenamtliche Tätigkeit (Wahlleiter)

Übt ein Bezirksgeschäftsführer der Barmer Ersatzkasse eine ehrenamtliche Tätigkeit als Wahlleiter einer Sozialversicherungswahl aus und erleidet er auf der Heimfahrt mit dem eigenen Pkw einen Unfall, so stellen die von ihm getragenen Unfallkosten bei seinen Einkünften aus nichtselbständiger Arbeit abzugsfähige Werbungskosten dar (FG Rheinland-Pfalz, Urteil v. 9. 6. 1983; EFG 1984, S. 66).

Ersatzleistungen

Hat ein Arbeitnehmer auf einer beruflich veranlaßten Fahrt einen Unfall verursacht und die von ihm getragenen Unfallkosten als Werbungskosten abgezogen, so sind die Kosten insoweit, als sie dem Arbeitnehmer in einem späteren Jahr ersetzt werden, im Jahr der Ersatzleistung im Rahmen seiner Einkünfte aus nichtselbständiger Arbeit als Einnahmen anzusetzen (Niedersächsisches FG, Urteil v. 24. 8. 1983; EFG 1984, S. 169).

Fahrten zu ständig wechselnden Einsatzstellen

Kosten eines Unfalls mit dem Pkw anläßlich einer *Dienstreise* oder einer Fahrt zu ständig wechselnden Einsatzstellen sind Werbungskosten, die neben der in Betracht kommenden Kilometerpauschale abgezogen werden können (FG Düsseldorf, Urteil v. 14. 2. 1978; EFG 1978, S. 373).

Fahrten zu einer Gaststätte

Erleidet ein Arbeitnehmer auf der Fahrt mit dem eigenen Pkw von einer Baustelle (bei der die Möglichkeit zur Einnahme warmer Mahlzeiten fehlt) zu einer nahegelegenen und zumutbaren Gaststätte einen Unfall, so stellen die Unfallkosten Werbungskosten bei seinen Einkünften aus nichtselbständiger Arbeit dar (BFH, Urteil v. 18. 12. 1981; BStBl 1982 II, S. 261).

Kosten zur Beseitigung eines Unfallschadens an einem privaten Kraftfahrzeug sind nur dann als Werbungskosten abzugsfähig, wenn sich der Unfall in ursächlichem Zusammenhang mit einer beruflich veranlaßten Fahrt ereignet hat. Das ist nicht der Fall, wenn ein Arbeitnehmer vor Antritt einer Dienstreise sein Fahrzeug auf seine allgemeine Verkehrssicherheit überprüfen läßt und wenn dabei ein Unfall herbeigeführt wird (BFH, Urteil v. 23. 6. 1978; BStBl 1978 II, S. 457).

Fahrten zur Werkstatt

Ein Steuerzahler brach auf Weisung des Arbeitgebers den Erholungsurlaub vorzeitig ab und kehrte in den Betrieb zurück. Auf der Fahrt erlitt der Steuerzahler einen Verkehrsunfall. Die Aufwendungen zur Beseitigung des Unfallschadens am Pkw stellen keine abzugsfähigen Werbungskosten dar (FG Baden-Württemberg, Urteil v. 26. 10. 1976; EFG 1977, S. 206).

Fahrten zwischen Urlaubsort und Arbeitsstätte

Unfallkosten auf Fahrten zwischen Wohnung und Arbeitsstätte sind neben dem Pauschbetrag von 0,36 DM je Entfernungskilometer als Werbungskosten absetzbar. Dies gilt auch für die auf den Unfall zurückgehenden kleineren Folgekosten (Taxi, Telefon, Fernschreiben, Porti usw.) (FG Düsseldorf, Urteil v. 11. 1. 1979; EFG 1979, S. 440).

Fahrten zwischen Wohnung und Arbeitsstätte

Die Kosten eines Unfalls, den ein Arbeitnehmer auf einer Fahrt zwischen Wohnung und Arbeitsstätte mit dem eigenen Kraftfahrzeug erleidet, sind unabhängig von der Höhe der Kosten neben den Pauschbeträgen von 0,36 DM je Kilometer der einfachen Entfernung abzugsfähig (BFH, Urteil v. 14. 7. 1978; BStBl 1978 II, S. 595).

Fahrten zwischen Wohnung und Arbeitsstätte

Fahrten zwischen Wohnung und Arbeitsstätte	Außergewöhnliche Kosten, insbesondere Unfallkosten, können zusätzlich zu den Pauschbeträgen von 0,36 DM je Kilometer der einfachen Entfernung bei Fahrten zwischen Wohnung und Arbeitsstätte abgezogen werden (BFH, Urteil v. 24. 2. 1978; BStBl 1978 II, S. 380).
Fahrten zwischen Wohnung und Arbeitsstätte	Kosten eines Unfalls auf einer Fahrt zwischen Wohnung und Arbeitsstätte sind durch die Kilometerpauschale nicht abgegolten und können daneben als Werbungskosten abgesetzt werden (FG Düsseldorf, Urteil v. 7. 12. 1977; EFG 1978, S. 320).
Fahrten zwischen Wohnung und Arbeitsstätte	Erleidet ein Steuerzahler auf der Fahrt zwischen Wohnung und Arbeitsstätte einen Unfall, so sind auch geringe Unfallkosten nicht durch die Werbungskostenpauschale von 0,36 DM je Entfernungskilometer abgegolten (FG Hamburg, Urteil v. 5. 1. 1977; EFG 1977, S. 169).
Folgeschäden	Ersetzt der Arbeitgeber dem Arbeitnehmer die Kraftfahrzeugkosten auf *Dienstreisen* mit den Pauschsätzen, so kann der Arbeitnehmer daneben außergewöhnliche Kosten, insbesondere Unfallkosten, als Werbungskosten geltend machen. Zu den Unfallkosten gehören auch Aufwendungen zur Beseitigung eines Schadens, der als Folge des Unfalls an der Garage des Arbeitnehmers entstanden ist (BFH, Urteil v. 10. 3. 1978; BStBl 1978 II, S. 381).
Heimfahrt von einer Betriebsfeier	Die Heimfahrt von einer Betriebsfeier ist nicht beruflich veranlaßt. Dies gilt auch dann, wenn die Teilnahme an der Feier erwartet worden ist. Aufwendungen für einen Unfall anläßlich der Heimfahrt von einer Betriebsfeier sind daher nicht als Werbungskosten abzugsfähig (FG Hamburg, Urteil v. 25. 5. 1983; EFG 1984, S. 25).

Wurde auf einer beruflich veranlaßten Fahrt ein Autounfall verursacht, so handelt es sich bei dem sogenannten merkantilen Minderwert nicht um abzugsfähige Werbungskosten bei den Einkünften aus nichtselbständiger Arbeit, denn dem Steuerzahler sind in dieser Höhe keine tatsächlich geleisteten Aufwendungen entstanden (Hessisches FG, Urteil v. 5. 7. 1979; EFG 1980, S. 70).

Merkantiler Minderwert

Bei einem Pkw mit Dieselmotor ist ein Motorschaden, durch den ein *Austauschmotor* notwendig wird, nach einer Laufzeit von 23 Monaten und einer Fahrleistung von 42.000 km nicht außergewöhnlich, so daß ein Abzug der Kosten neben der Kilometerpauschale von 0,36 DM je Entfernungskilometer bei Fahrten zwischen Wohnung und Arbeitsstätte nicht in Betracht kommt. Das gleiche soll für ein Kraftfahrzeug mit Otto-Motor gelten (FG Düsseldorf, Urteil v. 5. 4. 1979; EFG 1979, S. 440).

Motorschaden

Tritt auf einer Fahrt zwischen Wohnung und Arbeitsstätte an einem Pkw nach einer Gebrauchsdauer von 15 Monaten und bei einer Fahrleistung von 30.000 km ein Motorschaden auf, so daß ein *Austauschmotor* notwendig wird, so handelt es sich bei den dadurch entstandenen Kosten um außergewöhnliche Aufwendungen. Die Kosten sollen im Verhältnis der beruflich zu den privat gefahrenen Kilometern aufgeteilt werden und sind mit dem beruflichen Anteil zusätzlich zur Kilometerpauschale von 0,36 DM je Entfernungskilometer abzugsfähig (FG Düsseldorf, Urteil v. 10. 5. 1978; EFG 1978, S. 590).

Motorschaden

Ein Motorschaden an einem Pkw, der ein Alter von 21 Monaten und eine Gesamtfahrleistung von 30.000 km hat, kann auch für den Zweitbesitzer dieses Wagens außergewöhnlich sein, so daß die Aufwendungen für einen *Austauschmotor* zu abzugsfähigen Werbungskosten führen können neben der Kilometerpauschale für Fahrten zwischen Wohnung und Arbeitsstätte (Niedersächsisches FG, Urteil v. 11. 1. 1977; EFG 1977, S. 474).

Motorschaden

Motorschaden

Ist ein Pkw drei Jahre alt und hat er eine Fahrleistung von rund 61.000 km, so stellen die Aufwendungen für einen *Austauschmotor* keine außergewöhnlichen Kosten dar. Ein Motordefekt, der zum Austausch des Motors zwingt, kann allenfalls dann als außergewöhnlich angesehen werden, wenn er kurz nach Ablauf der Garantiezeit und nach einer nur verhältnismäßig geringen Fahrleistung eintritt (Hessisches FG, Urteil, v. 28. 7. 1976, EFG 1977 S. 12).

Parken vor der Arbeitsstätte

Hat ein Steuerzahler sein Fahrzeug vor der Arbeitsstätte geparkt und verursacht ein Dritter daran einen Schaden, so kann der Arbeitnehmer die Aufwendungen, die ihm durch die Beseitigung des Schadens entstehen, bei seinen Einkünften aus nichtselbständiger Arbeit als Werbungskosten absetzen, denn es besteht ein unmittelbarer Zusammenhang zwischen der Erzielung von Einkünften und den Aufwendungen zur Schadensbeseitigung (FG Baden-Württemberg, Urteil v. 17. 9. 1980; EFG 1981, S. 339).

Private Nutzung auf Fahrten zwischen Wohnung und Arbeitsstätte

Fahrten zwischen Wohnung und Arbeitsstätte sind beruflich veranlaßt. Die berufliche Veranlassung kann jedoch durch Ursachen, die im Privatbereich liegen, überlagert werden. Der Steuerzahler ließ auf dem Weg von der Wohnung zur Arbeit einen Angehörigen, den er im Pkw mitgenommen hatte, vor der Schule aussteigen und verursachte beim Versuch, sich danach wieder in den fließenden Verkehr einzufädeln, einen Unfall. Die Aufwendungen zur Beseitigung des Unfallschadens sind nicht als Werbungskosten abzugsfähig (FG Baden-Württemberg, Urteil v. 26. 10. 1976; EFG 1977, S. 210).

Regimentsball

Nimmt ein *Soldat* auf Anordnung seines Kommandeurs mit der Ehefrau an einem Regimentsball teil, so ist diese Teilnahme beruflich veranlaßt. Verursacht er auf der Heimfahrt mit dem eigenen Pkw einen Unfall, so sind die von ihm getragenen Unfallkosten Werbungskosten bei seinen Einkünften aus nichtselbständiger Arbeit (FG München, Urteil v. 10. 2. 1984; EFG 1984, S. 451).

Aufwendungen für Unfallkosten anläßlich einer beruflich veranlaßten Fahrt mit dem eigenen Pkw können nur im Jahr der Zahlung als Werbungskosten abgezogen werden. Nimmt der Steuerzahler für Reparaturkosten ein Darlehen auf, so sind die Aufwendungen ebenfalls nur im Jahr der Zahlung und nicht im Jahr der Darlehensrückzahlung berücksichtigungsfähig (FG Köln, Urteil v. 11. 2. 1982; EFG 1983, S. 16).

Reparaturkosten (Darlehen)

Fügt ein Steuerzahler auf einer Fahrt zur Arbeit einem Dritten einen Schaden dadurch zu, daß er mit seinem Pkw einen Unfall verursacht, so sind die Ausgaben des Schädigers auch dann abzugsfähige Werbungskosten, wenn er dem Dritten den Schaden aus eigener Tasche ersetzt, um sich den Schadenfreiheitsrabatt zu erhalten (FG Köln, Urteil v. 6. 3. 1981; EFG 1981, S. 623).

Schadenersatz aus eigener Tasche

Haben Sie auf einer Fahrt zwischen Wohnung und Arbeitsstätte einen Kraftfahrzeugunfall erlitten, den Sie verschuldet haben, so wird in der Regel künftig eine höhere Versicherungsprämie (zum Beispiel wegen Verringerung des Schadenfreiheitsrabatts) zu zahlen sein. Der Mehrbetrag an Versicherungsprämien aufgrund des Unfalls gehört nicht zu den abzugsfähigen Werbungskosten (FG Berlin, Urteil v. 26. 11. 1984; EFG 1985, S. 392).

Versicherungsprämie

Kosten eines Verkehrsunfalls auf einer beruflich veranlaßten Fahrt sind auch dann als Werbungskosten abzugsfähig, wenn der Unfall darauf beruht, daß der Steuerzahler bewußt und leichtfertig gegen Verkehrsvorschriften verstoßen hat (BFH, Urteil v. 28. 11. 1977; BStBl 1978 II, S. 105).

Verstoß gegen Verkehrsvorschriften

Wird der auch privat genutzte Pkw eines Arbeitnehmers während einer beruflich veranlaßten Fahrt beschädigt, so kann, wenn das Fahrzeug nicht repariert wird, die durch

Wertminderung

den Unfall herbeigeführte Wertminderung in vollem Umfang als Werbungskosten abgezogen werden. Die Wertminderung bemißt sich nach dem Unterschiedsbetrag zwischen den Zeitwerten des Fahrzeugs vor und nach dem Unfall, nicht nach den bei einer Reparatur voraussichtlich anfallenden Aufwendungen (BFH, Urteil v. 9. 11. 1979; BStBl 1980 II, S. 71).

Wiederbeschaffungszuschlag der Kasko-Versicherung

Wer auf einer beruflich veranlaßten Fahrt mit seinem Wagen einen Totalschaden erleidet, braucht den ihm entstehenden und als Werbungskosten abzugsfähigen Unfallaufwand nicht um einen von der Kasko-Versicherung etwa gezahlten Wiederbeschaffungszuschlag zu mindern. Der steuerlich berücksichtigungsfähige Betrag ist die Differenz zwischen dem Zeitwert vor und dem Zeitwert nach dem Unfall abzüglich Erlös für das Unfallwrack. Abzugsfähige Aufwendungen entstehen jedoch nicht, wenn der Schaden durch Vollkasko-Versicherung abgedeckt worden ist (FG Nürnberg, Urteil v. 28. 3. 1985; EFG 1985, S. 445).

Arbeitszimmer

Arbeiten privater Natur

In einem steuerlich anzuerkennenden Arbeitszimmer dürfen auch Arbeiten in ganz unbedeutendem Umfang privater Art durchgeführt werden, ohne daß das Zimmer steuerlich seinen Charakter als Arbeitszimmer verliert. Private Tätigkeiten darin gewinnen jedoch um so mehr Bedeutung für einen Nichtabzug der gesamten Aufwendungen, je geringer der glaubhaft gemachte Umfang der beruflich veranlaßten Nutzung des Arbeitszimmers ist (FG Baden-Württemberg, Urteil v. 29. 11. 1979; EFG 1980, S. 230).

Art und Umfang der Tätigkeit

Zu den Voraussetzungen für die steuerliche Anerkennung eines häuslichen Arbeitszimmers gehört nicht, daß Art und Umfang der Tätigkeit des Steuerzahlers einen besonderen häuslichen Arbeitsraum erfordern (BFH, Urteil v. 26. 4. 1985; BStBl 1985 II, S. 467).

Der Steuerzahler ist *Gerichtsreferendar* und erledigt in einem Zimmer seiner Wohnung regelmäßig seine Dienstgeschäfte. Das Gericht entschied, daß die Aufbewahrung einiger Romane und die Aufstellung eines Kleiderschrankes Art und Umfang der beruflichen Tätigkeit, der das Zimmer diente, nicht beeinflußten, so daß alle dem Arbeitszimmer zurechenbaren Aufwendungen als Werbungskosten absetzbar sind (FG Berlin, Urteil v. 3. 6. 1977; EFG 1978, S. 15).

Aufbewahrung privater Gegenstände

Gehört zum Arbeitszimmer ein Balkon, so kann das Zimmer als Arbeitszimmer dann nicht anerkannt werden, wenn der Balkon in erheblichem Umfang privat genutzt wird und das Arbeitszimmer dabei durchquert werden muß (FG Rheinland-Pfalz, Urteil v. 18. 3. 1985; EFG 1985, S. 392).

Balkon

Aufwendungen für ein häusliches Arbeitszimmer sind dann nicht als Werbungskosten abzugsfähig, wenn das Arbeitszimmer durchquert werden muß (Durchgangszimmer), um andere, privat genutzte Räume der Wohnung zu erreichen (BFH, Urteil v. 18. 10. 1983; BStBl 1984 II, S. 110).

Durchgangszimmer

Befindet sich das Arbeitszimmer im eigenen Haus oder in der Eigentumswohnung, so sind die Aufwendungen, die für das ganze Gebäude (die Eigentumswohnung) angefallen sind – also auch Strom- und Wasserkosten sowie Beiträge für eine Rechtsschutzversicherung als Hausversicherung –, anteilig nach dem Verhältnis der Fläche des Arbeitszimmers zur Wohnfläche als Werbungskosten abzugsfähig. Der anteilige Abzug dieser Kosten kann nicht unter Hinweis auf das Aufteilungsverbot nach § 12 EStG versagt werden (FG Rheinland-Pfalz, Urteil v. 3. 7. 1984; EFG 1985, S. 68).

Eigenheim/ Eigentumswohnung

Hat sich ein Arbeitnehmer im Keller seines Einfamilienhauses einen Raum als Arbeitszimmer ausgebaut, so sind die anteiligen Kosten dafür abzugsfähige Werbungskosten.

Kellerraum

Die Kosten sind zu errechnen nach dem Verhältnis der vollen Nutzfläche des Arbeitszimmers zur gesamten Nutzfläche (FG Berlin, Urteil v. 29. 6. 1982; EFG 1983, S. 280).

Miteigentum der Ehegatten

Ein Arbeitnehmer, der die gesamten Aufwendungen für ein Wohngebäude trägt, das im Miteigentum der Ehegatten steht, kann die auf sein häusliches Arbeitszimmer entfallenden Werbungskosten absetzen, von den Abschreibungen auf das Gebäude jedoch nur den Anteil, der seinem Miteigentumsanteil entspricht (FG Düsseldorf, Urteil v. 24. 2. 1977; EFG 1977, S. 364).

Nachweis der beruflichen Nutzung

Will der Steuerzahler die Kosten für ein häusliches Arbeitszimmer als Werbungskosten absetzen, so muß nach Würdigung aller Umstände zweifelsfrei feststehen, daß das Zimmer vom Steuerzahler ausschließlich oder doch nahezu ausschließlich beruflich genutzt wird. Bestehen hieran berechtigte Zweifel, so geht dies zu Lasten des Steuerzahlers, denn die Beweislast liegt bei ihm (FG Baden-Württemberg, Urteil v. 15. 12. 1983; EFG 1984, S. 340).

<u>Nebenräume</u>

Die auf ein häusliches Arbeitszimmer entfallenden anteiligen Aufwendungen sind nach dem Verhältnis der nach §§ 42 bis 44 der II. BV ermittelten Wohnfläche der Wohnung zur Fläche des häuslichen Arbeitszimmers aufzuteilen. Nebenräume wie Keller, Waschküche, Abstellräume, Dachböden etc. bleiben bei der Ermittlung der Wohnfläche also unberücksichtigt (BFH, Urteil v. 18. 10. 1983; BStBl 1984 II, S. 112).

<u>Geringfügige Nutzung</u>

Wird ein Arbeitszimmer beruflich relativ geringfügig benutzt und bleibt es zeitweise unbenutzt, so kann bereits eine geringe private Mitbenutzung der Anerkennung als häusliches Arbeitszimmer entgegenstehen (BFH, Urteil v. 26. 4. 1985; BStBl 1985 II, S. 467).

Wird ein Arbeitszimmer nur vorübergehend genutzt, indem der Steuerzahler seinen Wohnbedarf vorübergehend einschränkt, um in einem Zimmer seiner Wohnung einer beruflichen Tätigkeit nachzugehen, so handelt es sich bei den auf das Zimmer entfallenden Mietaufwendungen nicht um abzugsfähige Werbungskosten, denn die berufliche Nutzung hat in einem solchen Fall keine Mehraufwendungen verursacht (FG Berlin, Urteil v. 15. 1. 1980; EFG 1980, S. 329).

Vorübergehende Nutzung

Ein häusliches Arbeitszimmer kann auch dann so gut wie ausschließlich beruflich genutzt werden, wenn darin dauernd berufliche Unterlagen aufbewahrt werden und darüber hinaus das Arbeitszimmer nur am Wochenende genutzt wird. Der Steuerzahler war Abteilungsdirektor und von 232 Arbeitstagen 200 Arbeitstage mehr als 12 Stunden von der Wohnung abwesend. Die Nutzung des Arbeitszimmers beschränkte sich auf das Aufbewahren von Unterlagen und Arbeit an den Wochenenden. Gleichwohl wurde das Zimmer als Arbeitszimmer anerkannt (FG Rheinland-Pfalz, Urteil v. 30. 1. 1985; EFG 1985, S. 391).

Nutzung nur am Wochenende

Bei der Ermittlung des Nutzungswerts für die selbstgenutzte Wohnung im eigenen Haus ist ein Arbeitszimmer, das ausschließlich zu Zwecken der Grundstücksverwaltung genutzt wird, bei der Einnahmenberechnung nicht zu berücksichtigen (FG des Saarlands, Urteil v. 8. 5. 1985; EFG 1985, S. 500).

Nutzungswert

Der Anerkennung eines häuslichen Arbeitszimmers steht es nicht entgegen, daß ein Steuerzahler seinen persönlichen Wohnbedarf wegen des beruflich genutzten Arbeitszimmers vorübergehend eingeschränkt hat (FG Berlin, Urteil v. 21. 6. 1985; EFG 1986, S. 173).

Persönlicher Wohnbedarf

Es ist ausreichend, wenn das Arbeitszimmer von den Wohnräumen räumlich getrennt ist. Um Werbungskosten für ein häusliches Arbeitszimmer kann es sich bei den Auf-

Räumliche Trennung

wendungen auch dann handeln, wenn kein direkter Zugang vom Flur aus besteht, sondern wenn es sich um ein Zimmer handelt, das nur durch einen Wohnraum betreten werden kann (FG Rheinland-Pfalz, Urteil v. 17. 12. 1984; EFG 1985, S. 343).

Reinigung durch den Ehegatten

Zahlungen eines Arbeitnehmers an seinen Ehegatten für die Reinigung eines häuslichen Arbeitszimmers sind nicht als Werbungskosten abzugsfähig, soweit es sich bei den Leistungen des Ehegatten zur Pflege des Arbeitszimmers um eine Tätigkeit handelt, die nach Art und Umfang über den Rahmen einer – üblicherweise auf familienrechtlicher Grundlage unentgeltlich erbrachten – unbedeutenden Hilfeleistung nicht hinausgeht (BFH, Urteil v. 27. 10. 1978; BStBl 1979 II, S. 80).

Teil eines Raums

Um ein Arbeitszimmer handelt es sich nicht, wenn ein Teil eines Raums durch Einrichtungsgegenstände abgegrenzt wird. Denn dann wirkt das Privatleben in allen seinen Erscheinungsformen unmittelbar auf den Arbeitsbereich ein (Ehefrau, Kinder, Gäste), so daß eine private Mitbenutzung möglich und wahrscheinlich ist (FG Rheinland-Pfalz, Urteil v. 6. 8. 1980; EFG 1981, S. 277).

Voraussetzung für die Anerkennung

Voraussetzung für die Anerkennung eines Raums als Arbeitszimmer ist unter anderem, daß das Zimmer nahezu ausschließlich beruflich genutzt wird. Eine solche berufliche Nutzung liegt auch dann vor, wenn der Steuerzahler im Rahmen seiner *Berufsfortbildung* an einem *Fernlehrgang* teilnimmt und das Zimmer hierfür in erheblichem Umfang während des ganzen Jahres nutzt (Niedersächsisches FG, Urteil v. 23. 10. 1978; EFG 1979, S. 223).

Die Aktentasche eines *Betriebsprüfers*, der darin seine Akten befördert, ist ein Arbeitsmittel, so daß er die Anschaffungskosten absetzen kann. Daß der Prüfer darin auch seine Butterbrote transportiert, ist eine private Nutzung von untergeordneter Bedeutung (FG Berlin, Urteil v. 2. 6. 1978; EFG 1979, S. 225).

Arbeitsmittel

Aktentasche

Beschäftigt sich ein angestellter *Radio-Ingenieur* in seiner Freizeit mit Amateurfunk, so sind die Aufwendungen dafür selbst dann nicht als Werbungskosten abzugsfähig, wenn die Beschäftigung mit dem Amateurfunk seiner Berufstätigkeit nützt (FG Hamburg, Urteil v. 10. 11. 1976; EFG 1977, S. 167).

Amateurfunk

Aufwendungen eines Arbeitnehmers für ein Arbeitsmittel *(Elektronenrechner)* sind auch dann als Werbungskosten abzugsfähig, wenn sie ungewöhnlich hoch sind. Die gelegentliche Ausleihe eines Arbeitsmittels an Kollegen allein ist kein hinreichender Grund, die Anschaffungskosten teilweise als privat veranlaßt anzusehen (BFH, Urteil v. 15. 5. 1981; BStBl 1981 II, S. 735).

Ungewöhnlich hohe Aufwendungen

Aufwendungen für typische Berufskleidung sind abzugsfähige Werbungskosten. Bei einer *Serviererin* stellen *schwarze Röcke* typische Berufskleidung dar, *weiße Blusen* dagegen nicht (Niedersächsisches FG, Urteil v. 24. 6. 1982; EFG 1983, S. 118).

Berufskleidung

Aufwendungen für die Anschaffung, Reinigung und Instandhaltung eines *schwarzen Anzugs* können bei einem *Oberkellner* als Werbungskosten abzugsfähig sein, wenn dieser nach den Dienstvorschriften verpflichtet ist, bei seiner Tätigkeit einen schwarzen Anzug zu tragen (BFH, Urteil v. 9. 3. 1979; BStBl 1979 II, S. 519).

Berufskleidung

Berufskleidung | Wird Berufskleidung in einer privaten Waschmaschine ge-
(Reinigung) | reinigt, so können für 1978 je Waschgang 1,40 DM als Werbungskosten abgezogen werden. Dieser Betrag umfaßt die variablen Kosten, nicht die Abnutzung und andere kalkulatorische Kosten (FG Berlin, Urteil v. 22. 10. 1981; EFG 1982, S. 463).

Blindenhund | Legt ein blinder Arbeitnehmer den Weg zwischen Wohnung und Arbeitsstätte täglich zu Fuß und in Begleitung eines Blindenhundes zurück, so sind die für den Blindenhund anfallenden Aufwendungen als Werbungskosten bei den Einkünften aus nichtselbständiger Arbeit anteilig abzugsfähig. Als Aufteilungsmaßstab der Gesamtkosten in Werbungskosten einerseits und Lebenshaltungskosten andererseits dient der Zeitanteil eines Arbeitstags, also die Zeit vom Verlassen der Wohnung bis zur Rückkehr (FG München, Urteil v. 16. 11. 1984; EFG 1985, S. 390).

Fachliteratur | Erwirbt der *Sachgebietsleiter einer Außenstelle des Finanzamts* für sich ein *steuerliches Sammelwerk in Loseblattform,* obschon ihm das gleiche Werk im Finanzamt zur Verfügung steht, so handelt es sich bei den Aufwendungen um Werbungskosten aus nichtselbständiger Arbeit, nicht jedoch um als Sonderausgaben abzugsfähige Steuerberatungskosten (FG Nürnberg, Urteil v. 12. 12. 1979; EFG 1980, S. 233).

Fachliteratur | Die Kosten für die Anschaffung eines *allgemeinen Nachschlagewerks* sind auch bei einem *Lehrer* grundsätzlich nicht abzugsfähige Kosten der Lebenshaltung (BFH, Urteil v. 29. 4. 1977; BStBl 1977 II, S. 716).

Fachzeitschriften | Aufwendungen für Fachzeitschriften sind abzugsfähige Werbungskosten. Die Zeitschriften „Capital" und „Wirtschaftswoche" sind bei einem *Diplomwirtschaftsingenieur* keine Fachliteratur in diesem Sinn, da aus dem objektiven Charakter dieser Zeitschriften eine überwiegende berufliche Verwendung nicht abgeleitet werden kann (FG Düsseldorf, Urteil v. 4. 10. 1983; EFG 1984, S. 229).

Ist unbestritten, daß ein Steuerzahler einen Heimcomputer beruflich benötigt und einsetzt, so handelt es sich um ein Arbeitsmittel, dessen Aufwendungen als Werbungskosten berücksichtigungsfähig sind. So können die Anschaffungskosten für einen solchen Computer bei einem *Fachlehrer für Mathematik,* der auch in Informatik unterrichtet, Werbungskosten sein (FG Rheinland-Pfalz, Urteil v. 6. 5. 1985; EFG 1985, S. 605).

Heimcomputer

Bei echten alten (Stil-) Möbeln ist bereits seit Jahrzehnten eine Wertminderung nicht zu verzeichnen. Sie steigen im Gegenteil ständig im Wert. Daher kommt eine Abschreibung für beruflich genutzte echte alte Möbel in der Regel nicht in Betracht (FG Berlin, Urteil v. 10. 4. 1984; EFG 1984, S. 610).

Alte (Stil-)Möbel

Bei ständig als Arbeitsmittel in Gebrauch befindlichen Möbelstücken wie *Schreibtisch* und *Schreibtischsessel* kann eine Abschreibung wegen technischer Abnutzung auch dann in Betracht kommen, wenn die Gegenstände schon 100 Jahre alt sind und im Wert steigen (BFH, Urteil v. 31. 1. 1986; BStBl 1986 II, S. 355).

Alte (Stil-)Möbel

Aufwendungen eines *Pfarrers* für Fahrtkosten, *Noten,* Abschreibungen auf Musikinstrumente und so weiter sind bei der Ermittlung seiner Einkünfte aus nichtselbständiger Arbeit als Werbungskosten abzugsfähig, wenn er einen Chor leitet, der aus Gemeindemitgliedern besteht und bei kirchlichen Veranstaltungen auftritt (FG Hamburg, Urteil v. 25. 11. 1983; EFG 1984, S. 399).

Musikinstrumente

Musikinstrumente	Eine *Instrumentallehrerin* an einer Musikschule muß sich auf den von ihr zu erteilenden Instrumentalunterricht intensiv vorbereiten. Die Steuerzahlerin erteilte Unterricht in den Fächern „Klavier" und „Flöte" und erwarb für 2.000 DM eine „Querflöte" und für 25.375 DM einen kleinen *Bechsteinflügel*. Der Flügel befindet sich in ihrer Wohnung. Sowohl die Querflöte als auch der Flügel sind Arbeitsmittel, deren Anschaffungskosten – verteilt auf die berufsgewöhnliche Nutzungsdauer – Werbungskosten darstellen (Niedersächsisches FG, Urteil v. 11. 6. 1982; EFG 1982, S. 561).
Musikinstrumente	Aufwendungen für die Anschaffung eines *Klaviers* und einer *Gitarre* sind auch bei einer *Lehrerin,* die ausschließlich Musik unterrichtet, nicht abzugsfähige Lebensführungskosten. Liegt die Anschaffung und Benutzung der zu beurteilenden Instrumente nach allgemeiner Lebenserfahrung in der Regel im privaten Interesse und erscheint es nicht lebensfremd, eine ins Gewicht fallende private Nutzung anzunehmen, so sind die Anschaffungskosten auch dann Kosten der Lebensführung, wenn die ausschließliche oder weitaus überwiegende berufliche Nutzung behauptet wird (Niedersächsisches FG, Urteil v. 21. 5. 1982; EFG 1982, S. 562).
Musikinstrumente	Es entspricht der allgemeinen Lebenserfahrung, daß eine *Studienassessorin,* die unter anderem im Fach Musik Unterricht gibt, ein *Klavier* in nicht unerheblichem Umfang auch privat benutzt. Das Klavier stellt daher kein Arbeitsmittel dar, so daß die Anschaffungskosten nicht als Werbungskosten abgesetzt werden können. Das Aufteilungsverbot (§ 12 Nr. 1 EStG) verbietet auch einen teilweisen Abzug (Niedersächsisches FG, Urteil v. 10. 12. 1979; EFG 1980, S. 283).
<u>*Musikinstrumente*</u>	Bei einer *Lehrerin,* die in der Oberstufe eines Gymnasiums Musik und Englisch unterrichtet, stellen die Anschaffungskosten für einen *Flügel* und die damit zusammenhängenden Kreditzinsen keine abzugsfähigen Werbungskosten dar (BFH, Urteil v. 10. 3. 1978; BStBl 1978 II, S. 459).

Ein *Cembalo* stellt bei einem *hauptamtlichen Kirchenmusiker* ein Arbeitsmittel dar, so daß die Abschreibungen darauf abzugsfähige Werbungskosten sind (FG Münster, Urteil v. 19. 9. 1975; EFG 1976, S. 178).

Musikinstrumente

Kauft ein Arbeitnehmer eine Schreibmaschine, um darauf zu üben und dadurch die Schreibfertigkeit im Beruf zu verbessern, so handelt es sich bei diesen Aufwendungen um Werbungskosten aus nichtselbständiger Arbeit (FG Baden-Württemberg, Urteil v. 29. 4. 1982; EFG 1983, S. 167).

Schreibmaschine

Bei einem *Studienrat* kann ein häuslicher Schreibtisch ein Arbeitsmittel sein (BFH, Urteil v. 18. 2. 1977; BStBl 1977 II, S. 464).

Schreibtisch

Erwirbt ein *Richter,* der am Amtsgericht für Strafsachen tätig ist, eine Pistole, so stellt diese für ihn kein Arbeitsmittel dar. Die Aufwendungen dafür sind nicht als Werbungskosten abzugsfähig (FG Baden-Württemberg, Urteil v. 26. 7. 1979; EFG 1979, S. 546).

Schußwaffen

Aufwendungen einer *Sportlehrerin* für Sportkleidung sind keine Kosten für typische Berufskleidung. Sie können daher auch dann nicht als Werbungskosten abgesetzt werden, wenn die Kleidung zweifellos nur bei der Ausübung des Berufs getragen wird (FG Rheinland-Pfalz, Urteil v. 11. 9. 1984; EFG 1985, S. 173).

Sportkleidung

Auch das Niedersächsische Finanzgericht hat entschieden, daß Aufwendungen eines *Sportlehrers* für Sportkleidung nicht als Werbungskosten abgesetzt werden können (Niedersächsisches FG, Urteil v. 11. 1. 1984; EFG 1985, S. 291).

Sportkleidung

Stereoanlage

Im Einzelfall kann sich schon aus der Placierung eines Wirtschaftsguts der konkrete Verwendungszweck eindeutig ergeben. Dies ist jedoch nicht der Fall, wenn die Stereoanlage eines Musiklehrers in einem Raum fest eingebaut wird, der steuerlich als Arbeitszimmer anerkannt ist. Entscheidend ist vielmehr, wie das einzelne, selbständig nutzungsfähige Gerät der Gesamtanlage verwendet wird. Absetzbar sind die Aufwendungen nur für solche Geräte, bei denen die Förderung des Berufs bei weitem überwiegt und die Lebensführung ganz in den Hintergrund tritt (FG Düsseldorf, Urteil v. 16. 12. 1981; EFG 1982, S. 563).

Sonstige Werbungskosten

Alarmanlage

Die Kosten für eine Alarmanlage, die ein *Bankdirektor* in seinem Haus installieren läßt, um sich vor möglichen Überfällen zu schützen, gehören nicht zu den abzugsfähigen Werbungskosten (FG Münster, Urteil v. 29.10.1982; EFG 1983, S. 400).

Arbeitslohn (Rückzahlung)

Zurückgezahlter Arbeitslohn ist steuerlich als Ausgabe abzusetzen, und zwar stets im Jahr der Rückzahlung. Dies gilt auch dann, wenn bereits bei Zufluß der Einnahmen klar war, daß Arbeitslohn teilweise zu Unrecht gezahlt worden ist und dem Arbeitgeber daher zurückgewährt werden muß (Niedersächsisches FG, Urteil v. 17. 2. 1983; EFG 1983, S. 452).

Ausbürgerung/ Einbürgerung

Ein *ausländischer Steuerzahler* wäre ohne die deutsche Staatsangehörigkeit nach Ablauf des befristeten Anstellungsvertrags arbeitslos geworden. Das Gericht entschied, daß die Kosten der Ausbürgerung aus einem Ostblockstaat und die der Einbürgerung in der Bundesrepublik Deutschland gleichwohl weder Werbungskosten noch außergewöhnliche Belastungen darstellen (FG Baden-Württemberg, Urteil v. 15. 6. 1982; EFG 1983, S. 163).

Berufskleidung

Der *Trachtenanzug,* den der Geschäftsführer eines im bayerischen Stil gehaltenen Nürnberger Lokals im Dienst tragen muß, ist auch bei nahezu ausschließlich beruflicher Nutzung nicht als typische Berufskleidung zu beurteilen. Die Aufwendungen können daher nicht als Werbungskosten abgezogen werden (BFH, Urteil v. 20. 11. 1979; BStBl 1980 II, S. 73).

Berufskrankheit

Bei einem *Arzt für Allgemeinmedizin* kann *allergisches Asthma* nicht als typische Berufskrankheit anerkannt werden, so daß die Aufwendungen dafür keine abzugsfähigen Werbungskosten darstellen (Hessisches FG, Urteil v. 3. 5. 1977; EFG 1977, S. 577).

Bewährungshelfer

Geldaufwendungen eines *Bewährungshelfers* zur Unterstützung von *Probanden,* die sich finanziell in Not befinden (z. B. für Anwaltskosten, rückständige Mieten usw.) stellen abzugsfähige Werbungskosten dar. Ebenso handelt es sich um Werbungskosten, wenn dem Bewährungshelfer Aufwendungen durch Gespräche mit Probanden in Gasthäusern und Cafés entstehen. Abzugsfähig sind auch Kosten für kleinere *Geschenke bei Besuchen in Gefängnissen* (FG Baden-Württemberg, Urteil v. 17. 3. 1983; EFG 1983, S. 493).

Beweislast

Ein Steuerzahler trägt die objektive Beweislast für Tatsachen, die die begehrte Steuerermäßigung begründen. Hat der Steuerzahler es unterlassen, sich *Belege* geben zu lassen oder diese aufzubewahren, so geht eine hierdurch bedingte Beweisnot zu seinen Lasten (Schleswig-Holsteinisches FG, Urteil v. 1. 4. 1980; EFG 1980, S. 331).

Bewirtungskosten

Aufwendungen, die einem Arbeitnehmer für die Bewirtung von Kunden seines Arbeitgebers entstehen, sind – soweit es sich um Werbungskosten handelt – ohne die sich aus

§ 4 Abs. 5 Nr. 2 Satz 2 EStG ergebenden Einschränkungen abzugsfähig, also auch dann, wenn der für Unternehmer vorgeschriebene amtliche Vordruck nicht ausgefüllt wurde (BFH, Urteil v. 16. 3. 1984; BStBl 1984 II, S. 433).

Bewirtungskosten

Werden Bewerber um die Stelle eines Hochschullehrers von einem Mitglied der Berufungskommission bewirtet, so stellen die Bewirtungskosten bei diesem keine Werbungskosten dar. Es handelt sich um Ausgaben, die die wirtschaftliche oder gesellschaftliche Stellung mit sich bringt und die auch dann keine Werbungskosten darstellen, wenn sie Beruf oder Tätigkeit des Steuerzahlers fördern (FG Berlin, Urteil v. 6. 6. 1978; EFG 1979, S. 76).

Bewirtungskosten

Werden von einem leitenden Angestellten Mitarbeiter und deren Angehörige bewirtet, so sind die Bewirtungskosten nichtabzugsfähige Kosten der Lebensführung. Aufwendungen, die durch den Betrieb veranlaßt sind, werden nicht dadurch zu Werbungskosten, daß der Arbeitnehmer dafür Teile seines Arbeitslohns verwendet (FG Berlin, Urteil v. 5. 10. 1976; EFG 1977, S. 164).

Brille

Die Kosten für die Anschaffung einer Brille stellen sogenannte gemischte Aufwendungen dar, die auch die Sphäre der Lebensführung des Steuerzahlers berühren. Sie sind auch dann nicht als Werbungskosten abzugsfähig, wenn der Steuerzahler die Brille ausschließlich am Arbeitsplatz trägt (FG Berlin, Urteil v. 22. 2. 1984; EFG 1984, S. 497).

Bürgerliche Kleidung

Auch besonders hoher, beruflich veranlaßter Verschleiß von bürgerlicher Kleidung kann grundsätzlich nicht zu einem Werbungskostenabzug führen, es sei denn, der Verschleiß ist vom normalen Kleidungsverschleiß nach objektiven Maßstäben zutreffend und in leicht nachprüfbarer Weise abgrenzbar (BFH, Urteil v. 24. 7. 1981; BStBl 1981 II, S. 781).

Aufwendungen für sogenannte bürgerliche Kleidung können auch dann nicht als Werbungskosten abgezogen werden, wenn feststeht, daß die Kleidung ausschließlich bei der Berufsausübung benutzt wird (BFH, Urteil v. 20. 11. 1979; BStBl 1980 II, S. 75).

Bürgerliche Kleidung

Aufwendungen eines Arbeitnehmers aus einer zugunsten seines Arbeitgebers übernommenen Bürgschaft können auch dann als vorab entstandene Werbungskosten abzugfähig sein, wenn sich der Arbeitnehmer nicht in erster Linie zur Sicherung und Erhaltung seiner Arbeitseinkünfte aus dem bestehenden Arbeitsverhältnis verbürgt hatte, sondern vor allem im Hinblick auf seine künftige berufliche Tätigkeit (BFH, Urteil v. 29. 2. 1980; BStBl 1980 II, S. 395).

Bürgschaft

Ein Darlehen an den Arbeitgeber des Arbeitnehmers, das angemessen verzinst werden soll, ist selbst dann eine Kapitalforderung, wenn es zur Sicherung des Arbeitsplatzes gegeben wird. Der Darlehensverlust führt nicht zu Werbungskosten bei den Einkünften aus nichtselbständiger Arbeit (BFH, Urteil v. 19. 10. 1982; BStBl 1983 II, S. 295).

Darlehensverlust

Es handelt sich um eine beruflich veranlaßte Darlehensgewährung, wenn ein Arbeitnehmer dem Arbeitgeber ein Darlehen gibt, um den Betrieb vor dem Zusammenbruch zu bewahren. Verliert der Arbeitnehmer das Darlehen, weil der Arbeitgeber vermögenslos wird, so handelt es sich bei dem Darlehensverlust um abzugsfähige Werbungskosten. Der Abzug als Werbungskosten ist in dem Jahr vorzunehmen, in dem endgültig feststeht, daß das Darlehen verloren ist (FG Düsseldorf, Urteil v. 17. 4. 1980; EFG 1980, S. 495).

Darlehensverlust

Begeht ein Arbeitnehmer sein 25jähriges Dienstjubiläum, so sind seine Aufwendungen dafür selbst dann nicht als

Dienstjubiläum

Werbungskosten abzugsfähig, wenn an der Feier ausschließlich Betriebsangehörige teilnehmen. Die Trennung zwischen privaten und dienstlichen Motiven bei der Veranstaltung solcher Feiern ist objektiv nicht möglich, weshalb der gesamte Aufwand nicht abziehbar ist (FG Hamburg, Urteil v. 6. 10. 1982; EFG 1983, S. 281).

Dienstjubiläum

Die Kosten eines Arbeitnehmers, um sein 25jähriges Dienstjubiläum zu feiern, sind nicht als Werbungskosten abzugsfähig. Dies gilt auch dann, wenn die Aufwendungen der Pflege beruflicher Beziehungen gedient haben sollten (FG Hamburg, Urteil v. 12. 5. 1982; EFG 1982, S. 558).

Ehrenamtliche Tätigkeit (Gewerkschaft)

Aufwendungen eines Arbeitnehmers im Zusammenhang mit seiner ehrenamtlichen Tätigkeit für die für ihn zuständige *Gewerkschaft* können Werbungskosten bei seinen Einkünften aus nichtselbständiger Arbeit sein (BFH, Urteil v. 28. 11. 1980; BStBl 1981 II, S. 368).

Einbürgerungskosten

Einbürgerungskosten einer französischen Staatsangehörigen, die die deutsche Staatsbürgerschaft erwerben will, um ins deutsche Beamtenverhältnis aufgenommen zu werden, sind keine abzugsfähigen Werbungskosten, sondern Kosten der allgemeinen Lebensführung (BFH, Urteil v. 18. 5. 1984; BStBl 1984 II, S. 588).

Einbürgerungskosten

Bei Aufwendungen, die sowohl beruflich als auch privat veranlaßt sind, handelt es sich um sogenannte gemischte Aufwendungen. Einbürgerungskosten sind grundsätzlich solche gemischten Aufwendungen. Das Abzugsverbot für gemischte Aufwendungen gilt nur dann nicht, wenn die private Veranlassung von ganz untergeordneter Bedeutung ist. Einbürgerungskosten sind nicht nur unbedeutend privat veranlaßt und daher keine Werbungskosten (FG Baden-Württemberg, Urteil v. 7. 2. 1979; EFG 1979, S. 328).

Entgangene Einkünfte, weil ein Arbeitnehmer eine Zeitlang in keinem Arbeitsverhältnis gestanden hat, sondern sich während dieser Zeit eine Arbeitsstelle suchte, sind keine Werbungskosten (BFH, Urteil v. 15. 12. 1977; BStBl 1978 II, S. 216).

Entgangene Einkünfte

Aufwendungen eines *Englischlehrers* für die Anschaffung eines *allgemeinen Nachschlagewerkes in englischer Sprache* können bei seinen Einkünften aus nichtselbständiger Arbeit Werbungskosten darstellen (BFH, Urteil v. 16. 10. 1981; BStBl 1982 II, S. 67).

Fachliteratur

Aufwendungen einer *Hotelsekretärin* nach Absolvierung einer Hotelfachschule und Praktikantenzeit für einen *Sprachlehrgang in Französisch* im Hinblick auf eine angestrebte Anstellung in Frankreich sind Fortbildungskosten und damit als Werbungskosten abzugsfähig (BFH, Urteil v. 20. 10. 1978; BStBl 1979 II, S. 114).

Fortbildungskosten

Aufwendungen für den Erwerb eines Pkw-Führerscheins sind dann abzugsfähige Werbungskosten, wenn feststeht, daß der Steuerzahler privat auch ohne Auto auskommt und der Führerschein aus beruflichen Gründen erworben worden ist. Der Steuerzahler, in dessen Familie es bisher kein Auto gab, arbeitete bei einer Versicherung im Innendienst. Er sollte stellvertretender Bezirksdirektor werden, so daß ihn der Arbeitgeber veranlaßte, den Führerschein zu erwerben (FG Köln, Urteil v. 24. 7. 1984; EFG 1985, S. 120).

Führerschein (Pkw)

Aufwendungen eines *Fluglotsen* zum Erwerb des Führerscheins als Privatflugzeugführer sind nicht als Werbungskosten abzugsfähig, sondern stellen Ausbildungskosten dar. Dies gilt auch dann, wenn die Pilotenlizenz erworben wird, um den Beruf eines Fluglehrers auszuüben (FG Berlin, Urteil v. 14. 12. 1982; EFG 1983, S. 550).

Führerschein (Privatflugzeug)

Ihr gutes Recht als Steuerzahler

Garage am Arbeitsplatz

Die Garagenmiete für eine Garage am Arbeitsplatz kann nicht neben der Pauschale von 0,36 DM je Entfernungskilometer bei Fahrten zwischen Wohnung und Arbeitsstätte abgesetzt werden (FG Hamburg, Urteil v. 9. 6. 1982; EFG 1982, S. 617).

Geldverlust durch Diebstahl

Ist einem Steuerzahler durch Diebstahl Geld abhanden gekommen, so ist dieser Geldverlust als Werbungskosten abzugsfähig, wenn er mit dem Beruf objektiv zusammenhängt. Im Urteilsfall war einer *Redakteurin* auf einer Dienstreise in die USA kurz nach ihrer Ankunft aus dem Hotelzimmer Geld gestohlen worden. Die Hälfte des Verlustes ersetzte ihr der Arbeitgeber, die andere Hälfte wurde zum Abzug als Werbungskosten zugelassen (FG Hamburg, Urteil v. 13. 10. 1982; EFG 1983, S. 344).

Journalisten-Pauschsatz

Mangels entsprechender Aufwendungen steht der Werbungskosten-Pauschsatz für Journalisten den *Redakteuren,* die in der Redaktion einer Gewerkschaft tätig sind, dann nicht zu, wenn nur aus Veröffentlichungen aus anderen Quellen zitiert wird (z. B. Zeitungen, Rundfunk und Fernsehen), oder es sich um Pressemitteilungen der Gewerkschaft handelt, die dazu bestimmt sind, durch Redaktionen von Presse, Rundfunk und Fernsehen frei ausgewertet zu werden (Hessisches FG, Urteil v. 23. 8. 1976; EFG 1977, S. 24).

Juristenausbildung

Das Rechtspraktikantenverhältnis im Rahmen der einstufigen Juristenausbildung in Bremen ist – unter Einschluß eingeschobener Studienabschnitte – ein öffentlich-rechtliches Dienstverhältnis. Die hierdurch veranlaßten Aufwendungen sind als Werbungskosten abzugsfähig (BFH, Urteil v. 24. 9. 1985; BStBl 1986 II, S. 184).

Kinderpflegerin

Aufwendungen berufstätiger Eheleute für die Beschäftigung einer Kinderpflegerin sind bei der Ermittlung der

Einkünfte nicht als Werbungskosten abzugsfähig (BFH, Urteil v. 9. 11. 1982; BStBl 1983 II, S. 297).

Die Aufwendungen eines *Lehrers* für die Teilnahme seiner Frau an einer Klassenfahrt sind keine abzugsfähigen Werbungskosten. Das Gericht kam zu der Überzeugung, daß es auch im privaten Interesse des Lehrers lag, seine Ehefrau mitzunehmen, und daß das private Interesse nicht nur von ganz untergeordneter Bedeutung war (FG Münster, Urteil v. 25. 8. 1981; EFG 1982, S. 239).

Klassenfahrt

Auch wenn ein Arbeitnehmer sein Gehaltskonto lediglich auf Veranlassung des Arbeitgebers eingerichtet hat, sind Kontoführungsgebühren nur insoweit Werbungskosten bei den Einkünften aus nichtselbständiger Arbeit, als sie durch Gutschriften von Einnahmen aus dem Dienstverhältnis und durch beruflich veranlaßte Überweisungen entstanden sind. Pauschale Kontoführungsgebühren sind gegebenenfalls nach dem Verhältnis beruflich und privat veranlaßter Kontobewegungen aufzuteilen (BFH, Urteil v. 9. 5. 1984; BStBl 1984 II, S. 560).

Kontoführungsgebühren

Werbungskosten sind auch Schuldzinsen, die mit der Einkunftsart wirtschaftlich zusammenhängen. Hat ein Steuerzahler bei einer Bank mehrere Kontokorrentkonten, so sind Überziehungszinsen nur insoweit als Werbungskosten abzugsfähig, als die Überziehungen durch Abbuchungen im Zusammenhang mit Einkünften ausgelöst worden sind (FG Berlin, Urteil v. 9. 7. 1985; EFG 1985, S. 603).

Kreditzinsen

Die Zinsen für einen Kredit, den ein Arbeitnehmer zur Anschaffung eines privaten Pkw aufnimmt, sind selbst dann keine Werbungskosten bei seinen Einkünften aus nichtselbständiger Arbeit, wenn die Anschaffung im Anschluß an eine auf einer Berufsfahrt herbeigeführte Beschädigung

Kreditzinsen (Pkw)

des früheren Pkw des Arbeitnehmers erfolgte (BFH, Urteil v. 1. 10. 1982; BStBl 1983 II, S. 17).

Kreditzinsen (Pkw)   Zinsen für einen Kredit zur Anschaffung eines privaten Pkw können auch insoweit nicht als Werbungskosten abgesetzt werden, als sie anteilig auf Fahrten zwischen Wohnung und Arbeitsstätte entfallen (BFH, Urteil v. 30. 11. 1979; BStBl 1980 II, S. 138).

Lizenzen für den Linienflug   Aufwendungen eines *Zeitsoldaten* für einen *Lehrgang* zur Vorbereitung auf die Prüfung zum Linienflugzeugführer in der Zivilluftfahrt sind abzugsfähige Werbungskosten, wenn der Steuerzahler während seiner Dienstzeit bei der Bundeswehr als Flugzeugführer oder Fluglehrer tätig war und mit diesen Aufwendungen den Übertritt in den Zivilberuf vorbereiten will (BFH, Urteil v. 9. 3. 1979; BStBl 1979 II, S. 337).

Lizenzen für den Segelflug   Bei einem *Versicherungsangestellten*, der Leiter der Luftfahrtabteilung dieser Versicherung ist, sind Aufwendungen für einen Pilotenschein zum Führen eines Segelflugzeugs in vollem Umfang nichtabziehbare Kosten der Lebensführung (FG Baden-Württemberg, Urteil v. 4. 11. 1975; EFG 1976, S. 121).

Lizenzen für den Segel- und Motorflug   Eine ausschließliche oder doch weitaus überwiegende berufliche Veranlassung liegt vor, wenn der Erwerb und die Erhaltung von Lizenzen für den Segel- und Motorflug unmittelbare Voraussetzung für die Berufsausübung sind. Auch bei einem leitenden *Entwicklungsingenieur einer Flugzeugbaufirma* sind die Aufwendungen, eine solche Lizenz zu erhalten, nichtabzugsfähige Kosten für die allgemeine Lebensführung (Niedersächsisches FG, Urteil v. 21. 5. 1982; EFG 1983, S. 62).

Ist ein *Umzug* an einen anderen Ort beruflich veranlaßt und bestand am bisherigen Wohnort eine Mitgliedschaft in einem Tennisclub, so stellt der Aufnahmebeitrag in den Tennisverein am neuen Wohnort gleichwohl keine abzugsfähigen Werbungskosten dar (FG Münster, Urteil v. 20. 6. 1978; EFG 1979, S. 16).

Mitgliedschaft in einem Tennisclub

Bei der Schätzung der Nutzungsdauer eines Pkw kommt es auf die jährliche Kilometerleistung an. Zwar kann im allgemeinen von einer Nutzungsdauer von vier Jahren ausgegangen werden, doch kann auch eine achtjährige Nutzungsdauer angemessen sein, wenn die jährliche Fahrleistung – gemessen an einer Gesamtfahrleistung von etwa 100.000 km für einen Neuwagen – entsprechend niedrig ist (Hessisches FG, Urteil v. 22. 4. 1983; EFG 1984, S. 22).

Nutzungsdauer eines Pkw

Ein Arbeitnehmer wurde von einem Kunden seines Arbeitgebers beschuldigt, fingierte Rechnungen ausgestellt und Provisionen verlangt zu haben. Hiergegen wehrte sich der Arbeitnehmer mit einer Widerrufsklage. Bei den Prozeßkosten handelte es sich um beruflich veranlaßte Abwehrkosten, die als Werbungskosten abzugsfähig sind (FG Düsseldorf, Urteil v. 18. 12. 1979; EFG 1980, S. 400).

Prozeßkosten

Die Aufwendungen eines *Direktors der Patentabteilung* in einem Chemiekonzern zur Ablegung der Prüfung als Patentanwalt sind als Werbungskosten abzugsfähige Fortbildungskosten (FG Baden-Württemberg, Urteil v. 15. 12. 1976; EFG 1977, S. 205).

Prüfung als Patentanwalt

Der Steuerzahler ist angestellter *Reitlehrer* und erteilt Reitunterricht. Er kaufte sich ein eigenes Reitpferd und setzte es im Reitunterricht ein. Die Aufwendungen dafür sind Werbungskosten bei seinen Einkünften aus nichtselbständiger Arbeit (FG Düsseldorf, Urteil v. 22. 6. 1982; EFG 1983, S. 65).

Reitpferd

*Repräsentations-
aufwendungen*

Repräsentationsaufwendungen, die durch die wirtschaftliche oder gesellschaftliche Stellung verursacht worden sind (z. B. *Geschenke an Mitarbeiter, Bewirtung von Mitarbeitern),* gehören zu den nichtabzugsfähigen Kosten der Lebensführung, und zwar unabhängig davon, ob sie (auch) zur Förderung des Berufs oder der Tätigkeit erfolgen. Dies gilt auch dann, wenn der Großteil der Bezüge des Steuerzahlers in einer Festvergütung besteht und nur ein kleiner Teil erfolgsabhängig ist (FG Nürnberg, Urteil v. 18. 7. 1984; EFG 1985, S. 69).

*Repräsentations-
aufwendungen*

Entstehen einem leitenden Angestellten Aufwendungen für Repräsentation, so können diese Aufwendungen von ihm nicht pauschal als Werbungskosten abgesetzt werden. Für Repräsentationsaufwendungen gilt, daß sie vom Steuerzahler nachgewiesen werden müssen und daß ein fehlender Nachweis zu Lasten des Steuerzahlers geht (FG Nürnberg, Urteil v. 6. 7. 1983; EFG 1984, S. 115).

*Repräsentations-
aufwendungen*

Ein Steuerzahler, angestellter Vertreter einer Elektrogroßhandlung, kaufte monatlich für etwa 85 DM Zigaretten, Blumen und Getränke und wendete diese den Kunden seines Arbeitgebers bei Vertreterbesuchen zu. Diese Repräsentationsaufwendungen sind abzugsfähige Werbungskosten (FG Berlin, Urteil v. 6. 3. 1981; EFG 1981, S. 559).

<u>Schadenersatzleistungen</u>

Verstößt ein Arbeitnehmer gegen Dienstvorschriften, um seinen Angehörigen einen Vorteil zu verschaffen, und verursacht er seinem Arbeitgeber dadurch einen Schaden, so können die hierauf beruhenden Schadenersatzleistungen des Arbeitnehmers an den Arbeitgeber nicht als Werbungskosten bei den Einkünften aus nichtselbständiger Arbeit abgezogen werden (BFH, Urteil v. 6. 2. 1981; BStBl 1981 II, S. 362).

*Seminare
(Balint-Gruppe)*

Wer als *Lehrer* an einer sogenannten *Balint-Gruppe* teilnimmt, kann die ihm dadurch entstehenden Aufwendungen als Werbungskosten absetzen unter der Voraussetzung, daß sich der Teilnehmerkreis ausschließlich aus Lehrern zusammensetzt und die Gruppe ausschließlich Themen behandelt, die das Verhältnis zwischen Lehrern und Schülern betreffen. Lernziel einer Balint-Gruppe ist die Verringerung der neurotischen Ängste der Lehrer in Bezug auf den Umgang mit Schülern (Hessisches FG, Urteil v. 26. 2. 1985; EFG 1985, S. 341).

Nimmt eine *Sonderschullehrerin* an gruppendynamisch-psychologischen Wochenendseminaren teil, um sich von Streß zu befreien und selbst zu regulieren, so sind die Aufwendungen dafür nicht als Werbungskosten abzugsfähig, weil die Kurse einen offenen Teilnehmerkreis haben und überdies nicht auf die spezielle berufliche Situation von Sonderschullehrern zugeschnitten sind (Hessisches FG, Urteil v. 24. 1. 1985; EFG 1985, S. 342).

Seminare (Psychologie)

Nimmt ein *Diplomingenieur* an einem Sprachkursus in England teil, so sind seine Aufwendungen dafür abzugsfähige Werbungskosten, wenn sein Arbeitgeber für die Einstellung zur Voraussetzung gemacht hat, daß Sprachkenntnisse in Englisch vorhanden sind (FG Bremen, Urteil v. 28. 9. 1979; EFG 1980, S. 67).

Sprachkursus in England

Aufwendungen für die Strafverteidigung können dann Werbungskosten sein, wenn der strafrechtliche Schuldvorwurf, gegen den sich der Steuerzahler zur Wehr setzt, durch sein berufliches Verhalten veranlaßt gewesen ist (BFH, Urteil v. 19. 2. 1982; BStBl 1982 II, S. 467).

Strafverteidigung

Beruflich veranlaßte Gesprächsgebühren und Grundgebühren eines privaten Telefonanschlusses sind abzugsfähige Werbungskosten, die – wenn keine geeigneten Unterlagen zur Verfügung stehen – zu schätzen sind (BFH, Urteil v. 25. 10. 1985; BStBl 1986 II, S. 200).

Telefonkosten

Telefonkosten Auch bei einem privaten Telefonanschluß eines Arbeitnehmers sind Telefongrundgebühren mangels geeigneter Unterlagen entsprechend dem geschätzten Verhältnis der dienstlich und privat geführten Gespräche aufzuteilen und mit dem dienstlichen Anteil als Werbungskosten abzugsfähig (BFH, Urteil v. 21. 11. 1980; BStBl 1981 II, S. 131).

Telefonkosten Telefoniert ein *Schiffsoffizier* von See oder vom Hafen aus mit seiner Familie, so handelt es sich bei den Telefonkosten um nicht abzugsfähige Lebensführungskosten, nicht um Werbungskosten (FG Hamburg, Urteil v. 25. 4. 1980; EFG 1980, S. 436).

Telefonkosten Bei einem teilweise beruflich genutzten privaten Telefon in der Wohnung des Arbeitnehmers ist der Anteil der beruflich und privat veranlaßten Gesprächsgebühren bei Fehlen geeigneter Unterlagen nach den Umständen des Einzelfalls zu schätzen. Dem Steuerzahler obliegt hierbei die objektive Beweislast (BFH, Urteil v. 9. 11. 1978; BStBl 1979 II, S. 149).

Telefonkosten Nutzt ein Arbeitnehmer ein privates Telefon in seiner Wohnung auch beruflich, so sind die auf die beruflichen Gespräche entfallenden Gesprächsgebühren abzugsfähige Werbungskosten. Ihr Anteil an den gesamten Gesprächsgebühren kann unter Berücksichtigung aller Umstände des Einzelfalls geschätzt werden (BFH, Urteil v. 19. 12. 1977; BStBl 1978 II, S. 287).

Telefonkosten Macht ein *Lehrer* die Kosten eines privaten Telefonanschlusses zum Teil als Werbungskosten geltend, so ist die Abzugsfähigkeit dieser Aufwendungen nur dann zu bejahen, wenn eine Aufteilung in einen privaten und einen beruflichen Anteil leicht und zutreffend möglich ist. Weiterhin ist erforderlich, daß der berufliche Anteil nicht nur von untergeordneter Bedeutung ist. Der Lehrer hatte Aufzeichnungen nicht geführt, das Finanzamt lehnte eine objektiv nicht nachprüfbare Schätzung ab, so daß die gesamten Telefonkosten nicht absetzbar waren (Niedersächsisches FG, Urteil v. 16. 6. 1977; EFG 1978, S. 162).

Wird ein Telefonanschluß sowohl beruflich als auch privat genutzt und ist die berufliche Nutzung nicht von ganz untergeordneter Bedeutung, so sind die festen und die laufenden Kosten in einen beruflichen und einen privaten Anteil aufzuteilen, wobei die Nutzungsanteile notfalls zu schätzen sind (FG Rheinland-Pfalz, Urteil v. 22. 9. 1976; EFG 1977, S. 15).

Telefonkosten

Entstehen einer im *Strafvollzug tätigen Beamtin,* die in verantwortlicher Stellung arbeitet, Aufwendungen dadurch, daß sie den Hund eines Strafgefangenen in Pflege nimmt, weil das Tier sonst nicht untergebracht werden konnte, so handelt es sich bei den Aufwendungen der Beamtin um abzugsfähige Werbungskosten (FG Berlin, Urteil v. 22. 3. 1983; EFG 1984, S. 65).

Tierpflege

Umzugskosten sind abzugsfähige Werbungskosten, wenn sie (nahezu) ausschließlich beruflich veranlaßt sind. Beim Umzug eines Arbeitnehmers aus einer Mietwohnung, die sich in einer Kleingemeinde befindet, in eine gekaufte Eigentumswohnung in der Großstadt, in der der Steuerzahler arbeitet, werden an den Nachweis der beruflichen Veranlassung des Umzugs (zum Beispiel wegen Verkürzung des Wegs zur Arbeit) erhöhte Anforderungen gestellt. Der Steuerzahler trägt die objektive Beweislast dafür, daß der Umzug (nahezu) ausschließlich beruflich veranlaßt ist (FG Baden-Württemberg, Urteil v. 23. 2. 1984; EFG 1984, S. 450).

Umzug in eine Eigentumswohnung

Zieht ein Steuerzahler aus einer Mietwohnung in ein Eigenheim um, so stellen die Umzugskosten keine abzugsfähigen Werbungskosten dar, und zwar auch dann nicht,

Umzug in ein Eigenheim

wenn die Standortwahl des Eigenheims zugleich mit Blick auf die günstigere Entfernung zum Arbeitsplatz erfolgte (FG Köln, Urteil v. 26. 1. 1983; EFG 1983, S. 553).

Umzug in ein Eigenheim

Aufwendungen sind Werbungskosten, wenn sie (nahezu) ausschließlich beruflich veranlaßt sind. Für Aufwendungen, die sowohl beruflich als auch privat veranlaßt sind, gilt das Aufteilungsverbot des § 12 EStG. Dies gilt auch für Aufwendungen eines Arbeitnehmers durch einen Umzug in ein eigenes Einfamilienhaus, und zwar auch dann, wenn der Arbeitnehmer bisher auswärts gewohnt hat und auf Drängen des Arbeitgebers in den Ort umzieht, in dem der Betrieb liegt (FG Düsseldorf, Urteil v. 26. 10. 1982; EFG 1983, S. 166).

Umzug in ein Eigenheim

Zieht ein Arbeitnehmer aus beruflichen Gründen um, weil der Dienstort wechselt, so können die Umzugskosten auch dann Werbungskosten darstellen, wenn er am neuen Dienstort in sein neu errichtetes Haus anstatt in eine Mietwohnung einzieht (FG Rheinland-Pfalz, Urteil v. 5. 7. 1982; EFG 1983, S. 111).

Umzugskosten

Auch wenn durch den Umzug innerhalb eines Stadtgebiets der Weg zwischen Wohnung und Arbeitsstätte von acht auf zwei Kilometer verkürzt wird, sind die Umzugskosten im allgemeinen keine Werbungskosten bei den Einkünften aus nichtselbständiger Arbeit (FG Bremen, Urteil v. 21. 10. 1983; EFG 1984, S. 117).

Umzugskosten

Ein Wechsel der Familienwohnung innerhalb einer Großstadt kann auch dann beruflich veranlaßt sein, wenn der Umzug weder vom Arbeitgeber gefordert wird noch mit einem Wechsel des Arbeitsplatzes zusammenhängt. Wird die Entfernung zwischen Wohnung und Arbeitsstätte in einer Großstadt um neun Kilometer verkürzt, so kann darin eine ausreichende berufliche Veranlassung für den Umzug liegen (BFH, Urteil v. 10. 9. 1982; BStBl 1983 II, S. 16).

Umzugskosten

Wird ein Steuerzahler vom Arbeitgeber an einen anderen Dienstort versetzt, so daß der Entfernung wegen ein Umzug notwendig ist, so ist der Umzug beruflich veranlaßt. Bei einem Beamten gilt dies auch dann, wenn er keinen Anspruch auf Zahlung einer Umzugskostenvergütung hat (FG Köln, Urteil v. 11. 2. 1981; EFG 1981, S. 449).

Umzugskosten

Kosten eines Umzugs sind abzugsfähige Werbungskosten, wenn sie ausschließlich beruflich veranlaßt sind. Aufwendungen für die Anschaffung von Einrichtungsgegenständen anläßlich eines beruflich veranlaßten Umzugs sind nicht nur beruflich sondern auch privat veranlaßt (FG Rheinland-Pfalz, Urteil v. 20. 1. 1981; EFG 1981, S. 500).

Umzugskosten

Aufwendungen für einen Umzug des Steuerzahlers sind auch dann abzugsfähige Werbungskosten, wenn der Arbeitnehmer auf eigenen Wunsch versetzt wird und für den Umzug berufliche Gründe (bessere berufliche Entwicklung, Absicherung des Arbeitsplatzes) maßgebend waren. Waren private Gründe maßgebend (zum Beispiel familiäre Gründe, landschaftlich oder kulturell reizvollere Lage), so ist ein Abzug ausgeschlossen (FG Köln, Urteil v. 25. 11. 1980; EFG 1981, S. 284).

Umzugskosten

Eine dienstliche Veranlassung für einen Umzug am Ort besteht unter anderem dann, wenn der Arbeitgeber den Umzug aus dienstlichen Gründen fordert, zum Beispiel weil eine *Dienstwohnung geräumt* werden muß. Ordnet der Arbeitgeber an, daß die Dienstwohnung zu räumen ist, so ist der Umzug auch dann dienstlich veranlaßt, wenn die werkseigene Wohnung seinerzeit freiwillig und wegen der niedrigen Miete bezogen worden ist. Die Umzugskosten stellen daher dem Grunde nach Werbungskosten dar (FG Rheinland-Pfalz, Urteil v. 11. 10. 1977; EFG 1978, S. 69).

Umzugskosten Geht ein Ehegatte an einem anderen Ort sein erstes Arbeitsverhältnis ein und folgt ihm der andere Ehegatte unter Wechsel der Arbeitsstelle nach, so ist die erstmalige Begründung einer ehelichen Wohnung ganz überwiegend beruflich veranlaßt, so daß die Umzugskosten abzugsfähige Werbungskosten darstellen (FG Düsseldorf, Urteil v. 6. 9. 1977; EFG 1978, S. 69).

Umzugskosten Entstehen einem *Beamten* anläßlich eines dienstlichen Umzugs Aufwendungen für die Ausstattung der neuen Wohnung (Teppich, Küchenspüle, Gardinen) und die Renovierung der alten Wohnung, so stellen diejenigen Kosten, die ihm nach dem Umzugskostenrecht nicht erstattet werden, keine abzugsfähigen Werbungskosten dar (FG Düsseldorf, Urteil v. 24. 11. 1976; EFG 1977, S. 417).

Umzugskosten Wird ein Arbeitsverhältnis beendet, so sind die Aufwendungen zur *Räumung einer Werkswohnung* (Kosten der Wohnungssuche und Umzugskosten) selbst dann Werbungskosten, wenn der Arbeitnehmer das Arbeitsverhältnis gekündigt hat, ohne daß der Arbeitgeber dazu einen Anlaß gegeben hat (FG Düsseldorf, Urteil v. 5. 11. 1976; EFG 1977, S. 258).

<u>*Umzugskosten*</u> Umzugskosten gehören zu den Werbungskosten, wenn sie beruflich veranlaßt sind. Diese Voraussetzung kann bei dem Umzug eines Arbeitnehmers innerhalb einer Großstadt auch dann gegeben sein, wenn der Arbeitnehmer als Folge des Wechsels des Arbeitgebers oder aus betrieblichen Gründen eine neue Arbeitsstätte erhalten hat und er mit seiner Familie in der Nähe seines neuen Arbeitsplatzes zieht, um so die Zeit für die täglichen Fahrten zwischen

Wohnung und Arbeitsstätte erheblich zu vermindern (BFH, Urteil v. 15. 10. 1976; BStBl 1977 II, S. 117).

Muß eine *Dienstwohnung* geräumt werden, weil das Arbeitsverhältnis wegen Eintritts in den Ruhestand beendet worden ist, so stellen die Kosten des Umzugs in eine andere Wohnung keine abzugsfähigen Werbungskosten dar, wenn die Dienstwohnung seinerzeit freiwillig und nicht aus weitaus überwiegend beruflichen Gründen bezogen worden ist (Niedersächsisches FG, Urteil v. 9. 8. 1976; EFG 1977, S. 168).

Umzugskosten

Zieht ein Steuerzahler aus beruflichen Gründen um und erhalten seine Kinder, dadurch veranlaßt, zusätzlichen Unterricht, so sind diese Unterrichtskosten bis zur Höhe der Beträge nach § 8 BUKG Werbungskosten bei seinen Einkünften aus nichtselbständiger Arbeit (FG München, Urteil v. 26. 5. 1982; EFG 1983, S. 17).

Unterrichtskosten

Ein Steuerzahler bezog auf Verlangen des Arbeitgebers mit seiner Familie eine in der Nähe des Arbeitsplatzes gelegene Wohnung und verlegte seine Familienwohnung später nach außerhalb. Die Wohnung in der Nähe des Arbeitsplatzes behielt er aus dienstlichen Gründen bei. Seine Aufwendungen für die Miete der in der Nähe des Arbeitsplatzes gelegenen Wohnung sind als Werbungskosten abzugsfähig (FG Nürnberg, Urteil v. 18. 2. 1981; EFG 1981, S. 384).

Verlegung des Familienwohnsitzes

Verliert ein Arbeitnehmer einen Gehaltsanspruch gegen den Arbeitgeber, weil der Arbeitgeber zahlungsunfähig ist, so handelt es sich nicht um abzugsfähige Werbungskosten. Wurde das Gehalt jedoch als Darlehen geschuldet, so handelt es sich beim *Darlehensverlust* um abzugsfähige Werbungskosten, vorausgesetzt, der Arbeitslohn war dem Arbeitnehmer tatsächlich zugeflossen (FG Baden-Württemberg, Urteil v. 12. 3. 1982; EFG 1983, S. 113).

Verlust des Gehaltsanspruchs

Verlust durch Hausverkauf	Erleidet ein Arbeitnehmer aus einem Hausverkauf einen Verlust, so stellt dieser auch dann keine Werbungskosten dar, wenn das Haus infolge Wechsels des Arbeitsorts veräußert werden mußte. (FG Düsseldorf, Urteil v. 19. 1. 1983; EFG 1983, S. 596).
Verlust von Hausrat	Geht anläßlich eines beruflich veranlaßten Umzugs Hausrat verloren, so handelt es sich bei dem Vermögensverlust nur insoweit um Werbungskosten, wie es sich bei den verlorengegangenen Gegenständen um Arbeitsmittel gehandelt hat. Der Verlust anderen Hausrats gehört nicht zu den Werbungskosten. Jedoch können die dem Steuerzahler entstandenen Wiederbeschaffungskosten Werbungskosten sein, soweit es sich um Aufwendungen handelt, die mit dem Verlust anläßlich des Umzugs zusammenhängen (FG Düsseldorf, Urteil v. 5. 4. 1978; EFG 1978, S. 539).
Verwaltungsjagden	Nimmt ein *Forstdirektor* an sogenannten Verwaltungsjagden teil, so stellen seine Aufwendungen hierfür keine abzugsfähigen Werbungskosten dar, wenn es nicht zu den Berufsaufgaben des Forstdirektors gehört, die Jagd durchzuführen (FG Rheinland-Pfalz, Urteil v. 15. 6. 1981; EFG 1982, S. 180).
Volkshochschule	Besucht eine *Gehilfin im steuerberatenden Beruf* abends die Volkshochschule, um die *Realschuleife* zu erlangen und das *Abitur* zu machen, so handelt es sich bei den Aufwendungen nicht um Werbungskosten aus nichtselbständiger Arbeit. Dies gilt auch dann, wenn der Arbeitgeber (Steuerberater) ihr den Realschulabschluß nahelegt und Gehaltserhöhungen in Aussicht stellt (Niedersächsisches FG, Urteil v. 11. 4. 1984, EFG 1984, S. 543).
Wahlkampfkosten	Bewirbt sich ein Beamter um das Amt des Oberbürgermeisters und verwendet er zur Führung des Wahlkampfs seine

Urlaubszeit, so handelt es sich nicht um abzugsfähige Werbungskosten, da die *Verwendung des Urlaubs* keinen Vermögensabfluß im Sinn des Werbungskostenbegriffs darstellt (FG München, Urteil v. 10. 7. 1981; EFG 1981, S. 622).

Entstehen einem *Gerichtsreferendar* Aufwendungen dadurch, daß er seine Wahlstation ableistet, so kann es sich bei diesen Aufwendungen um zu berücksichtigende Werbungskosten handeln (FG Berlin, Urteil v. 8. 10. 1976; EFG 1977, S. 165).

Wahlstation

Das Finanzgericht Hamburg entschied, daß Aufwendungen eines *türkischen Arbeitnehmers* zur Befreiung vom Wehrdienst in der Heimat weder als außergewöhnliche Belastung noch als Werbungskosten berücksichtigt werden können (FG Hamburg, Urteil v. 22. 1. 1982; EFG 1982, S. 293).

Befreiung vom Wehrdienst

Zahlungen, die ein *ausländischer Arbeitnehmer* an den türkischen Staat leistet, um seinen Wehrdienst zu verkürzen, sind auch dann keine Werbungskosten bei den Einkünften aus nichtselbständiger Arbeit, wenn der Steuerzahler bei der Ableistung des normalen Wehrdienstes seinen Arbeitsplatz verlieren würde (BFH, Urteil v. 20. 12. 1985; BStBl 1986 II, S. 459).

Verkürzung des Wehrdienstes

Entstehen einem türkischen Arbeitnehmer Aufwendungen dafür, daß der von ihm abzuleistende Wehrdienst auf zwei Monate verkürzt wird, so handelt es sich um nichtabzugsfähige Kosten der Lebensführung. Um solche Kosten handelt es sich selbst dann, wenn der *ausländische Arbeitnehmer* bei Ableistung seines vollen Wehrdienstes von 20 Monaten sowohl seine Aufenthalts- und Arbeitserlaubnis als auch seinen Arbeitsplatz in der Bundesrepublik Deutschland verloren hätte (FG Nürnberg, Urteil v. 15. 12. 1981; EFG 1982, S. 292).

Verkürzung des Wehrdienstes

*Teilnahme an
Wehrübungen*

Einem Steuerzahler anläßlich seiner Teilnahme an Wehrübungen entstandene Aufwendungen für die *Anschaffung einer Dienstuniform* und den Erwerb von *Fachbüchern* stellen keine abzugsfähigen Aus- oder Weiterbildungskosten in einem nicht ausgeübten Beruf dar. Etwas anderes kann gelten, wenn Anhaltspunkte dafür vorliegen, daß der Steuerzahler die Ausgaben in der Absicht gemacht hat, wieder als Berufssoldat in den Dienst der Bundeswehr einzutreten (Hessisches FG, Urteil v. 16. 11. 1979; EFG 1980, S. 234).

Weihnachtsgeschenke

Bei einem angestellten *Chefarzt* eines Krankenhauses, der dort unter Mithilfe der Mitarbeiter auch eine freiberufliche Praxis ausübt, sind Aufwendungen für Weihnachtsgeschenke an diese Mitarbeiter weder Betriebsausgaben bei seinen Einkünften aus selbständiger Arbeit noch Werbungskosten bei den Einkünften aus nichtselbständiger Arbeit (BFH, Urteil v. 8. 11. 1984; BStBl 1985 II, S. 286).

Werbegeschenke

Werbegeschenke eines Arbeitnehmers an die Kunden seines Arbeitgebers sind, soweit es sich um Werbungskosten handelt, steuerrechtlich ohne die Einschränkungen des § 4 Abs. 5 Nr. 1 EStG abzugsfähig, also ohne daß die Grenze von 50 DM je Empfänger und Jahr beachtet werden muß (BFH, Urteil v. 13. 1. 1984; BStBl 1984 II, S. 315).

*Werbungskosten-
Pauschsätze*

Die Werbungskosten-Pauschsätze (unter anderem für *Journalisten*) sind gemäß Abschnitt 23 Abs. 3 der Lohnsteuer-Richtlinien nicht um den allgemeinen Pauschbetrag für Arbeitnehmer-Werbungskosten von 564 DM zu kürzen. Diese Verwaltungsanordnung verstößt gegen den Grundsatz der Gleichmäßigkeit der Besteuerung. Das Finanzamt lehnte die zusätzliche Gewährung des allgemeinen Pauschbetrags von 564 DM für Werbungskosten ab, das Finanzgericht schloß sich dieser Auffassung an (FG des Saarlands, Urteil v. 9. 11. 1983; EFG 1984, S. 174).

Wird ein privates Wirtschaftsgut eines Arbeitnehmers durch Einwirkung Dritter aus Gründen zerstört, die in der Berufssphäre des Arbeitnehmers liegen, so kann der Wertverlust bei seinen Einkünften aus nichtselbständiger Arbeit als Werbungskosten berücksichtigt werden (BFH, Urteil v. 19. 3. 1982; BStBl 1982 II, S. 442).

Privates Wirtschaftsgut

Sonderausgaben

Ausbildungskosten

Bereitschaftspolizist

Ein lediger Steuerzahler befand sich in Ausbildung als Bereitschaftspolizist. Dienstort und Ort der Gemeinschaftsunterkunft war K. An dienstfreien Wochenenden fuhr er mit seinem Pkw nach N., wo er bei den Eltern seinen Wohnsitz hatte. Die Fahrten sind Fahrten zwischen Wohnung und Arbeitsstätte, und zwar unabhängig davon, wie groß die Entfernung und der für die Fahrten benötigte Zeitaufwand sind (Hessisches FG, Urteil v. 27. 7. 1981; EFG 1982, S. 77).

*Berufsausbildungs-
förderungsgesetz*

Ausbildungskosten, die als Sonderausgaben berücksichtigungsfähig sind, dürfen nur um solche Leistungen nach dem Berufsausbildungsförderungsgesetz (Bafög) gekürzt werden, die unmittelbar der Berufsausbildung dienen, nicht jedoch um gemischte Zuschüsse für den Lebensunterhalt und die Berufsausbildung (FG Baden-Württemberg, Urteil v. 28. 6. 1979; EFG 1979, S. 493).

*Berufsausbildungs-
Förderungsleistungen*

Förderungsleistungen aus öffentlichen Mitteln, die für den Lebensunterhalt des Steuerzahlers bestimmt sind, sind nicht auf die als Sonderausgaben abziehbaren Ausbildungskosten anzurechnen. Die eigenen Ausgaben des Steuerzahlers sind jedoch um solche staatlichen Leistungen zu kürzen, die erkennbar als Zuschüsse zu den begünstigten Sachaufwendungen gewährt werden (Niedersächsisches FG, Urteil v. 18. 5. 1978; EFG 1978, S. 541).

*Betriebswirtschafts-
akademie*

Aufwendungen für die Teilnahme an dem von der Betriebswirtschaftsakademie Wiesbaden veranstalteten Studiengang zum *geprüften Betriebswirt* sind Ausbildungskosten, wenn es sich nicht nur um eine Vertiefung und Ergänzung bereits vorhandener praktischer Kenntnisse handelt, was zur Annahme von Fortbildungskosten führen würde (FG Düsseldorf, Urteil v. 21. 8. 1979; EFG 1980, S. 228).

Hat ein Steuerzahler für die Berufsausbildung ein Darlehen aufgenommen, so gehören die Schuldzinsen für das Darlehen zu den als Sonderausgaben berücksichtigungsfähigen Ausbildungskosten. Der Steuerzahler kann die Schuldzinsen, die er nach Abschluß der Berufsausbildung zahlt, ebenfalls noch als Ausbildungskosten absetzen (Hessisches FG, Urteil v. 27. 4. 1977; EFG 1977, S. 477).

Darlehen für die Berufsausbildung

Bei den Aufwendungen für ein berufsintegrierendes Erststudium an einer Fachhochschule mit dem Ziel, den Hochschulgrad eines *Diplom-Betriebswirts* zu erlangen, handelt es sich um Ausbildungskosten, die steuerlich im Rahmen des Sonderausgabenabzugs berücksichtigungsfähig sind (BFH, Urteil v. 28. 9. 1984; BStBl 1985 II, S. 94).

Erststudium an einer Fachhochschule

Aufwendungen eines *Volksschullehrers* für ein Hochschulstudium (Pädagogische Hochschule), das er absolviert, um die Zweite Teilprüfung als Realschullehrer ablegen zu können, sind keine Fortbildungskosten sondern Ausbildungskosten (BFH, Urteil v. 13. 3. 1981; BStBl 1981 II, S. 439).

Hochschulstudium

Aufwendungen eines *Lehrers* an einer privaten Fachschule für ein Hochschulstudium zur Erlangung der Lehrbefugnis an einer staatlichen Fachschule sind keine Fortbildungskosten sondern Ausbildungskosten (BFH, Urteil v. 28. 11. 1980; BStBl 1981 II, S. 309).

Hochschulstudium

Die Kosten eines Studiums an einer pädagogischen Hochschule sind auch dann keine Fortbildungskosten sondern *Ausbildungskosten,* wenn ein Arbeitnehmer sich dem Arbeitgeber gegenüber zu solch einem Studium verpflichtet ha115tte und er während des Studiums bei Fortzahlung seiner Bezüge vom Dienst beurlaubt ist (BFH, Urteil v. 18. 2. 1977; BStBl 1977 II, S. 390).

Hochschulstudium

Hochschulstudium

Um Ausbildungskosten handelt es sich, wenn einem *Volksschullehrer* Aufwendungen für ein zusätzliches Universitätsstudium entstehen, weil er zum *Realschullehrer* ernannt werden möchte (FG Nürnberg, Urteil v. 2. 4. 1976; EFG 1976, S. 440).

Nähkurs

Aufwendungen für einen Nähkurs können als Sonderausgaben abzugsfähige Ausbildungskosten sein. Die Anschaffungskosten für eine *Nähmaschine* jedoch sind nicht als Ausbildungskosten absetzbar, auch wenn die Maschine zu dem Zweck angeschafft worden ist, am Nähkurs teilzunehmen (FG Düsseldorf, Urteil v. 24. 8. 1983; EFG 1984, S. 27).

Prozeßkosten

Entstehen Aufwendungen dadurch, daß jemand sich den Zugang zu einer Ausbildung (Studium) erst erstreiten muß (Anwalts- und Prozeßkosten), so handelt es sich bei diesen Aufwendungen um Ausbildungskosten im Rahmen des Sonderausgabenabzugs (FG Berlin, Urteil v. 1. 8. 1978; EFG 1979, S. 177).

Studium der Geschichte als Zweitfach

Es handelt sich um Ausbildungskosten, die als Sonderausgaben eingeschränkt abzugsfähig sind, wenn einem diplomierten *Sportlehrer* Aufwendungen dadurch entstehen, daß er das Studium der Geschichte als Zweitfach belegt (FG Düsseldorf, Urteil v. 19. 10. 1983; EFG 1984, S. 278).

Studium der Psychagogik

Studiert eine *Sozialarbeiterin* das Fach Psychagogik an einem Institut für Psychagogik des Vereins für Erziehungshilfe e.V., so stellen die dafür anfallenden Aufwendungen keine Fortbildungskosten dar, sondern es sind Ausbildungskosten, die im Rahmen des Sonderausgabenabzugs berücksichtigungsfähig sind (Hessisches FG, Urteil v. 26. 5. 1976; EFG 1977, S. 63).

Auch bei einem *approbierten Arzt* sind Aufwendungen für das Studium der Psychologie mit dem Ziel, *Psychotherapeut* zu werden, Ausbildungskosten, die im Rahmen der Sonderausgaben berücksichtigungsfähig sind (FG Düsseldorf, Urteil v. 28. 9. 1978; EFG 1979, S. 219).

Studium der Psychologie

Den wegen auswärtiger Unterbringung *erhöhten Freibetrag für Berufsausbildungskosten* in Höhe von 1.200 DM kann auch ein alleinstehender Steuerzahler in Anspruch nehmen, der einen eigenen Hausstand hat. Besitzt ein Alleinstehender eine Wohnung mit eigenen Möbeln, die er während der Ausbildung beibehält, so begründet er am Ausbildungsort keinen neuen Hausstand, wenn die auswärtige Ausbildung nur von kurzer Dauer ist, sich also nur über wenige Wochen erstreckt (FG Münster, Urteil v. 4. 6. 1981; EFG 1982, S. 79).

Auswärtige Unterbringung

Besucht ein *Kaufmannsgehilfe* eine Verwaltungs- und Wirtschaftsakademie, um den Grad „Betriebswirt VWA" zu erlangen, so sind seine Aufwendungen dafür keine Fortbildungs- sondern Ausbildungskosten, die im Rahmen des Sonderausgabenabzugs berücksichtigungsfähig sind (FG Düsseldorf, Urteil v. 28. 5. 1979; EFG 1979, S. 590).

Verwaltungs- und Wirtschaftsakademie

Geldzuwendungen zur Linderung der Not an fremde Familien in der Dritten Welt sind keine berücksichtigungsfähigen Spenden. Diese Aufwendungen sind auch nicht als außergewöhnliche Belastung absetzbar (FG Köln, Urteil v. 9. 5. 1984; EFG 1985, S. 122).

Spenden

Geldzuwendungen an Familien in der Dritten Welt

Geldzuwendungen an kommunale Wahlvereinigungen wie die „Freie Wählergemeinschaft des Landkreises..." sind nicht als Spenden berücksichtigungsfähig (FG Nürnberg, Urteil v. 7. 11. 1979; EFG 1980, S. 178).

Geldzuwendungen an kommunale Wahlvereinigungen

Spenden an einen katholischen Orden im Ausland

Spendet ein Steuerzahler unmittelbar an ein Mutterhaus eines katholischen Ordens, das im Ausland liegt, so ist diese Spende nicht als Sonderausgabe berücksichtigungsfähig, und zwar auch dann nicht, wenn die Zahlungen auf inländische Konten des Mutterhauses erfolgen (FG Nürnberg, Urteil v. 18. 1. 1978; EFG 1978, S. 375).

Sportverein

Voraussetzung für den Abzug einer Spende ist unter anderem, daß der Empfänger eine juristische Person des öffentlichen Rechts ist. Eine Spende ist auch dann als Sonderausgabe berücksichtigungsfähig, wenn sie zunächst an einen Sportverein geleistet worden ist, der sie an die Gemeinde weitergeleitet hat, von wo aus sie dann endgültig dem Sportverein zugewiesen wurde (FG Düsseldorf, Urteil v. 21. 6. 1983; EFG 1984, S. 119).

Zahlungen an ein ausländisches Waisenhaus

Nimmt ein Steuerzahler Zahlungen an ein ausländisches Waisenhaus vor, so sind diese Aufwendungen nicht als Spenden im Rahmen der Sonderausgaben berücksichtigungsfähig (FG Nürnberg, Urteil v. 17. 7. 1981; EFG 1982, S. 186).

Zahlungen zwecks Einstellung eines Straf- oder Bußgeldverfahrens

Spenden liegen unter anderem nur dann vor, wenn sie freiwillig und unentgeltlich geleistet wurden. Zahlungen an gemeinnützige Einrichtungen zwecks Einstellung eines Straf- oder Bußgeldverfahrens sind keine unentgeltlichen Leistungen, da die Einstellung einen wirtschaftlichen Vorteil darstellt (FG Rheinland-Pfalz, Urteil v. 20. 11. 1978; EFG 1979, S. 280).

Zusicherung der steuerlichen Abzugsfähigkeit

Hat ein Finanzamtsvorsteher dem Spender die steuerliche Abzugsfähigkeit zugesichert, so können Spenden an Fördervereine einer politischen Partei als abzugsfähig anerkannt werden (FG Köln, Urteil v. 7. 6. 1985; EFG 1986, S. 39).

Spenden können auch in der Zuwendung von Wirtschaftsgütern bestehen. Spendet ein Steuerzahler Kunstwerke an ein Museum, so kann die Zuwendung auch dann als Zuwendung zu berücksichtigen sein, wenn der Spender die Kunstwerke selbst geschaffen hat (FG Berlin, Urteil v. 14. 11. 1977; EFG 1978, S. 376).

Zuwendung von Wirtschaftsgütern

Werden geringfügige Vorsorgeaufwendungen von einem überzogenen Konto abgebucht, so ist dies kein Verstoß gegen das Kreditaufnahmeverbot. Als geringfügig können 1975 bis 1977 einzelne Vorsorgeaufwendungen bis zur Höhe von 300 bis 350 DM angesehen werden (FG Nürnberg, Urteil v. 24. 7. 1985; EFG 1986, S. 120).

Vorsorgeaufwendungen

Abbuchungen vom überzogenen Konto

Sind Bausparbeiträge rechtswidrig als Sonderausgaben abgezogen worden, so ist eine Nachversteuerung unzulässig, wenn für das Jahr, für das nachversteuert werden soll, ein Sonderausgabenabzug nicht hätte in Betracht kommen dürfen, weil die Voraussetzungen für den Sonderausgabenabzug für dieses Jahr nicht vorgelegen haben (FG Rheinland-Pfalz, Urteil v. 6. 3. 1985; EFG 1985, S. 392).

Bausparbeiträge

Es besteht kein Verstoß gegen den Gleichheitsgrundsatz (Art. 3 Grundgesetz), wenn der von der Kürzung der Vorsorgepauschale durch das Haushaltsbegleitgesetz 1983 betroffene Personenkreis hinsichtlich der Vorsorgeaufwendungen am *Lohnsteuer-Ermäßigungsverfahren* wieder teilnimmt (FG Münster, Urteil v. 14. 4. 1983; EFG 1984, S. 46).

Kürzung der Vorsorgepauschale

Außergewöhnliche Belastungen

Abbruch der Berufsausbildung

Hat ein Kind die zuvor begonnene Berufsausbildung abgebrochen, ohne mit dem Studium gebummelt zu haben, so besteht weiterhin eine sittliche Pflicht der Eltern, dem Kind eine angemessene Berufsausbildung zukommen zu lassen. Aufwendungen dafür sind zwangsläufig und damit als außergewöhnliche Belastung berücksichtigungsfähig (FG Hamburg, Urteil v. 25. 8. 1982; EFG 1983, S. 127).

Abmagerungskur

Wurde einem Steuerzahler eine Abmagerungskur ärztlich verordnet, so stellen die Anschaffungskosten für *neue Kleidung* keine berücksichtigungsfähige außergewöhnliche Belastung dar (Hessisches FG, Urteil v. 2. 3. 1978; EFG 1978, S. 432).

Adoption

Ein Steuerzahler hatte ein peruanisches Kind adoptiert. Das Gericht entschied, daß Aufwendungen, die mit der Adoption eines Kindes zusammenhängen, grundsätzlich keine außergewöhnliche Belastung darstellen (Hessisches FG, Urteil v. 22. 3. 1985; EFG 1985, S. 559).

Adoption

Aufwendungen, die unmittelbar mit der Adoption eines Kindes (sei es im Inland, sei es im Ausland) zusammenhängen, sind jedenfalls in den Fällen nicht zwangsläufig und damit nicht als außergewöhnliche Belastung berücksichtigungsfähig, in denen nicht bereits vor der Adoption eine gewachsene, hinreichend enge persönliche Beziehung mit der Erwartung der Adoption derart aufgebaut worden war, daß der Annehmende sich einer dadurch begründeten persönlichen sittlichen Verpflichtung gegenüber dem Anzunehmenden nicht mehr entziehen kann (FG Köln, Urteil v. 28. 2. 1985; EFG 1985, S. 503).

AUSSERGEWÖHNLICHE BELASTUNGEN

Adoptiert ein Steuerzahler zwei Kinder aus Kolumbien, so sind die Aufwendungen für die Adoption keine berücksichtigungsfähige außergewöhnliche Belastung, da die Zwangsläufigkeit aus sittlichen Gründen verneint werden muß. Akte der karitativen Barmherzigkeit oder der reinen Mildtätigkeit scheiden für die Anwendung des § 33 EStG aus (Hessisches FG, Urteil v. 11. 3. 1982; EFG 1982, S. 520).

Adoption

Bestanden zu einem koreanischen Waisenkind keine persönlichen Beziehungen, als man sich für die Adoption entschied, so stellen die Kosten der Adoption (Reisekosten, Betreuungs- und Verpflegungskosten in der Heimat, Notariatskosten) keine außergewöhnliche Belastung dar (FG Düsseldorf, Urteil v. 9. 11. 1978; EFG 1979, S. 125).

Adoption

Die Kosten zur Vorbereitung der Adoption eines Waisenkindes aus Korea sind als außergewöhnliche Belastung berücksichtigungsfähig (psychologisches Gutachten, notarielle Beglaubigungen, Flugkosten, Unterhalt und Betreuung des Kindes). Entscheidend sind die familienrechtlichen Beziehungen, die die Steuerzahler zum Adoptivkind angeknüpft haben und daß auch vorher bereits rechtliche Beziehungen familienrechtlicher Art bestanden (FG Berlin, Urteil v. 3. 1. 1980; EFG 1980, S. 237).

Adoption (Vorbereitungskosten)

Ist ein Steuerzahler krankheitsbedingt in einem Altenpflegeheim untergebracht, so kann er die dadurch entstehenden Aufwendungen als außergewöhnliche Belastung geltend machen. Hat der Steuerzahler seinen normalen Haushalt aufgelöst, sind seine Aufwendungen um die *Haushaltsersparnis* zu mindern. Die Haushaltsersparnis ist durch einen Vergleich der Pflegeheimkosten mit den Kosten eines entsprechenden privaten Haushalts und nicht durch einen Vergleich mit den Kosten eines Altenheims zu ermitteln (BFH, Urteil v. 22. 8. 1980; BStBl 1981 II, S. 23).

Altenpflegeheim

Anerkennung von Aufwand	Die Anerkennung von Aufwand als außergewöhnliche Belastung erfordert keine Abgrenzung der Einkommens- von der Vermögensbelastung (Niedersächsisches FG, Urteil v. 2. 10. 1985; EFG 1986, S. 125).

Anstaltskosten	Die *freiwillige Ablösung* von laufenden Kosten für die Unterbringung eines pflegedürftigen Kindes in einer Anstalt ist nicht als außergewöhnliche Belastung berücksichtigungsfähig (BFH, Urteil v. 14. 11. 1980; BStBl 1981 II, S. 130).

Arbeitstraining in einer Behindertenwerkstatt	Der Begriff der *Berufsausbildung* umfaßt nicht nur die Vermittlung von Kenntnissen für die Berufsausübung, sondern auch von Kenntnissen und Fertigkeiten für jede als Lebensaufgabe und Lebengrundlage geeignete Arbeit oder Beschäftigung. Danach ist das Arbeitstraining in einer Werkstätte für Behinderte, die wegen der Schwere ihrer Behinderung nicht am allgemeinen Arbeitsmarkt tätig sein können, Berufsausbildung in diesem Sinn (FG Rheinland-Pfalz, Urteil v. 4. 2. 1981; EFG 1982, S. 30).

Aufnahme der blinden Mutter in den Haushalt	Nimmt ein Steuerzahler seine blinde Mutter in seinen Haushalt auf, so sind die Kosten, die ihm durch notwendige Pkw-Fahrten mit der Mutter entstanden sind, als außergewöhnliche Belastung berücksichtigungsfähig, da der Steuerzahler zu dieser Hilfeleistung sittlich verpflichtet war (FG Nürnberg, Urteil v. 22. 2. 1979; EFG 1979, S. 391).

Ausbildungsfreibetrag	Eigene Einkünfte des Kindes mindern den Ausbildungsfreibetrag auch dann, wenn sie im Kalenderjahr der Berufsausbildung in Zeiträumen außerhalb der Ausbildung erzielt werden (BFH, Urteil v. 23. 9. 1980; BStBl 1981 II, S. 92).

AUSSERGEWÖHNLICHE BELASTUNGEN

Ein erhöhter Ausbildungsfreibetrag wird gewährt, wenn ein Kind zur Berufsausbildung auswärts untergebracht ist. Die Voraussetzung, daß das Kind zur Berufsausbildung auswärts untergebracht sein muß, kann bereits dadurch erfüllt sein, daß das Kind in einer anderen Wohnung desselben Mietshauses wohnt, in dem sich auch die Wohnung der Eltern befindet (FG Hamburg, Urteil v. 27. 10. 1981; EFG 1982, S. 248).

Ausbildungsfreibetrag

Voraussetzung für die Gewährung eines Ausbildungsfreibetrags wegen auswärtiger Unterbringung ist nicht, daß Mehraufwendungen anfallen, sondern daß dem Steuerzahler nur irgendwelche Aufwendungen wegen der Berufsausbildung des Kindes erwachsen (FG Nürnberg, Urteil v. 10. 7. 1980; EFG 1980, S. 602).

Ausbildungsfreibetrag

Ist ein Ausländer in seiner Heimat erheblichen Repressalien ausgesetzt, weil er sich für die Menschenrechte (Religionsfreiheit, Ausreisefreiheit) einsetzt, so stellen seine Aufwendungen für eine Ausreiseerlaubnis eine außergewöhnliche Belastung dar (FG Düsseldorf, Urteil v. 21. 11. 1977; EFG 1978, S. 272).

Ausreiseerlaubnis

Reist ein Steuerzahler aus Polen aus und entstehen ihm dadurch Aufwendungen (zum Beispiel wegen *Wiederbeschaffung zurückgelassenen Hausrats),* so sind diese Aufwendungen nur dann zwangsläufig und damit als außergewöhnliche Belastung berücksichtigungsfähig, wenn der Steuerzahler begründend darlegt und glaubhaft macht, daß er seine Heimat aufgrund persönlicher Repressalien verlassen mußte (FG Köln, Urteil v. 6. 8. 1981; EFG 1982, S. 252).

Ausreise aus Polen

Die Gewährung einer Aussteuer an eine minderjährige Tochter kann ausnahmsweise zwangsläufig sein, wenn die Tochter eine begonnene Berufsausbildung nach ihrer Hei-

Aussteuer

rat und nach der Geburt eines Kindes auf Veranlassung der Eltern abbricht (BFH, Urteil v. 29. 6. 1978; BStBl 1978 II, S. 543).

Aussteuer

Heiratet die Tochter, so endet die Unterhaltspflicht der Eltern. Kommt es aus diesem Grund (obwohl die Eltern dazu bereit und in der Lage waren) nicht zu einer Finanzierung der Berufsausbildung durch die Eltern, so kann die Gewährung einer Ausstattung für die Ehewohnung nicht als außergewöhnliche Belastung anerkannt werden, da diese in diesem Fall nicht zwangsläufig ist (FG Düsseldorf, Urteil v. 7. 12. 1977; EFG 1978, S. 326).

Aussteueraufwendungen

Nach Auffassung des Hessischen Finanzgerichts stellen Aussteuerzahlungen der Eltern an ihre Kinder grundsätzlich keine außergewöhnliche Belastung im Sinn des § 33 EStG dar (Hessisches FG, Urteil v. 12. 2. 1985; EFG 1985, S. 349).

Aussteueraufwendungen

Das Gericht entschied, eine sittliche Verpflichtung der Eltern gegenüber einer Tochter zur Gewährung einer Aussteuer bestehe allenfalls dann, wenn die Eltern es schuldhaft unterlassen haben, der Tochter eine Berufsausbildung zu ermöglichen (zum Beispiel wenn die Eltern das Ausbildungsinteresse der Tochter vernachlässigt und ihre eigenen wirtschaftlichen Interessen an der Ausnutzung der Arbeitskraft der Tochter in den Vordergrund gestellt haben) (Niedersächsisches FG, Urteil v. 10. 5. 1982; EFG 1982, S. 624).

Aussteueraufwendungen

Aussteueraufwendungen werden dann als zwangsläufig anerkannt, wenn die Eltern ihren Kindern keine angemessene Berufsausbildung haben zukommen lassen (FG Düsseldorf, Urteil v. 19. 5. 1978; EFG 1978, S. 593).

AUSSERGEWÖHNLICHE BELASTUNGEN

Aussteueraufwendungen sind unter anderem nur dann als außergewöhnliche Belastung berücksichtigungsfähig, wenn die Eltern kein entsprechendes Vermögen haben und die Zuwendungen deshalb aus dem laufenden Einkommen bestreiten. Weitere Voraussetzung ist, daß die Aussteuergewährung zwangsläufig erfolgt. Wenn die Eltern ihrer Tochter ein Studium finanzieren, das die Tochter nach ihrer Eheschließung bis zum erfolgreichen Abschluß fortsetzt, so besteht für die Eltern zur Gewährung einer Aussteuer keine sittliche Verpflichtung. Die sittliche Verpflichtung fehlt selbst dann, wenn es sich um eine sogenannte Mußheirat handelt und der Ehemann als Student ohne Einkünfte ist (Hessisches FG, Urteil v. 25. 11. 1976; EFG 1977, S. 213).

Aussteueraufwendungen

Die Kosten für eine nachträglich erteilte amtliche Genehmigung zur Auswanderung aus der CSSR stellen in der Regel keine außergewöhnliche Belastung dar (BFH, Urteil v. 8. 11. 1977; BStBl 1978 II, S. 147).

Auswanderung aus der CSSR

Aufwendungen für eine Badekur können als außergewöhnliche Belastung unter anderem nur dann berücksichtigt werden, wenn der Steuerzahler die Kurbedürftigkeit durch ein amtsärztliches Zeugnis nachweist, sofern sich die Notwendigkeit nicht schon aus anderen Unterlagen ergibt. Der Steuerzahler muß ferner nachweisen, daß die verordnete Kur auch tatsächlich durchgeführt worden ist (FG Baden-Württemberg, Urteil v. 31. 8. 1978; EFG 1979, S. 25).

Badekur

Beerdigungskosten sind als außergewöhnliche Belastung berücksichtigungsfähig, soweit sie den Wert des Nachlasses übersteigen und angemessen sind. Ob Beerdigungskosten angemessen sind, richtet sich nach der Stellung des Verstorbenen, den Verhältnissen des Steuerzahlers und danach, wie sich die Kosten für Begräbnisse entwickelt haben. So sind Kosten für eine Beerdigung (Erdbegräbnis) in einer Großstadt im Jahr 1980 in Höhe von 9.254 DM noch als angemessen anzusehen (FG Berlin, Urteil v. 14. 4. 1982; EFG 1982, S. 467).

Beerdigungskosten

Beerdigungskosten	Auch bei einem Steuerzahler, der nicht Erbe ist, sind Beerdigungskosten, die er getragen hat, nur insoweit als außergewöhnliche Belastung berücksichtigungsfähig, als sie das Nachlaßvermögen übersteigen (FG Baden-Württemberg, Urteil v. 8. 11. 1980; EFG 1981, S. 180).
Beerdigung in Australien	Die Aufwendungen für einen Flug nach Australien zur Beerdigung des Vaters sind nicht als außergewöhnliche Belastung berücksichtigungsfähig. Das Gericht entschied, daß wegen der großen Entfernung keine sittliche Verpflichtung bestanden habe, an der Beerdigung teilzunehmen, so daß die Aufwendungen nicht zwangsläufig waren (Niedersächsisches FG, Urteil v. 11. 1. 1977; EFG 1977, S. 541).
Beerdigung in den USA	Beerdigungskosten stellen eine außergewöhnliche Belastung dar, soweit sie nicht durch den Nachlaß gedeckt sind. Nimmt ein Steuerzahler an der *Beerdigung* seines in den USA verstorbenen Vaters teil, so rechnen auch die *Reisekosten* zu den berücksichtigungsfähigen außergewöhnlichen Belastungen (FG Rheinland-Pfalz, Urteil v. 19. 1. 1984; EFG 1984, S. 504).
<u>Beerdigung in den USA</u>	Aufwendungen für eine Flugreise in die USA zur Vorbereitung der Einäscherung des dort verstorbenen Vaters und Überführung der Urne in die Bundesrepublik Deutschland stellen keine außergewöhnliche Belastung dar (BFH, Urteil v. 11. 5. 1979; BStBl 1979 II, S. 558).
Belegpflicht	Die Finanzbehörden sind gehalten, in allen Fällen, in denen Beschaffung und Vorlage von Belegen für den Steuerzahler mit keinen nennenswerten Schwierigkeiten verbunden ist, den Nachweis oder die Glaubhaftmachung durch Beibringung solcher Unterlagen zu verlangen. Dies gilt auch für Zuwendungen an *Angehörige in der DDR* (FG Berlin, Urteil v. 21. 6. 1977; EFG 1978, S. 82).

Die Zwangsläufigkeit von Aufwendungen zur Beseitigung eines Fremdschadens ist zu verneinen, wenn der Schaden auch nur leicht fahrlässig verursacht worden ist (FG Münster, Urteil v. 28. 8. 1975; EFG 1976, S. 82).

Beseitigung eines Fremdschadens

Dient ein mit Wald bestandenes unbebautes Grundstück nicht der Erzielung von Einkünften, so können Aufwendungen des Eigentümers zur Beseitigung von Sturmschäden eine außergewöhnliche Belastung darstellen (FG Bremen, Urteil v. 15. 12. 1977; EFG 1978, S. 172).

Beseitigung von Sturmschäden

Besuchsfahrten in ein Krankenhaus führen zu einer außergewöhnlichen Belastung, wenn es sich um langdauernde oder sich kurzfristig wiederholende Krankenhausaufenthalte handelt. Dies gilt besonders dann, wenn die Besuche aus ärztlicher Sicht dringend geboten sind und einen wesentlichen Beitrag zum Gesundungsprozeß leisten (FG Baden-Württemberg, Urteil v. 28. 4. 1977; EFG 1977, S. 427).

Besuchsfahrten in ein Krankenhaus

Werden nahe Angehörige im Krankenhaus besucht, so stellen die Aufwendungen dafür in der Regel auch dann keine außergewöhnliche Belastung dar, wenn die Besuche zu einer psychischen Unterstützung des Heilungsverlaufs führen. In Ausnahmefällen können die fiktiven Kosten öffentlicher Verkehrsmittel berücksichtigungsfähig sein (Niedersächsisches FG, Urteil v. 19. 1. 1977; EFG 1977, s. 427).

Besuchsfahrten in ein Krankenhaus

Aufwendungen für Besuchsfahrten zum Ehegatten sind nicht schon wegen der zurückzulegenden größeren Entfernung und des mehrmonatigen Krankenhausaufenthalts des Patienten eine außergewöhnliche Belastung. Aufwendungen für medizinisch veranlaßte Besuchsfahrten können jedoch eine außergewöhnliche Belastung darstellen. Erforderlich ist eine Bescheinigung des behandelnden Krankenhausarztes, aus der hervorgehen muß, daß bei der konkre-

<u>*Besuchsfahrten zum Ehegatten ins Krankenhaus*</u>

ten Krankheit gerade der Besuch des Ehegatten zur Heilung oder Linderung entscheidend beitragen kann (BFH, Urteil v. 2. 3. 1984; BStBl 1984 II, S. 484).

Besuchsfahrten zum Ehegatten ins Krankenhaus

Ist die Ehefrau des Steuerzahlers unheilbar erkrankt und muß sie deshalb auf Dauer im Krankenhaus behandelt werden, so stellen die für Besuchsfahrten des Steuerzahlers entstandenen Kosten berücksichtigungsfähige außergewöhnliche Belastungen dar. Die sittliche Pflicht zu diesen Besuchen war zu bejahen (FG Nürnberg, Urteil v. 11. 8. 1978; EFG 1979, S. 126).

Besuchsfahrten zum Kind ins Krankenhaus

Wird ein Kind stationär behandelt und sind Besuchsfahrten der Eltern nach ärztlicher Auffassung geboten, um das kranke Kind seelisch aufzumuntern und vor allem, um den Kontakt des nach ärztlicher Beurteilung sehr sensiblen Kindes zur Familie aufrechtzuerhalten und die psychische Verfassung des Kindes auf einem für den Heilverlauf günstigen Stand zu halten, so handelt es sich bei den Fahrtkosten um berücksichtigungsfähige außergewöhnliche Belastungen (FG Berlin, Urteil v. 25. 7. 1978; EFG 1979, S. 26).

Bürgschaft

Übernimmt ein Steuerzahler eine Bürgschaft, um dem Betrieb seines Bruders die Aufnahme von Bankkrediten zu ermöglichen, und wird er aus der Bürgschaft in Anspruch genommen, so stellt die Inanspruchnahme regelmäßig keine außergewöhnliche Belastung dar (BFH, Urteil v. 18. 11. 1977; BStBl 1978 II, S. 147).

Diätverpflegung

Aufwendungen für Diätverpflegung sind selbst dann keine außergewöhnliche Belastung, wenn die Umstellung der Ernährung auf ärztlichen Rat erfolgt, um die ärztliche Behandlung wirksam zu unterstützen (FG Köln, Urteil v. 28. 3. 1984; EFG 1984, S. 552).

Der Bauträger, an den der Steuerzahler Erschließungskosten bereits gezahlt hatte, ging in *Konkurs*. Die nochmalige Zahlung der Erschließungskosten, diesmal an die Stadt, stellt keine außergewöhnliche Belastung dar (FG Nürnberg, Urteil v. 23. 2. 1983; EFG 1983, S. 502).

Doppelbezahlung von Erschließungskosten

Aufwendungen im Anschluß an die Scheidung einer Ehe im Zusammenhang mit einem Verfahren über das Sorgerecht für die Kinder sind in der Regel – wie die Ehescheidungskosten selbst – außergewöhnliche Belastungen. Dies gilt auch für Aufwendungen für ein *Beschwerdeverfahren* gegen den im Sorgerechtsverfahren ergangenen Beschluß des Vormundschaftsgerichts (BFH, Urteil v. 2. 10. 1981; BStBl 1982 II, S. 116).

Ehescheidungskosten

Wird ein Ehescheidungsverfahren nicht durch Urteil, sondern auf andere Weise beendet, zum Beispiel durch Rücknahme der Klage, so sind die Kosten für das Verfahren gleichwohl als außergewöhnliche Belastung berücksichtigungsfähig (FG Hamburg, Urteil v. 2. 10. 1981; EFG 1982, S. 246).

Ehescheidungsverfahren

Betreibt ein Steuerzahler, der aus der CSSR geflüchtet ist, die förmliche Entlassung aus der tschechoslowakischen Staatsangehörigkeit, um zu vermeiden, daß seinen Kindern (die noch in der CSSR leben) im schulischen und beruflichen Bereich Nachteile entstehen, so können seine Aufwendungen dafür als außergewöhnliche Belastung berücksichtigt werden. Das Gericht hat bejaht, daß nach den Verhältnissen beim Steuerzahler starke sittliche Gründe bestanden, die Entlassung aus der Staatsangehörigkeit herbeizuführen (FG Nürnberg, Urteil v. 9. 10. 1981; EFG 1982, S. 247).

Entlassung aus der tschechoslowakischen Staatsangehörigkeit

Hat der Steuerzahler für Aufwendungen, die er als außergewöhnliche Belastung geltend macht, einen Gegenwert erhalten, so schließt dies die Anerkennung als außergewöhnliche Belastung nur dann aus, wenn der Gegenwert in

Erhalt eines Gegenwertes

einem Gegenstand besteht, der nicht nur für den Steuerzahler oder eine von ihm unterstützte Person, sondern auch für einen Dritten von Vorteil wäre, also eine gewisse Marktgängigkeit besitzt (BFH, Urteil v. 4. 3. 1983; BStBl 1983 II, S. 378).

Erkrankung des Vaters im Ausland

Aus einer Erkrankung des Vaters, die lebensbedrohend ist, resultiert nach unseren Wertvorstellungen keine sittliche Pflicht zum Besuch in der weit entfernten Heimat (Südkorea) mit einem dadurch entstehenden unverhältnismäßig hohen Kostenaufwand. Weicht ausländisches Brauchtum von inländischen Wertvorstellungen ab, so kann das ausländische Brauchtum nicht berücksichtigt werden (FG Hamburg, Urteil v. 16. 3. 1982; EFG 1982, S. 522).

Erneuerung eines Familiengrabs

Die Kosten für die Erneuerung eines Familiengrabs, das durch Witterungs- und Umwelteinflüsse beschädigt worden ist, stellen keine außergewöhnliche Belastung dar (FG Nürnberg, Urteil v. 18. 7. 1979; EFG 1979, S. 600).

Erstattungen von Krankheitskosten durch die Krankenkasse

Von den getragenen Krankheitskosten sind die Erstattungen durch die Krankenkasse abzuziehen. Nur der Unterschiedsbetrag zwischen Aufwand und Erstattung stellt eine außergewöhnliche Belastung dar (FG Berlin, Urteil v. 15. 6. 1978; EFG 1979, S. 84).

Fahrten in die DDR

Aufwendungen für Fahrten in die DDR zur Verlobten stellen keine außergewöhnliche Belastung dar (FG München, Urteil v. 6. 2. 1976; EFG 1976, S. 338).

Fensterputzer

Aufwendungen für einen Fensterputzer, der innerhalb eines Kleinunternehmens tätig ist, können außergewöhnliche Belastungen wegen stundenweiser Beschäftigung einer *Haushaltshilfe* sein (BFH, Urteil v. 19. 1. 1979; BStBl 1979 II, S. 326).

AUSSERGEWÖHNLICHE BELASTUNGEN

Finanzielle Leistungen zwischen Geschwistern, um ein *Studium* zu ermöglichen, führen grundsätzlich nicht zu einer Berücksichtigung als außergewöhnliche Belastung (FG Köln, Urteil v. 22. 4. 1983; EFG 1983, S. 610; Hessisches FG, Urteil v. 25. 3. 1983; EFG 1983, S. 611).

Finanzielle Leistungen zwischen Geschwistern

Eine Steuerzahlerin, die ihre Ausbildung als Krankenschwester abgeschlossen hat, ist nicht sittlich verpflichtet, ihrer in Korea lebenden Schwester eine Hochschulausbildung zu finanzieren. Dies ist nach den hierfür zugrunde zu legenden inländischen Maßstäben zu beurteilen (FG Berlin, Urteil v. 5. 10. 1979; EFG 1980, S. 184).

Finanzierung der Hochschulausbildung einer in Korea lebenden Schwester

Aufwendungen für eine Flucht aus der DDR werden nicht dadurch zu einer außergewöhnlichen Belastung, daß der Flüchtling zu seiner Verlobten in die Bundesrepublik Deutschland ziehen wollte (FG Berlin, Urteil v. 6. 7. 1978; EFG 1979, S. 18).

Flucht aus der DDR

Entstehen einem Steuerzahler Aufwendungen für Fluchthilfe wegen seiner *Flucht aus der DDR,* so sind diese Kosten nur dann als außergewöhnliche Belastung berücksichtigungsfähig, wenn für die Flucht aus der DDR eine besondere Zwangslage bestanden hat. Andernfalls fehlt es an der Zwangsläufigkeit (Hessisches FG, Urteil v. 24. 8. 1982; EFG 1983, S. 175).

Fluchthilfe

War ein Steuerzahler einem schweren Gewissenskonflikt ausgesetzt, der seine und seiner Angehörigen *Flucht aus der DDR* nötig machte, so ist diese Flucht zwangsläufig. Seine Aufwendungen für die Fluchthilfe können als außergewöhnliche Belastung berücksichtigt werden (Hessisches FG, Urteil v. 12. 3. 1981; EFG 1981, S. 571).

Fluchthilfe

Fluchthilfe	Befand sich ein *Angehöriger in der DDR* in einer akuten Notlage (Gefahr für Leben, körperliche Unversehrtheit, Freiheit oder wirtschaftliche Existenz), so stellen Zahlungen an Fluchthelfer für die Flucht des Angehörigen aus der DDR , eine außergewöhnliche Belastung dar (FG Düsseldorf, Urteil v. 28. 3. 1979; EFG 1979, S. 335).
Folgekosten aus einem Zivilprozeß	Hängt ein Zivilprozeß mit einer Einkunftsart zusammen und entsteht daraus ein weiterer Prozeß mit dem Rechtsanwalt über die Rechtsanwaltskosten, so sind die Aufwendungen Folgekosten, die das rechtliche Schicksal der Hauptsachekosten teilen (BFH, Urteil v. 6. 12. 1983; BStBl 1984 II, S. 314).
Freibetrag für auswärtige Unterbringung	Die Gewährung eines Freibetrags für auswärtige Unterbringung eines in der Berufsausbildung befindlichen Kindes setzt voraus, daß die auswärtige Unterbringung des Kindes auf gewisse Dauer angelegt ist. Die Teilnahme an einer *Klassenfahrt* oder an nur wenige Tage dauernden Exkursionen reicht nicht aus (BFH, Urteil v. 5. 11. 1982; BStBl 1983 II, S. 109).
Freiwillige Sozialversicherungsbeiträge für ein behindertes Kind	Leistet ein Vater nach dem Gesetz über die Sozialversicherung Behinderter freiwillige Sozialversicherungsbeiträge für sein seelisch behindertes Kind, so handelt es sich bei diesen Aufwendungen des Vaters um eine außergewöhnliche Belastung. Das Gericht hat die sittliche Verpflichtung des Vaters bejaht (FG Rheinland-Pfalz, Urteil v. 6. 4. 1981; EFG 1982, S. 28).
Frischzellenbehandlung	Aufwendungen für eine Frischzellenbehandlung können nur dann als außergewöhnliche Belastung berücksichtigt werden, wenn diese Behandlung zur Heilung oder Linderung der Krankheit vorgenommen wird. Ob das der Fall ist, muß jeweils aufgrund eines vor Beginn der Behandlung er-

stellten amtsärztlichen Attests nachgewiesen werden. Darin muß der Amtsarzt bestätigen, daß diese Behandlung bei der Erkrankung des Steuerzahlers angebracht sein kann (BFH, Urteil v. 17. 7. 1981; BStBl 1981 II, S. 711).

Bei Geld- und Sachzuwendungen an Angehörige aus der DDR, die in der Bundesrepublik Deutschland zu Besuch weilen, ist die Zwangsläufigkeit von Unterhaltsleistungen im allgemeinen zu bejahen, soweit die Leistungen Unterkunft und Verpflegung in der Bundesrepublik betreffen (FG Rheinland-Pfalz, Urteil v. 29. 10. 1980; EFG 1981, S. 389).

Geld- und Sachzuwendungen an Angehörige aus der DDR

Wer Besuch aus den Ostblockstaaten erhält, kann Geldgeschenke zur Anschaffung von Gebrauchsgegenständen jedenfalls dann nicht als außergewöhnliche Belastung absetzen, wenn diese Gegenstände nur vorübergehend in der Heimat nicht zu erhalten sind (FG des Saarlands, Urteil v. 27. 2. 1985; EFG 1985, S. 615).

Geldzuwendungen an Besucher aus den Ostblockstaaten

Ein Steuerzahler unterstützte Angehörige in Polen mit Bargeld, das dort umgetauscht wurde. In solchen Fällen wird als Nachweis verlangt, daß Geldzahlungen durch Bankbelege nachgewiesen werden. Darüber hinaus muß die Unterstützungsleistung zugunsten einer bestimmten Person zeitlich und betragsmäßig zumindest glaubhaft gemacht werden (FG Köln, Urteil v. 6. 8. 1981; EFG 1982, S. 252).

Geldzuwendungen an Angehörige in Polen

Entstehen einem Steuerzahler Aufwendungen für das Getrenntleben während des Scheidungsverfahrens, zum Beispiel um die Ehescheidung zu erleichtern, so sind die dadurch entstandenen Aufwendungen nicht als außergewöhnliche Belastung berücksichtigungsfähig, da die Kosten nicht zwangsläufig angefallen sind (FG Bremen, Urteil v. 23. 4. 1980; EFG 1980, S. 443).

Getrenntleben während des Scheidungsverfahrens

Haartransplantation Haartransplantationen gehören regelmäßig in den Beeich der kosmetischen Operationen, die – von den Fällen psychischer Krankheiten abgesehen – nicht aus medizinischen sondern aus ästhetischen Gründen durchgeführt werden. Da die Kosten dafür nicht zwangsläufig anfallen, können sie nicht als außergewöhnliche Belastung berücksichtigt werden (FG Baden-Württemberg, Urteil v. 12. 9. 1978; EFG 1979, S. 125).

Haushaltshilfe Eine *Wäscherei*, bei der der Steuerzahler seine Wäsche waschen und bügeln läßt, ist keine Haushaltshilfe im Sinn des § 33 a EStG (BFH, Urteil v. 30. 3. 1982; BStBl 1982 II, S. 399).

Haushaltshilfe Eine Haushaltshilfe kann auch eine Person sein, die die zum Haushalt gehörenden minderjährigen Kinder des Steuerzahlers bei der Erledigung der schulischen Hausaufgaben beaufsichtigt und ihnen dabei hilft (BFH, Urteil v. 17. 11. 1978; BStBl 1979 II, S. 142).

Haushaltshilfe Sollen Aufwendungen für eine Haushaltshilfe steuerlich berücksichtigungsfähig sein, so bedarf es hierzu auch eines Arbeitsvertrages. Wird als Haushaltshilfe eine Angehörige beschäftigt, die eine niedrigere Vergütung als üblich erhält, so wird dadurch die steuerliche Anerkennung nicht ausgeschlossen, es sei denn, sie ist auffallend niedrig und damit nur einem Taschengeld ähnlich (FG Nürnberg, Urteil v. 27.10. 1976; EFG 1977, S. 68).

Haushaltshilfe Arbeitet der 14jährige Sohn wöchentlich etwa acht Stunden im Haushalt mit, so handelt es sich nicht um die Beschäftigung einer Haushaltshilfe und damit nicht um eine außergewöhnliche Belastung. Im Urteilsfall ging die Hilfeleistung nicht über dasjenige hinaus, was vom Sohn an Leistungen auf familienrechtlicher Grundlage zu erbringen war (FG Berlin, Urteil v. 5. 8. 1975; EFG 1976, S. 7).

AUSSERGEWÖHNLICHE BELASTUNGEN

Herstellungsaufwand im Zusammenhang mit der Anschaffung eines denkmalgeschützten Gebäudes ist nicht als außergewöhnliche Belastung berücksichtigungsfähig (FG Baden-Württemberg, Urteil v. 27. 5. 1981; EFG 1982, S. 29).

Herstellungsaufwand an denkmalgeschützten Gebäuden

Herstellungskosten des Eigentümers eines unter Denkmalschutz stehenden Schlosses stellen keine außergewöhnlichen Belastungen dar (FG Rheinland-Pfalz, Urteil v. 2. 1. 1978; EFG 1978, S. 326).

Herstellungskosten eines unter Denkmalschutz stehenden Schlosses

---

Für den Monat, in dem ein Kind das 18. Lebensjahr vollendet, können der Ausbildungsfreibetrag und der Kinderbetreuungsfreibetrag dem Steuerzahler nebeneinander gewährt werden (FG Berlin, Urteil v. 29. 3. 1984; EFG 1984, S. 555).

Kinderbetreuungsfreibetrag

Bei einer Kinderpflegerin kann es sich um eine *Hausgehilfin* handeln (BFH, Urteil v. 8. 3. 1979; BStBl 1979 II, S. 410).

Kinderpflegerin

Die Gewährung des Pauschbetrags von 7.200 DM wegen ständiger Hilflosigkeit setzt einen dauernden, also nicht vorübergehenden Zustand der Behinderung voraus. „Ständig" hilflos ist ein Körperbehinderter, wenn der Zustand der hilflosigkeit nicht nur während einzelner Krankheitsphasen besteht. „Ständig" ist also im Sinn von „ununterbrochen" zu verstehen. Hilflosigkeit für eine nicht absehbare Zeit nicht erforderlich (BFH, Urteil v. 28. 9. 1984; BStBl 1985 II, S. 129).

Körperbehinderung (Ständige Hilflosigkeit)

Für ein Kind, das körperbehindert und dauernd pflegebedürftig ist, kann gleichwohl ein Pauschbetrag für Berufsausbildung bei auswärtiger Unterbringung neben dem Kör-

Körperbehinderung (Berufsausbildung)

perbehinderten-Pauschbetrag zu gewähren sein (FG Schleswig-Holstein, Urteil v. 30. 9. 1980; EFG 1981, S. 132).

Körperbehinderung   Ist ein Steuerzahler so gehbehindert, daß er sich außerhalb
(Kfz-Kosten) des Hauses nur mit Hilfe eines Kraftfahrzeugs fortbewegen kann, so sind alle Kraftfahrzeugkosten, die nicht Werbungskosten darstellen, als außergewöhnliche Belastung berücksichtigungsfähig. Das gilt nicht nur für die unvermeidbaren Kosten zur Erledigung privater Angelegenheiten, sondern in angemessenem Rahmen auch für Erholungs-, Freizeit- und Besuchsfahrten. Eine Jahresfahrleistung von 21.000 Kilometern befindet sich noch in angemessenem Rahmen (FG Düsseldorf, Urteil v. 28. 4. 1981; EFG 1982, S. 133).

Körperbehinderung   Ist ein gehunbarer Schwerbehinderter auf die Benutzung eines fahrbaren Hebeapparates angewiesen und nimmt er daherentsprechende bauliche Veränderungen in seinem selbstbewohnten Einfamilienhaus vor, so handelt es sich bei den Bauaufwendungen um außergewöhnliche Belastungen (FG Hamburg, Urteil v. 1. 6. 1976; EFG 1976, S. 557).

Körperbehinderung   Ist ein Kind so gehbehindert, daß es sich außerhalb des
eines Kindes Hauses nur mit Hilfe eines Kraftfahrzeugs bewegen kann, so stellen die Kraftfahrzeugkosten eines Steuerzahlers für Fahrten, die durch die Körperbehinderung des Kindes bedingt sind, zusätzliche Krankheitskosten dar. Fahrten sind durch den Körperschaden bedingt, wenn sie im Interesse des Kindes erfolgen. Eine *Urlaubsfahrt,* auf der das Kind mitgenommen wird, ist nicht durch den Körperschaden des Kindes verursacht und stellt damit keine außergewöhnliche Belastung dar. Dies wäre aber dann anders, wenn der Steuerzahler wegen der Körperbehinderung des Kindes auf das Kraftfahrzeug angewiesen ist und derartige Fahrten üblicherweise sonst nicht mit dem Kraftfahrzeug durchgeführt wurden (FG Schleswig-Holstein, Urteil v. 11. 8. 1983; EFG 1984, S. 123).

Für ein körperbehindertes Kind kann der Freibetrag für Kinderbetreuungskosten neben dem Körperbehinderten-Pauschbetrag gewährt werden (FG Berlin, Urteil v. 9. 7. 1980; EFG 1981, S. 92).

Körperbehinderung eines Kindes

Bringen Eltern ihr Kind, das ständig hilfs- und pflegebedürftig ist, in einem Sanatorium unter, um selbst eine Heilkur durchführen zu können, so sind die von den Eltern getragenen Sanatoriumskosten nicht neben dem *Körperbehinderten-Pauschbetrag* als außergewöhnliche Belastung allgemeiner Art berücksichtigungsfähig (Hessisches FG, Urteil v. 23. 6. 1977; EFG 1978, S. 20).

Körperbehinderung eines Kindes

Erleidet ein Steuerzahler am Urlaubsort einen Unfall, und ist er dadurch bettlägerig und nicht transportfähig geworden, so stellen die Hotelkosten gleichwohl keine außergewöhnliche Belastung dar. Durch die Krankheit werden Urlaubskosten nicht zu Krankheitskosten. Anders kann der Fall zu beurteilen sein, wenn dem Steuerzahler zusätzliche Aufwendungen deswegen entstehen, weil er über die gebuchte Zeit hinaus im Hotel bleiben muß (FG Düsseldorf, Urteil v. 23. 1. 1979; EFG 1979, S. 447).

Krankheit am Urlaubsort

Die Übernahme von Krankheitskosten für Angehörige in der DDR stellt keine Unterhaltsleistung (§ 33a EStG) dar, wohl aber eine berücksichtigungsfähige außergewöhnliche Belastung allgemeiner Art (§ 33a EStG), die freilich um die zumutbare Belastung zu kürzen ist (FG Düsseldorf, Urteil v. 19. 6. 1978; EFG 1978, S. 544).

Krankheitskosten von Angehörigen in der DDR

Wird in einer Zeit der Vollbeschäftigung zur Finanzierung von Lebenshaltungskosten wegen Arbeitslosigkeit ein Kredit aufgenommen, so führen die Tilgungsraten nicht zu einem Abzug als außergewöhnliche Belastung. Ein Abzug käme allenfalls in einer außergewöhnlichen und unabänderbaren Notlage in Betracht (FG München, Urteil v. 15. 12. 1982; EFG 1983, S. 412).

Kreditaufnahme zur Finanzierung von Lebenshaltungskosten wegen Arbeitslosigkeit

Kur	Aufwendungen für eine der Behandlung einer *Krankheit* dienende Reise – Kur – können eine außergewöhnliche Belastung darstellen, wenn die Reise zur Heilung oder Linderung der Krankheit nachweislich notwendig ist und eine andere Behandlung nicht oder kaum erfolgversprechend erscheint. Zum Nachweis dieser Voraussetzungen ist es regelmäßig erforderlich, daß der Steuerzahler ein vor Antritt der Kur ausgestelltes amts- oder vertrauensärztliches Zeugnis vorlegt und sich am Zielort Kurmaßnahmen unterzieht, die unter ärztlicher Kontrolle stehen (BFH, Urteil v. 14. 2. 1980; BStBl 1980 II, S. 295).
Mehraufwendungen für Verpflegung	Liegt die Ehefrau im Krankenhaus und geht der Ehemann daher während dieser Zeit in Gasthäusern essen, so handelt es sich bei seinen Mehraufwendungen für Verpflegung nicht um eine außergewöhnliche Belastung. Derartige Aufwendungen erwachsen einer großen Zahl von Steuerzahlern und sind daher nicht außergewöhnlich (FG Düsseldorf, Urteil v. 9. 6. 1976; EFG 1977, S. 17).
Nachentrichtung von Rentenversicherungsbeiträgen	Es kann sich im Einzelfall um eine außergewöhnliche Belastung handeln, wenn ein Sohn Geld aufwendet, um für seine Mutter Rentenversicherungsbeiträge nachzuentrichten (FG Hamburg, Urteil v. 2. 2. 1976; EFG 1976, S. 234).
Opfergrenze bei Unterhaltsleistungen	Bei Unterhaltsleistungen ist eine Opfergrenze zu beachten. Eine Opfergrenze wird jedenfalls dann überschritten, wenn im Hinblick auf die Höhe der Unterhaltsleistungen dem Steuerzahler, seiner Ehefrau und seinen minderjährigen unverheirateten Kindern so wenig Mittel zum Lebensunterhalt verbleiben würden, daß sie vom verbleibenden Betrag her gesehen Ansprüche auf die Regelsätze in der Sozialhilfe hätten (BFH, Urteil v. 17. 1. 1984; BStBl 1984 II, S. 522).
Paketsendungen in die DDR	Verwaltungsanweisungen, nach denen für Paketsendungen an Bewohner der DDR höhere Aufwendungen als die

Pauschbeträge nur anerkannt werden, wenn der Steuerzahler den Wert seiner Paketsendungen in einem Kalenderjahr insgesamt im einzelnen nachweist oder glaubhaft macht, sind auch von den Finanzgerichten zu beachten (BFH, Urteil v. 9. 12. 1983; BStBl 1984 II, S. 309).

Bei Paketsendungen in die DDR können als außergewöhnliche Belastung entweder die Pauschalen oder die nachgewiesenen oder glaubhaft gemachten tatsächlichen Aufwendungen berücksichtigt werden. Für die Sendungen eines Jahres werden jedoch entweder nur die Pauschalen gewährt oder für sämtliche Sendungen nur die tatsächlichen Aufwendungen anerkannt. Es ist unzulässig, innerhalb eines Jahres zum Teil die Pauschalen und zum Teil die tatsächlichen Aufwendungen in Anspruch zu nehmen (Hessisches FG, Urteil v. 12. 1. 1978; EFG 1978, S. 490).

Paketsendungen in die DDR

Die Übertragung des Pauschbetrags für ein körperbehindertes Kind auf einen Elternteil setzt voraus, daß das Kind unbeschränkt steuerpflichtig ist (BFH, Urteil v. 18. 12. 1981; BStBl 1982 II, S. 256).

Pauschbetrag für ein körperbehindertes Kind

Ausländische Arbeitnehmer sind verpflichtet, auf Verlangen des Finanzamtes amtliche Urkunden über die persönlichen Verhältnisse und Lebensumstände von nahen Angehörigen in der Heimat, die sie unterstützen, vorzulegen (FG Rheinland-Pfalz, Urteil v. 15. 3. 1978; EFG 1978, S. 389).

Persönliche Verhältnisse von unterstützten Angehörigen

Krankheitsbedingte Kosten anläßlich der Unterbringung in einem Pflegeheim sind auch bei älteren Menschen als Krankheitskosten eine außergewöhnliche Belastung und abziehbar. Eine *Haushaltsersparnis* ist nicht anzurechnen, wenn der bisherige Haushalt weiterbesteht (BFH, Urteil v. 22. 8. 1980; BStBl 1981 II, S. 25).

Pflegeheim

Pflegekindschafts-
verhältnis
zwischen Geschwistern

Zwischen Geschwistern kann ein Pflegekindschaftsverhältnis bestehen, wenn zwischen dem pflegenden und dem pflegebedürftigen Geschwisterteil eine elternähnliche Verbindung besteht. Die Steuerzahlerin war als Heilpädagogin zur Pflegerin des geistigbehinderten Bruders bestellt worden und versorgte den Bruder in ihrem Haushalt. Die Steuerzahlerin beantragte den *Körperbehinderten-Freibetrag* und den *Freibetrag für eine Hausgehilfin*. Das Finanzgericht gestand der Steuerzahlerin die Freibeträge zu (FG Münster, Urteil v. 27. 10. 1977; EFG 1978, S. 172).

Privatschule

Aufwendungen der Unterhaltspflichtigen für den Besuch einer Privatschule eines infolge Krankheit *lernbehinderten Kindes* sind steuerlich grundsätzlich nicht als außergewöhnliche Belastung allgemeiner Art (§ 33a EStG) berücksichtigungsfähig (BFH, Urteil v. 1. 12. 1978; BStBl 1979 II, S. 78).

Prozeßkosten für die
Zulassung zum Studium

Prozeßkosten der Eltern, um für ihre Kinder einen Studienplatz in einem Numerus-clausus-Fach zu erstreiten, sind Ausbildungskosten im Sinn des § 33 EStG und keine außergewöhnliche Belastung allgemeiner Art (BFH, Urteil v. 9. 11. 1984; BStBl 1985 II, S. 135).

Prozeßkosten für die
Zulassung zum Studium

Streitet ein Steuerzahler in einem Verwaltungsverfahren um die Zulassung zum Studium an einer Universität (numerus clausus), so stellen die ihm entstandenen Prozeßkosten keine außergewöhnliche Belastung dar, da die Kosten den Steuerzahler nicht zwangsläufig trafen (FG Berlin, Urteil v. 3. 11. 1978; EFG 1979, S. 283).

Prozeßkosten für die
Zulassung zum
Zweitstudium

Haben Eltern dem Kind bereits ein Studium finanziert (das ohne Examen beendet wurde), so sind Prozeßkosten der Eltern für die Zulassung des Kindes zu einem Zweitstudium (numerus clausus) keine außergewöhnliche Belastung. Es fehlt an der sittlichen Verpflichtung der Eltern, dem Kind ein Zweitstudium zu ermöglichen (FG Baden-Württemberg, Urteil v. 27. 3. 1980; EFG 1980, S. 340).

Kosten eines Rechtsstreits um den Ersatz eines Vermögensschadens können grundsätzlich nicht als außergewöhnliche Belastung anerkannt werden. Anders ist dies dagegen bei einem *Zivilrechtsstreit wegen Schmerzensgeldansprüchen,* Anerkennung einer *Erwerbsminderung* und *Ersatz von Arztkosten* (FG Baden-Württemberg, Urteil v. 9. 9. 1982; EFG 1983, S. 290). *Rechtsstreit*

Entrichtet ein Steuerzahler für seine erwerbsunfähigen und vermögenslosen Eltern Beiträge zur Rentenversicherung nach, so sind dies keine Aufwendungen für den Unterhalt im Sinn des § 33a EStG. Auch besteht beim Steuerzahler für die Nachentrichtung solcher Beiträge in der Regel keine sittliche Verpflichtung im Sinn des § 33 EStG (FG Berlin, Urteil v. 17. 5. 1984; EFG 1985, S. 127). *Rentenversicherung der Eltern*

Die Rückerstattung von Bafög-Leistungen eines Vaters an das Land für seine Tochter kann beim Vater als außergewöhnliche Belastung (Unterhaltsleistungen gemäß § 33a EStG) zu berücksichtigen sein (FG Baden-Württemberg, Urteil v. 28. 11. 1985; EFG 1986, S. 124). *Rückerstattung von Bafög-Leistungen*

Die Schenkung eines Kraftfahrzeugs an Angehörige in der DDR stellt keine außergewöhnliche Belastung dar. Es handelt sich weder um Unterhaltsaufwendungen noch sind die Aufwendungen zwangsläufig (FG München, Urteil v. 26. 11. 1985; EFG 1986, S. 182). *Sachaufwendungen für Angehörige in der DDR (Pkw)*

Sachaufwendungen für Angehörige in der DDR (Kleidung)	Berücksichtigungsfähige Unterhaltsaufwendungen im Sinn des § 33a Abs. 1 EStG liegen nicht vor, wenn der Steuerzahler Angehörigen in der DDR gebrauchte Kleidung schickt (Hessisches FG, Urteil v. 12. 2. 1985; EFG 1985, S. 350).
Sachaufwendungen für Angehörige in der DDR (Waschmaschine)	Aufwendungen für die Anschaffung einer Waschmaschine, die ein Steuerzahler seiner in der DDR lebenden Schwägerin schenkt, stellen keine außergewöhnliche Belastung dar. Dies gilt auch dann, wenn die Schwägerin die Versorgung der schwer erkrankten und hilflosen Schwiegermutter übernommen hat (BFH, Urteil v. 28. 4. 1978; BStBl 1978 II, S. 456).
Sachaufwendungen für Angehörige in der DDR (Pkw)	Ein Steuerzahler schenkte seinen in der DDR lebenden Eltern (Vater 87 Jahre alt und gehbehindert) einen Pkw und machte die Ausgabe dafür als außergewöhnliche Belastung geltend. Das Finanzgericht sah in der Schenkung keine Unterhaltsleistung; auch bestehe für eine solche Schenkung keine sittliche Verpflichtung (FG Berlin, Urteil v. 12. 4. 1978; EFG 1978, S. 594).
Sachaufwendungen für Angehörige in der DDR (TV)	Kauft ein Steuerzahler ein Fernsehgerät für die in der DDR lebenden Eltern, so sind die Kosten als Unterhaltsleistungen steuerlich berücksichtigungsfähig, wenn es sich um ein Schwarz-weiß-Gerät handelt (FG Berlin, Urteil v. 6. 9. 1977; EFG 1978, S. 228).
Schadenersatzleistungen eines Tierhüters	Nimmt ein Steuerzahler einen Hund in Verwahrung und verursacht das Tier einen Unfall, bei dem ein Kraftfahrer erheblich verletzt wird, so sind die Schadenersatzleistungen des Tierhüters keine außergewöhnliche Belastung. Tierhaltung und Beaufsichtigung erfolgen in der Regel nicht zwangsläufig (Hessisches FG, Urteil v. 19. 12. 1983; EFG 1984, S. 402).

Schadenersatzzahlungen können dann zwangsläufig sein, wenn der Steuerzahler bei der Schädigung nicht vorsätzlich oder leichtfertig gehandelt hat (BFH, Urteil v. 3. 6. 1982; BStBl 1982 II, S. 749).

Schadenersatzzahlungen

Zwangsläufigkeit ist – unabhängig vom Verschuldensgrad – immer dann zu verneinen, wenn ein Steuerzahler Ersatz für einen Schaden leistet, den er einem Dritten rechtswidrig und schuldhaft zugefügt hat und für den er nach Deliktsrecht haftet. Solche Aufwendungen sind daher nicht als außergewöhnliche Belastung berücksichtigungsfähig. Sie sind auch dann nicht berücksichtigungsfähig, wenn solche Schäden durch Eltern für ihre Kinder ersetzt werden (FG Köln, Urteil v. 17. 12. 1980; EFG 1981, S. 293).

Schadenersatzzahlungen

Der Steuerzahler muß eine in einem Scheidungsverfahren abgegebene Erklärung, er lebe seit einem bestimmten Zeitpunkt von seinem Ehegatten getrennt, nach Treu und Glauben steuerrechtlich nicht gegen sich gelten lassen. Es kann also gleichwohl noch eine Zusammenveranlagung in Betracht kommen (FG Düsseldorf, Urteil v. 29. 9. 1980; EFG 1981, S. 239).

Scheidungsverfahren

Aufwendungen für Seereisen zur Linderung beziehungsweise Heilung von Asthma sind nicht als außergewöhnliche Belastung berücksichtigungsfähig (Hessisches FG, Urteil v. 3. 5. 1977; EFG 1977, S. 577).

Seereisen zur Linderung von Asthma

Unterhaltsaufwendungen für Personen, für die niemand Anspruch auf einen Kinderfreibetrag hat, sind als außergewöhnliche Belastung berücksichtigungsfähig, wenn die Aufwendungen dem Steuerzahler zwangsläufig entstehen, er sich ihnen also aus rechtlichen, tatsächlichen oder sittlichen Gründen nicht entziehen kann. Für den Begriff der „sittlichen Verpflichtung" wird man einerseits von einer en-

„Sittliche Verpflichtung"

gen persönlichen Beziehung und andererseits von einem „Sich-nicht-entziehen-können" ausgehen müssen. Das ist dann der Fall, wenn die sittliche Verpflichtung eines einzelnen von der Umgebung als so schwerwiegend betrachtet wird, daß ihre Nichterfüllung den Ruf des Betreffenden empfindlich beeinträchtigen würde, so daß er unter Umständen eine Einbuße in seiner gesellschaftlichen Stellung zu befürchten hätte (Niedersächsisches FG, Urteil v. 10. 8. 1983; EFG 1984, S. 179).

Spätaussiedler

Spätaussiedler aus den Ostgebieten können ihre notwendigen und angemessenen Aufwendungen für die *Wiederbeschaffung von Hausrat und Kleidung* als außergewöhnliche Belastung geltend machen. Eine *Hausratsentschädigung* bezieht sich auf den gesamten verlorenen Hausrat und ist daher auch mit der gesamten Wiederbeschaffung zu verrechnen, so daß die Hausratsentschädigung nur anteilig zu einer Kürzung der als außergewöhnliche Belastung zu berücksichtigenden Aufwendungen führt (FG Düsseldorf, Urteil v. 26. 10. 1977; EFG 1978, S. 228).

<u>*Sprachkursus im Ausland*</u>

Die Teilnahme an einem dreiwöchigen Sprachkursus in England ist keine auswärtige Unterbringung im Sinn des § 33a Abs. 2 Nr. 2 EStG (BFH, Urteil v. 25. 3. 1983; BStBl 1983 II, S. 457).

Studium eines Kindes im Ausland

Entstehen einem Steuerzahler Aufwendungen für ein Studium eines Kindes im Ausland, so sind die dadurch entstehenden höheren Aufwendungen mit dem erhöhten Ausbildungsfreibetrag, der bei auswärtiger Unterbringung zu gewähren ist, abgegolten und können nicht zusätzlich als außergewöhnliche Belastung allgemeiner Art berücksichtigt werden (Hessisches FG, Urteil v. 15. 12. 1980; EFG 1981, S. 294).

Therapiekosten

Bei der Frage, was im einzelnen gegen eine Krankheit getan werden kann, handelt es sich um eine höchstpersönliche Entscheidung des Steuerzahlers, so daß bei der Prüfung, inwieweit diese Aufwendungen notwendig waren und angemessen sind, kein strenger Maßstab anzulegen ist. Läßt der Steuerzahler eine *Zahnprothese* herstellen, so sind die gesamten Aufwendungen, unabhängig vom Material der Prothese, als außergewöhnliche Belastung zu berücksichtigen (FG Berlin, Urteil v. 18. 12. 1980; EFG 1981, S. 293).

Leidet ein Steuerzahler unter kreisförmigem Haarausfall, so handelt es sich dabei nach Auffassung des Gerichts um eine Krankheit. Die Kosten der Anschaffung eines Toupets sind daher als außergewöhnliche Belastung berücksichtigungsfähig (FG Düsseldorf, Urteil v. 18. 1. 1983; EFG 1983, S. 500).

Toupet

Für ein Kind besteht keine sittliche Pflicht, Schulden des Vaters, die nicht eindeutig durch Arbeitslosigkeit entstanden sind, abzutragen. Wird mehr an Unterhalt gezahlt als zur Schuldentilgung erforderlich ist, dann ist die Schuldenübernahme noch nicht einmal notwendig (FG Nürnberg, Urteil v. 8. 8. 1984; EFG 1985, S. 243).

Übernahme der Schulden des Vaters

Übernimmt ein Steuerzahler einen Teil der Geschäftsschulden seines Vaters, um ein drohendes *Konkursverfahren* über dessen Vermögen abzuwehren, so kann es sich um eine außergewöhnliche Belastung handeln. Der Steuerzahler hatte überzeugend dargetan, daß im Fall der Konkurseröffnung Leben und Gesundheit des 78jährigen Vaters ernsthaft gefährdet gewesen wären (FG Münster, Urteil v. 20. 4. 1978; EFG 1978, S. 592).

Übernahme der Geschäftsschulden des Vaters

Umfangreiche Umbaumaßnahmen am Einfamilienhaus führen auch dann nicht zu berücksichtigungsfähigen außergewöhnlichen Belastungen, wenn Anlaß für die Umbaumaßnahmen die *Querschnittslähmung* eines Kindes ist. Die

Umbaumaßnahmen am Einfamilienhaus

Umbaumaßnahmen, die nachträgliche Herstellungskosten darstellen, führen zu Werbungskosten (Abschreibungen) und müssen als außergewöhnliche Belastung außer Betracht bleiben (Hessisches FG, Urteil v. 2. 3. 1977; EFG 1977, S. 373).

Umzug aus Gesundheitsgründen

Wer aus Gesundheitsgründen in eine andere Wohnung umzieht, darf die Umzugskosten gleichwohl dann nicht als außergewöhnliche Belastung absetzen, wenn er für seine Aufwendungen Gegenwerte erhält (FG Nürnberg, Urteil v. 9. 1. 1985; EFG 1985, S. 349).

Umzug aus Gesundheitsgründen

Ist ein Umzug die zwangsläufige Folge einer Krankheit, so rechnen die Umzugskosten zu den außergewöhnlichen Belastungen. Eine außergewöhnliche Belastung liegt jedoch nicht vor, wenn die Miete für die neue Wohnung niedriger ist und der Steuerzahler daher für die Umzugskosten einen nicht nur vorübergehenden Vorteil erhält. Dies gilt auch dann, wenn der Vorteil nicht im Jahr des Umzugs realisiert wird, da der Gegenwertgedanke nicht der Abschnittsbesteuerung unterliegt (FG Köln, Urteil v. 25. 11. 1980; EFG 1981, S. 284).

Umzug der Familie ins Ausland

Nicht um eine außergewöhnliche Belastung handelt es sich, wenn die thailändische Ehefrau und die Stieftochter, von Thailand kommend, in die gemeinsame Familienwohnung nach Deutschland umziehen. Weder die Flugkosten für die Ehefrau und die Stieftochter noch der Ausfall einer Forderung wegen rückständigen Arbeitslohns wurden als berücksichtigungsfähig anerkannt (FG Rheinland-Pfalz, Urteil v. 14. 11. 1984; EFG 1985, S. 298).

Umzugskosten

Umzugskosten eines Mieters stellen keine außergewöhnliche Belastung dar, wenn das Mietverhältnis wegen des Baues einer Stadtbahn gekündigt wurde (BFH, Urteil v. 23. 6. 1978; BStBl 1978 II, S. 526).

Die Auflösung einer Ehe ist regelmäßig mit der Aufgabe des gemeinsam geführten Haushalts verbunden. Entstehen aus Anlaß der Ehescheidung Umzugskosten, so sind diese gleichwohl nicht als außergewöhnliche Belastung berücksichtigungsfähig, weil es an der Außergewöhnlichkeit fehlt (Niedersächsisches FG, Urteil v. 23. 7. 1980; EFG 1980, S. 602).

Umzugskosten aus Anlaß der Ehescheidung

Erleidet ein Steuerzahler auf der Fahrt zur Beerdigung einen Unfall, so stellen auch die selbstgetragenen Unfallkosten eine außergewöhnliche Belastung dar, wenn die Fahrt zur Beerdigung als zwangsläufig anzusehen ist. Der durch den Unfall entstandene merkantile Minderwert ist jedoch nicht zu berücksichtigen (FG Düsseldorf, Urteil v. 17. 12. 1979; EFG 1980, S. 284).

Unfall auf der Fahrt zur Beerdigung

Die Unterbringung des Kindes eines *italienischen Arbeitnehmers* im Heimatland geschieht zwangsläufig, wenn das Kind im schulpflichtigen Alter steht und die Unterbringung erfolgt, um ihm den Besuch einer italienischen Volksschule zu ermöglichen. Erfolgt die Unterbringung bei nahen Angehörigen, muß der Steuerzahler darlegen und nachweisen, wodurch ihm Mehraufwendungen im Verhältnis zu einer Unterbringung in der Bundesrepublik Deutschland in seinem Haushalt entstanden sind (BFH, Urteil v. 7. 12. 1976; BStBl 1977 II, S. 240).

<u>*Unterbringung eines Kindes im Heimatland*</u>

Bei einer auswärtigen Behandlung eines Patienten rechnen auch die Unterbringungskosten zur außergewöhnlichen Belastung, sofern der auswärtige Aufenthalt ausschließlich der Behandlung der Krankheit gedient hat. Im übrigen ist bei der Behandlung durch einen Arzt nicht zu prüfen, ob der Steuerzahler sich nicht vielleicht auch einer billigeren Behandlung hätte unterziehen können (FG Rheinland-Pfalz, Urteil v. 19. 8. 1980; EFG 1981, S. 21).

Unterbringungskosten bei einer auswärtigen Behandlung

Unterbringungskosten zur Berufsausbildung

Um eine auswärtige Unterbringung zur Berufsausbildung handelt es sich, wenn Schulkinder, die Englisch als Schulfach haben, in England an einem vierwöchigen Englischkurs teilnehmen. Wenn ein Schüler einen Sprachkursus besucht, um seine schulischen Leistungen zu verbessern, so betrifft dies die Berufsausbildung unabhängig von seinen späteren Berufszielen. Bei einem vierwöchigen Aufenthalt im Ausland liegt die erforderliche eindeutige Trennung vom Haushalt der Eltern vor (FG Hamburg, Urteil v. 9. 2. 1982; EFG 1982, S. 468).

Unterhalt eines Wehrpflichtigen

Aufwendungen der Eltern für den Unterhalt ihres Wehrdienst leistenden Sohnes können als außergewöhnliche Belastung berücksichtigungsfähige Unterhaltsaufwendungen sein, wenn die eigenen Einkünfte und Bezüge des Sohns die in § 33a Abs. 1 Satz 3 EStG festgesetzten Höchstbeträge nicht überschreiten. Als eigene Bezüge des Sohnes sind der *Wehrsold* und das Weihnachtsgeld anzusetzen. Naturalleistungen wie Verpflegung und Unterkunft sind mit den festgesetzten Sachbezugswerten zu erfassen (BFH, Urteil v. 31. 7. 1981; BStBl 1981 II, S. 805).

Unterhalt in einer eheähnlichen Lebensgemeinschaft

Aufwendungen eines Steuerzahlers für den Unterhalt des mit ihm in einer eheähnlichen, auf Dauer angelegten Lebensgemeinschaft lebenden Partners sind nicht als außergewöhnliche Belastung nach § 33 a EStG berücksichtigungsfähig (BFH, Urteil v. 18. 7. 1980; BStBl 1980 II, S. 693).

Unterhaltsaufwendungen

Unterhaltsaufwendungen können nur insoweit als außergewöhnliche Belastung nach § 33a EStG berücksichtigt werden, als hierdurch der Lebensbedarf des Empfängers im Kalenderjahr der Zahlung sichergestellt werden soll. Die Deckung des Unterhaltsbedarfs für das Folgejahr muß auch bei Leistungen am Ende des Jahres unberücksichtigt bleiben. Bei mehreren Unterhaltsleistungen an denselben Empfänger spricht eine tatsächliche (im Einzelfall jedoch widerlegbare) Vermutung dafür, daß die vorangegangenen

Unterhaltsaufwendungen zur Deckung des Lebensbedarfs des Empfängers bis zum Erhalt der nächsten Zahlung dienten (BFH, Urteil v. 22. 5. 1981; BStBl 1981 II, S. 713).

Unterhaltsaufwendungen sind als außergewöhnliche Belastung nicht berücksichtigungsfähig, wenn beim Unterhaltsempfänger eigenes Vermögen vorhanden ist und er vom Steuerzahler beerbt wird. Daher ist Grundbesitz mit einem Verkehrswert über 30.000 DM nicht als geringes Vermögen anzusehen. Wird ein Haus außer vom Unterhaltsempfänger und seinen Angehörigen auch von fremden Mietern bewohnt, so bleibt es für die Beurteilung, ob der Unterhaltsempfänger Vermögen hat, nicht außer Betracht (Niedersächsisches FG, Urteil v. 14. 1. 1982; EFG 1982, S. 467).

Unterhaltsaufwendungen bei eigenem Vermögen

Für mehrere Unterhaltsberechtigte einheitlich in einer Summe geleistete Unterhaltsbeträge sind im Rahmen des § 33a EStG stets nach Kopfteilen aufzuteilen (BFH, Urteil v. 14. 5. 1982; BStBl 1982 II, S. 776).

Unterhaltsaufwendungen in einer Summe

Unterhaltsaufwendungen, die im ersten Monat eines Kalenderjahrs für das ganze Jahr geleistet werden, können als außergewöhnliche Belastung berücksichtigt werden (BFH, Urteil v. 10. 7. 1981; BStBl 1982 II, S. 21).

Unterhaltsaufwendungen in einer Summe

Die Zahlung von Unterhaltsleistungen in einer Summe für mehrere Personen ist nach der Kopfzahl der Empfänger aufzuteilen, wenn anders nicht festgestellt werden kann, wie sich die Gesamtsumme auf die einzelnen Empfänger verteilt (FG Bremen, Urteil v. 20. 6. 1980; EFG 1980, S. 502).

Unterhaltsaufwendungen in einer Summe

Der maximal abziehbare Unterhaltsfreibetrag nach § 33a EStG mindert sich durch eigene Einkünfte und Bezüge der

Unterhaltsfreibetrag und eigene Einkünfte

unterstützten Person, die zur Bestreitung des Unterhalts bestimmt oder geeignet sind. Dies gilt auch dann, wenn die Einkünfte und Bezüge zwar noch im selben Veranlagungszeitraum, aber erst nach Ablauf des Zeitraums, in dem der Unterhalt erfolgte, zugeflossen sind (FG Köln, Urteil v. 15. 2. 1984; EFG 1984, S. 553).

Gelegentliche Unterhaltsleistungen

Auch gelegentliche (zum Beispiel nur ein- oder zweimalige) Leistungen im Jahr können Unterhaltsleistungen im Sinn des § 33a EStG sein. In diesen Fällen ist jedoch besonders sorgfältig zu prüfen, ob der Zahlungsempfänger unterstützungsbedürftig ist und ob die Leistungen dazu bestimmt und geeignet sind, dessen laufenden Lebensbedarf zu decken (BFH, Urteil v. 5. 9. 1980; BStBl 1981 II, S. 31).

Unterhaltsleistungen an Angehörige im Ausland

Will ein Steuerzahler Unterhaltszahlungen an Angehörige im Ausland als außergewöhnliche Belastung anerkannt erhalten, so muß er die Notwendigkeit und die Angemessenheit dieser Leistungen darlegen und nachweisen (FG Köln, Urteil v. 20. 10. 1982; EFG 1983, S. 291).

Unterhaltsleistungen an Bewohner der DDR

Bei Unterhaltsleistungen an Bewohner der DDR ist die Bedürftigkeit der Empfänger in der Regel zu unterstellen. Die Unterhaltsgewährung an Verwandte in der DDR ist in der Regel zwangsläufig, die an Freunde und Bekannte dagegen nur, wenn dafür eine besondere sittliche Pflicht besteht (BFH, Urteil v. 25. 3. 1983; BStBl 1983 II, S. 453).

Unterhaltsleistungen an volljährige Geschwister

Unterhaltsleistungen gegenüber volljährigen Geschwistern können als außergewöhnliche Belastung berücksichtigt werden, wenn diese deshalb nicht erwerbstätig sind, weil sie noch die Schule besuchen (BFH, Urteil v. 17. 1. 1984; BStBl 1984 II, S. 527).

Unterhaltsleistung, die der Bruder zugunsten des unehelichen Kindes seines volljährigen Bruders leistet, sind nicht als außergewöhnliche Belastung berücksichtigungsfähig, da es an der Zwangsläufigkeit fehlt (FG Baden-Württemberg, Urteil v. 12. 3. 1981; EFG 1981, S. 345).

Unterhaltsleistungen zugunsten des unehelichen Kindes eines volljährigen Bruders

Eine Unterhaltspflicht zwischen Geschwistern besteht nach deutschem Recht nicht. Es kann aber eine sittliche Verpflichtung bestehen, *Schulgeld* für die Schwester aufzubringen. Die sittliche Verpflichtung geht aber nicht so weit, den Geschwistern eine bessere Berufsausbildung durch den Besuch eines Gymnasiums zu verschaffen, als man selbst erhalten hat (FG Berlin, Urteil v. 8. 6. 1979; EFG 1980, S. 21).

Unterhaltspflicht zwischen Geschwistern

Unterhaltszahlungen eines in der Bundesrepublik Deutschland tätigen ausländischen Arbeitnehmers an seine Eltern in Jugoslawien können als nachgewiesen angesehen werden, wenn eine jugoslawische Bank durch eine Bescheinigung bestätigt, daß die Eltern des Gastarbeiters monatlich bestimmte Beträge von dessen Devisenkonto abgehoben haben (BFH, Urteil v. 14. 5. 1982; BStBl 1982 II, S. 774).

Unterhaltszahlungen eines ausländischen Arbeitnehmers

Unterhaltsleistungen eines ausländischen Arbeitnehmers an seine Ehefrau, die von ihm zwar nicht getrennt lebt, aber im Heimatland geblieben ist, sind nicht als außergewöhnliche Belastung nach § 33a EStG abzugsfähig (BFH, Urteil v. 22. 6. 1979; BStBl 1979 II, S. 660).

Unterhaltszahlungen eines ausländischen Arbeitnehmers

Leistet ein ausländischer Arbeitnehmer keine laufenden sondern nur gelegentliche Zahlungen, so besteht die Vermutung, daß es sich dabei nicht um Unterhaltsleistungen handelt. Diese Vermutung kann jedoch widerlegt werden (FG Nürnberg, Urteil v. 15. 3. 1978; EFG 1978, S. 381).

Unterhaltszahlungen eines ausländischen Arbeitnehmers

Unterhaltszahlungen eines ausländischen Arbeitnehmers	Unterhaltszahlungen an die in der Heimat lebende Ehefrau eines ausländischen Arbeitnehmers sind grundsätzlich keine außergewöhnlichen Belastungen. Sie stellen jedoch dann eine außergewöhnliche Belastung dar, wenn mit diesen Unterhaltszahlungen Aufwendungen zur *Wiederherstellung der Gesundheit* der Ehefrau bestritten werden (FG Berlin, Urteil v. 7. 10. 1977; EFG 1978, S. 230).
Unterhaltszahlungen eines ausländischen Arbeitnehmers (Devisenkonto)	Unterhaltszahlungen muß der Steuerzahler nachweisen oder glaubhaft machen. Bei Geldzuwendungen reicht es nicht aus, wenn ein ausländischer Arbeitnehmer in der Heimat ein *Devisenkonto* unterhält und eine Bescheinigung der Bank beibringt, daß Auszahlungen an Angehörige vorgenommen worden sind (FG München, Urteil v. 23. 7. 1982; EFG 1983, S. 177).
Unterhaltszahlungen eines ausländischen Arbeitnehmers (Devisenkonto)	Unterhaltszahlungen eines ausländischen Arbeitnehmers an seine im Ausland lebende Mutter stellen eine außergewöhnliche Belastung dar, wenn er die Zahlungen von einem im Ausland unterhaltenen Devisenkonto aus vornimmt. In diesem Fall braucht der Steuerzahler nicht nachzuweisen, ob, wann und in welcher Höhe er Einzahlungen aus dem Inland auf dieses Konto vorgenommen hat (FG Düsseldorf, Urteil v. 22. 6. 1982; EFG 1983, S. 236).
<u>Unterhaltszahlungen eines ausländischen Arbeitnehmers an Geschwister</u>	Bei ausländischen Arbeitnehmern ist die Notwendigkeit von Unterhaltsleistungen an Geschwister, die im Heimatland leben, zu verneinen, wenn die Überweisungen an die Eltern ausgereicht haben, das Existenzminimum der Eltern und der Geschwister zu sichern (BFH, Urteil v. 20. 1. 1978; BStBl 1978 II, S. 340).
<u>Unterhaltszahlungen eines ausländischen Arbeitnehmers (Nachweis)</u>	Unterhaltsleistungen eines in der Bundesrepublik Deutschland lebenden ausländischen Arbeitnehmers an seine in der Heimat lebenden Angehörigen sind als außergewöhnliche Belastung berücksichtigungsfähig, wenn sie

entsprechend nachgewiesen werden. Der Nachweis, daß Unterhaltsbeiträge während des Heimaturlaubs in bar erbracht wurden, kann in der Regel nicht lediglich durch Vorlage einer Bescheinigung des Bürgermeisters der Heimatgemeinde erbracht werden (BFH, Urteil v. 14. 5. 1982; BStBl 1982 II, S. 772).

Unterhält ein ausländischer Arbeitnehmer Angehörige, die in der Heimat leben, so sind die Aufwendungen nicht mehr als angemessen anzusehen, soweit die sogenannte *Opfergrenze* überschritten ist. Das ist stets dann der Fall, wenn ein Mißverhältnis besteht zwischen den Unterstützungsaufwendungen einerseits und den dem Steuerzahler verbleibenden Mitteln andererseits (FG München, Urteil v. 28. 3. 1980; EFG 1981, S. 131).

Unterhaltszahlungen eines ausländischen Arbeitnehmers (Opfergrenze)

Unterhaltszahlungen an die geschiedene Ehefrau sind entweder als außergewöhnliche Belastung oder als Sonderausgaben (Realsplitting) berücksichtigungsfähig. Wird eine Ehe geschieden, weil die Ehegatten seit einem Jahr getrennt gelebt haben, so bedeutet dies nicht notwendig, daß sie während dieser Zeit auch steuerlich dauernd getrennt gelebt haben. Der Steuerzahler lebte mit seiner geschiedenen Frau in einem Haushalt und trug die Miete, das Haushaltsgeld, die Kosten der Zugehfrau und die anteiligen Krankenversicherungskosten der Ehefrau. Die Ehefrau kam den üblichen hausfraulichen Obliegenheiten wie Kochen, Waschen und Einkaufen nach. Das Gericht sah darin den Fortbestand der Lebens- und Wirtschaftsgemeinschaft mit gegenseitiger Unterhaltsgewährung und erkannte eine Berücksichtigung als außergewöhnliche Belastung nicht an (FG Rheinland-Pfalz, Urteil v. 1. 10. 1981; EFG 1982, S. 411).

Unterhaltszahlungen an die geschiedene Ehefrau

Unterhaltsleistungen an die geschiedene Ehefrau können auch in der Form erfolgen, daß der Steuerzahler Sozialhilfe, die der Ehefrau gewährt wurde, an das Sozialamt zu-

Unterhaltszahlungen an die geschiedene Ehefrau

rückzahlt und Zins- und Tilgungsleistungen auf ein Wohnungsbaudarlehen für das Haus der geschiedenen Ehefrau übernimmt (FG Hamburg, Urteil v. 6. 9. 1978; EFG 1979, S. 126).

Unterhaltszahlungen an den geschiedenen Ehegatten

Unterhaltszahlungen an den geschiedenen Ehegatten sind entweder im Rahmen der außergewöhnlichen Belastung oder der Sonderausgaben (Realsplitting) berücksichtigungsfähig. Voraussetzung für den Sonderausgabenabzug ist, daß der zum Unterhalt berechtigte Ehegatte dem Realsplitting ausdrücklich zustimmt (FG Baden-Württemberg, Urteil v. 25. 6. 1982; EFG 1983, S. 19).

Unterhaltszahlungen an den dauernd getrennt lebenden Ehegatten

Unterhaltszahlungen an den dauernd getrennt lebenden Ehegatten sind als außergewöhnliche Belastung vom Zeitpunkt der dauernden Trennung an berücksichtigungsfähig, und zwar unabhängig davon, ob im Jahr der Trennung schon die Grundtabelle oder noch die Splitting-Tabelle anzuwenden ist (FG Rheinland-Pfalz, Urteil v. 15. 11. 1979; EFG 1980, S. 184).

Verlust eines privaten Bankguthabens

Der Verlust eines privaten Bankguthabens liegt auf der Vermögensebene und kann nicht als außergewöhnliche Belastung berücksichtigt werden (FG Köln, Urteil v. 25. 11. 1980; EFG 1981, S. 396).

Vorschuß von Prozeßkosten an Unterhaltsberechtigte

Gemäß § 1610 BGB sind Unterhaltsverpflichtete im Rahmen ihrer Leistungsfähigkeit verpflichtet, dem Unterhaltsberechtigten die Kosten für Prozesse, die für ihn persönlich lebenswichtig sind, vorzuschießen, wenn der Unterhaltsberechtigte selbst nicht in der Lage ist, den Prozeß zu finanzieren (zum Beispiel Ehescheidung, Sorgerecht, Unterhaltsansprüche). Diese Aufwendungen sind zwangsläufig und stellen damit eine außergewöhnliche Belastung dar (FG Düsseldorf, Urteil v. 4. 7. 1977; EFG 1978, S. 81).

AUSSERGEWÖHNLICHE BELASTUNGEN

Ist ein volljähriges Kind wegen eines *Kapitalverbrechens* angeklagt, so ist die sittliche Pflicht der Eltern, dem Kind einen Wahlverteidiger zu stellen, zu bejahen. Die Kosten dafür sind als außergewöhnliche Belastung berücksichtigungsfähig (FG Rheinland-Pfalz, Urteil v. 22. 2. 1983; EFG 1983, S. 608).

Wahlverteidiger

Wer Unterhaltszahlungen in der Form leistet, daß er Kindergeld an seine im Ausland lebende Familie weiterleitet, kann diese Zahlungen nicht als außergewöhnliche Belastung absetzen (FG München, Urteil v. 8. 11. 1984; EFG 1985, S. 244).

Weiterleitung des Kindergeldes

Aufwendungen für die Wiederbeschaffung von Hausrat und *Kleidung* stellen eine außergewöhnliche Belastung dar, wenn Hausrat oder Kleidung durch ein unabwendbares Ereignis (zum Beispiel Brand, Hochwasser, Krieg, Aufgabe des Wohnsitzes in der DDR, Spätaussiedlung aus den Ostblockstaaten) verloren wurden. Berücksichtigungsfähig sind die Aufwendungen, soweit sie notwendig und angemessen sind. Für einen aus vier erwachsenen Personen bestehenden Haushalt sind im Jahr 1974 Wiederbeschaffungskosten von 40.000 DM angemessen (FG Nürnberg, Urteil v. 26. 7. 1983; EFG 1984, S. 178).

Wiederbeschaffung von Hausrat

Ging Hausrat durch ein unabwendbares Ereignis verloren, können notwendige und angemessene Wiederbeschaffungskosten eine außergewöhnliche Belastung darstellen. Bei der Wiederbeschaffung von *Teppichen,* die gestohlen worden waren, kann eine außergewöhnliche Belastung vorliegen, wenn die Teppiche unter Berücksichtigung der Lebensverhältnisse des Steuerzahlers üblicherweise zur Einrichtung der Wohnung notwendig sind (FG Hamburg, Urteil v. 20. 11. 1975; EFG 1976, S. 183).

Wiederbeschaffung von Hausrat

Aufwendungen für die Wiederbeschaffung von Hausrat oder *Kleidung* werden nur in dem Umfang als außerge-

Wiederbeschaffung von Hausrat

wöhnliche Belastung anerkannt, wie die Aufwendungen notwendig sind und einen angemessenen Betrag nicht überschreiten. Für die Ausstattung eines Zwei-Personen-Haushalts mit Hausrat und Kleidung ist ein Betrag von 20.000 DM als angemessen zu betrachten (FG Düsseldorf, Urteil v. 15. 6. 1977; EFG 1977, S. 583).

Wohnungsbrand

Als außergewöhnliche Belastung berücksichtigungsfähig sind nur die eigenen (also selbstgetragenen) Kosten. Nach einem Wohnungsbrand ist die außergewöhnliche Belastung in der Weise zu ermitteln, daß der von der Hausratversicherung insgesamt gezahlte Betrag von den Wiederbeschaffungskosten abzuziehen ist (FG Hamburg, Urteil v. 17. 7. 1980; EFG 1981, S. 20).

<u>Zeitpunkt des Abzugs</u>

Außergewöhnliche Belastungen können in einem Veranlagungszeitraum nur in der Höhe berücksichtigt werden, in der sie erbracht worden sind. § 11 Abs. 2 EStG gilt auch für außergewöhnliche Belastungen (BFH, Urteil v. 30. 7. 1982; BStBl 1982 II, S. 744).

Zivilprozeß

Kosten eines Zivilprozesses entstehen in der Regel nicht zwangsläufig. Dies gilt auch für die Kosten eines sogenannten Passivprozesses, wenn also der Steuerzahler verklagt wird. Nur in Ausnahmefällen werden die Kosten eines Zivilprozesses als außergewöhnliche Belastung anzuerkennen sein (Ehescheidung, Sorgerechtsverfahren) (FG Berlin, Urteil v. 14. 4. 1982; EFG 1983, S. 127).

III. Service-Teil

Tips für den Rechtsstreit mit dem Finanzamt

Das Veranlagungsverfahren bei den Finanzämtern hat sich zu einem Massenverfahren entwickelt. Es liegt deshalb in der Natur der Sache, daß gelegentlich fehlerhafte oder nicht ausreichend begründete Steuerbescheide an den Steuerzahler versandt werden. Es empfiehlt sich daher, jeden Steuerbescheid genauestens zu überprüfen.

Steuerbescheid

Da in einem Steuerbescheid nicht alle Einzelangaben der Steuererklärung noch einmal aufgeführt sind, sondern nur Einzelergebnisse erscheinen, gestaltet sich eine solche Überprüfung für den Laien häufig recht umständlich. Berechnen Sie daher schon bei der Erstellung Ihrer Steuererklärung alle Einzelergebnisse (beispielsweise einzelne Einkunftsarten, Einkommen, zu versteuerndes Einkommen, Jahressteuer, Erstattungsbetrag), so daß Sie bereits bei Erhalt des Steuerbescheids auf einen Blick erkennen können, wo gegebenenfalls etwas nicht stimmen kann. Im Zweifelsfall sollten Sie sich an einen Steuerberater wenden. Ein „Anleitungsschema zur Selbstberechnung" finden Sie im Anhang dieses Buches.

Einspruch und Beschwerde

Vorsorglicher Einspruch

Sollten Sie bei dieser Prüfung Ungereimtheiten entdecken, die Sie nicht sofort klären können – entweder weil der Steuerbescheid mangels ausreichender Begründung für Sie nicht verständlich ist, oder weil Ihre eigene Steuerberechnung fehlerhaft ist –, empfiehlt es sich, vorsorglich einen Einspruch gegen diesen Bescheid einzulegen, um die Rechtsbehelfsfrist (= Zeitraum in dem Einspruch/Beschwerde erhoben werden muß) von einem Monat zu wahren.

Einspruchsfrist

Musterbrief 1

Mit diesem Schreiben legen Sie einen zulässigen Einspruch ein. Ein Kostenrisiko tragen Sie dabei nicht, denn alle außergerichtlichen Rechtsstreitigkeiten sind kostenfrei.

Wichtig ist, daß die Frist eingehalten wird, daß Sie in diesem vorsorglichen Einspruch genau den angefochtenen Bescheid aufführen und daß Sie selbst als Rechtsbehelfsführer genannt werden. Sonstige Formfehler sind an und für sich unbedeutend. Der Einspruch braucht zum Beispiel noch nicht einmal handschriftlich unterzeichnet sein.

Niederschrift beim Finanzamt

Es besteht weiterhin die Möglichkeit, den Einspruch zur Niederschrift beim Finanzamt zu erklären, wenn es für Sie einfacher erscheint, dort persönlich vorzusprechen.

Bei Fällen der Zusammenveranlagung von Ehegatten (wenn beide Ehegatten Einkünfte beziehen) sollten beide als Einspruchführer erscheinen, da sonst vor Ergehen einer Einspruchsentscheidung das Finanzamt den nicht genannten Ehegatten hinzuziehen muß, was für Sie unnötige Zeitverzögerung und mehr Verwaltungsaufwand bedeutet.

Die genannte Rechtsbehelfsfrist von einem Monat errechnet sich wie folgt: Auszugehen ist vom Bescheiddatum. Als Tag der Bekanntgabe gilt jedoch bei Versendung des Steuerbescheids mit gewöhnlicher Post der dritte Tag nach Aufgabe zur Post. Diesem Datum rechnen Sie einen Monat hinzu. Das errechnete Datum ist der letzte Tag, an dem der Einspruch beziehungsweise die Beschwerde beim Finanzamt fristgerecht eingehen kann.

Fällt dieser Tag jedoch auf einen Samstag, Sonntag oder gesetzlichen Feiertag, so endet diese Frist mit Ablauf des nächstfolgenden Werktages.

Es ist nicht erforderlich, daß der Rechtsbehelf noch während der offiziellen Dienstzeit des Finanzamts am letzten Tag der Frist eintrifft, sondern es reicht aus, wenn dieser bei der Briefkastenfrühleerung am nächstfolgenden Tag vorliegt. Hierzu ein Beispiel:

Berechnungsbeispiel: Einspruchsfrist

Bescheiddatum: 25. 2. 1986
Tag der Bekanntgabe + 3 Tage: 28. 2. 1986
Fristdauer: 1 Monat
üblicherweise Fristablauf: 28. 3. 1986 (Karfreitag)
Ablauf der gesetzlichen Frist: 1. 4. 1986 (Dienstag nach Ostern)

Die Frist gilt noch als gewahrt, wenn der Einspruch bei Frühleerung des Finanzamtsbriefkastens am 2. 4. 1986 vorliegt.

Die Einspruchsfrist beträgt ausnahmsweise ein Jahr, wenn dem erlassenen Bescheid die Rechtsbehelfsbelehrung fehlt. Dies dürfte jedoch ganz selten der Fall sein, da die meisten Steuerbescheide maschinell auf Vordrucken, welche eine Rechtsbehelfsbelehrung enthalten, erlassen werden.

Einspruchsrücknahme

Kommen Sie nach eingehender Prüfung dann zu dem Ergebnis, daß Ihr Steuerbescheid in Ordnung ist, so nehmen Sie den Einspruch einfach zurück. *Musterbrief 2*

Einspruchsbegründung

Sind Sie der Auffassung, daß Ihre Steuern zu hoch festgesetzt worden sind, müssen Sie den Einspruch innerhalb einer angemessenen Frist begründen. Als angemessen kann noch ein Zeitraum von vier Wochen angesehen werden.

Kommen Sie mit dieser Zeit nicht aus, verständigen Sie auf jeden Fall das Finanzamt, damit dieses nicht zwischenzeitlich Ihren Einspruch als unbegründet zurückweist. Sie wären dann gezwungen, Ihre Begründung im Rahmen einer Klage beim Finanzgericht einzureichen, was für Sie gegebenenfalls mit Kosten und unnötigem Zeit- und Verwaltungsaufwand verbunden wäre.

In der Einspruchsbegründung, in der Sie sich auf den fristgerecht eingelegten Einspruch beziehen, tragen Sie Ihre Einwendungen vor und versuchen diese stichhaltig zu begründen. Es ist dabei nicht wichtig, daß Sie die gesetzlichen Fachausdrücke beherrschen, denn das Finanzamt hat nun laut Gesetz den angefochtenen Steuerbescheid in vollem Umfang zu überprüfen.

Es muß auch Sachverhalte, die Sie in Ihrem Einspruch überhaupt nicht aufgegriffen haben und die sich zu Ihren Gunsten auswirken, in dieser Weise richtigstellen.

Die umfassende Überprüfung im Rahmen des Einspruchsverfahrens kann jedoch auch dazu führen, daß das Finanzamt Rechtsfehler entdeckt, die sich bisher zu Ihrem Vorteil ausgewirkt haben. Würde nun die Bereinigung aller *„Verböserung"*

Rechtsfehler in diesem Fall zu einer Bescheidberichtigung mit einer höheren Steuer führen (die Steuerrechtsliteratur bezeichnet diese Fallkonstellation mit dem treffenden Ausdruck: *Verböserung),* so muß Sie das Finanzamt hierüber belehren (Anhörung) und Sie darauf hinweisen, daß Sie die „Verböserung" durch die Rücknahme Ihres Einspruchs verhindern können. Sie sollten dieser Belehrung dann selbstverständlich aus eigenem Interesse nachkommen. Hierzu ein Beispiel:

Musterbeispiel: Verböserung	
Einspruch: Werbungskosten der Lohneinkünfte	+ 1.000 DM
Einwendung des Finanzamts: Werbungskosten der Einkünfte aus Vermietung und Verpachtung	– 1.500 DM
wenn beide Einwendungen korrekt: Verböserung	500 DM
Der Einspruch ist zurückzunehmen.	

Musterbrief 3

Können Sie die Berechnungen im zugegangenen Einkommensteuerbescheid mangels Begründung oder wegen nicht ausreichender beziehungsweise unverständlicher Begründung nicht nachvollziehen, so fordern Sie das Finanzamt zu einer ordnungsgemäßen Begründung auf.

Sie haben sich nun soweit informiert, um feststellen zu können, welche Berichtigung von Rechtsfehlern Sie mit Ihrem Einspruch begehren.

Musterbrief 4

Einen Mustertext für eine Einspruchsbegründung mit Antrag auf Aussetzung der Vollziehung können Sie dem Musterbrief 4 entnehmen.

Das Beispiel zeigt, daß neben dem Einspruch noch weitere Anträge zu stellen sind, um alle negativen Auswirkungen, die sich durch einen fehlerhaften Steuerbescheid ergeben können, zu bereinigen. Allein durch Ihren Einspruch wird nämlich die Vollziehung der festgesetzten Steuer nicht ausgesetzt. Im Klartext: Auch die zu hoch angesetzte Steuer ist fristgerecht zu entrichten.

Das Finanzamt hat jedoch, wenn nach überschlägiger Prüfung die Rechtmäßigkeit zweifelhaft erscheint – also, wenn sich das Finanzamt bezüglich der Richtigkeit seiner Festsetzung nicht absolut sicher ist –, den strittigen Steuerbetrag auszusetzen. Das bedeutet, daß dieser solange weder angemahnt noch vollstreckt werden kann.

Ein fehlerhafter Steuerbescheid wirkt sich gegebenenfalls auch auf die laufenden Einkommensteuervorauszahlungen aus, da diese im Regelfall entsprechend der Festsetzung im letzten Steuerbescheid bemessen werden. Ist diese nun zu hoch, sind folglich auch die Vorauszahlungen zu hoch bemessen.

Einkommensteuervorauszahlungen

Eine Anpassung der Einkommensteuervorauszahlungen können Sie jedoch unabhängig davon auch dann beantragen, wenn Ihre Einkünfte des laufenden Jahres oder in der Zukunft zu einer Einkommensminderung führen und deshalb zu hoch bemessen sind.

Bei den Verfahren des Lohnsteuer-Jahresausgleichs (in einigen Bundesländern auch im Einkommensteuererhebungsverfahren) übernimmt die Finanzverwaltung auch die Festsetzung, Erhebung und Abrechnung der Kirchensteuer. Soweit dies nicht der Fall ist, erfährt Ihr zuständiges Kirchensteueramt die Höhe der Einkommensteuerfestsetzung durch Datenaustausch über miteinander verknüpfte EDV-Systeme.

Kirchensteuer

Soweit die Finanzverwaltung die Aussetzung der Kirchensteuer nicht selbst verfügen kann, ist deshalb diesbezüglich auch das zuständige Kirchensteueramt zu informieren.

Bei den Massenverfahren, welche die Finanzbehörden zu bewältigen haben, kann es möglich sein, daß ein gestellter Antrag auf Aussetzung der Vollziehung nicht sofort bearbeitet wird. Die integrierten Kassenabrechnungssysteme errechnen dann für die nicht fristgerecht entrichteten Steuern Säumniszuschläge, erlassen Mahnungen, und schlimmstenfalls kann es auch passieren, daß der Vollziehungsbeamte des Finanzamts bei Ihnen anklopft.

Sollten Sie also über Ihren Antrag auf Aussetzung der Vollziehung innerhalb angemessener Frist keine Nachricht erhalten, so forcieren Sie die Antragsbearbeitung durch ein entsprechendes Schreiben.

Musterbrief 5

Sollte das Finanzamt Ihren Antrag auf Aussetzung der Vollziehung ablehnen oder eindeutig zu erkennen geben, daß es diesem nicht zustimmen wird, so stehen Ihnen zwei Wege offen, hiergegen vorzugehen, wenn sie nach sorgfältiger Prüfung der Meinung sind, daß Ihr Einspruch eine reelle Chance auf Erfolg verspricht.

Musterbrief 6   • Gegen den Ablehnungsbescheid können Sie Beschwerde beim Finanzamt einlegen. Wenn das Finanzamt dieser Beschwerde nicht abhelfen will, muß es diese der übergeordneten Oberfinanzdirektion zur Entscheidung vorlegen. Sollte die Ablehnung nicht voll gerechtfertigt sein, wird sich das Finanzamt die Vorlage bei der übergeordneten Aufsichtsbehörde wohlweislich überlegen und gegebenenfalls Ihrem Antrag stattgeben. Die Beschwerde ist für Sie, unabhängig von deren Ausgang, kostenfrei.

Musterbrief 7   • Sie können auch bei Ablehnung oder Teilablehnung Ihres Antrags bei dem für Sie zuständigen Finanzgericht Aussetzung der Vollziehung beantragen (§ 69 Abs. 3 Finanzgerichtsordnung), und zwar unabhängig davon, ob Sie überhaupt bezüglich dieses Rechtsstreits jemals ein Klageverfahren führen werden. Sie können diesen Verfahrensweg auch noch dann beschreiten, wenn die Finanzbehörde Ihrer Beschwerde nicht abgeholfen hat. Bei diesem Rechtsmittel tragen Sie jedoch ein Kostenrisiko, da Sie bei Ablehnung Ihres Antrags durch das Finanzgericht die Kosten des Verfahrens zu tragen haben.

Falls das Finanzgericht Ihren Antrag auf Aussetzung der Vollziehung abweisen sollte, besteht die Möglichkeit, hiergegen Beschwerde beim Bundesfinanzhof einzulegen.

Vor dieser Instanz müssen Sie sich jedoch von einem Steuerberater, Wirtschaftsprüfer oder Rechtsanwalt vertreten lassen.

Wiedereinsetzung in den vorigen Stand

Musterbriefe 8, 9, 10   Das Versäumen der Einspruchsfrist führt im Regelfall zur Unzulässigkeit des Einspruchs. Das hat zur Folge, daß auf Ihren Einspruch nicht eingegangen werden kann, auch wenn Ihre Einwendungen berechtigt sind.

Um jedoch Härtefälle nicht ungerechtfertigt zu benachteiligen, hat der Gesetzgeber das Rechtsmittel der Wiedereinsetzung in den vorigen Stand als Ausnahmevorschrift bezüglich der Ausschließungsfristen geschaffen.

Unverschuldete Verhinderung   Wiedereinsetzung in den vorigen Stand bedeutet, daß derjenige, der die Einspruchsfrist wegen nicht verschuldeter Verhinderung versäumt hat, so gestellt wird, daß er die Möglichkeit hat, einen erneuten Fristenlauf nach Wegfall der Verhinderung einzuhalten.

Die Verhinderung gilt als nicht verschuldet, wenn Umstände vorlagen oder eingetreten sind, die eine fristgerechte Rechtsbehelfserhebung unmöglich gemacht haben.
Hierzu einige Beispiele:

- Ein beauftragter zuverlässiger Bote (zum Beispiel Kind) ist für das Versäumnis verantwortlich. Beachten Sie: Der Ehegatte ist bei der Einkommensteuerzusammenveranlagung selbst Einspruchsführer, also nicht als Bote anzusehen. Auch das Verschulden eines Vertreters, beispielsweise des Steuerberaters, ist dem Vertretenen zuzurechnen.
- Vorübergehende Abwesenheit von der Wohnung (zum Beispiel Urlaub, Krankenhausaufenthalt) ist eine unverschuldete Verhinderung. Bei längerer Abwesenheit muß man jedoch dafür Sorge treffen, daß die Post nachgesandt wird.
- Krankheit stellt grundsätzlich nur dann einen entschuldbaren Verhinderungsgrund dar, wenn es sich um eine so schwere oder plötzliche Krankheit handelt, daß der Steuerzahler außerstande ist, die Angelegenheit selbst zu erledigen oder einen Vertreter zu bestellen (Beispiel: Fristablauf 5. 11. 1986 – am 5. 11. 1986 schwere Erkrankung oder Unfall – Einspruch hätte noch am 5. 11. 1986 eingelegt werden können, aber unverschuldet verhindert. Ergebnis: Wiedereinsetzung).

Die versäumte Rechtshandlung ist innerhalb eines Monats nach Wegfall des Hindernisses, das die Fristversäumung verursacht hat, nachzuholen. Eine Wiedereinsetzung kommt in allen Fällen jedoch nur innerhalb eines Jahres seit dem Ende der versäumten Frist in Betracht.

Einspruchsfrist

Hierzu ein Berechnungsbeispiel:
- Einkommensteuerbescheid vom 5. 11. 1986
- Steuerzahler befindet sich
  im Urlaub vom 3. 11. 1986 bis 10. 12. 1986
- Ende der Einspruchsfrist: 8. 12. 1986
- Wegfall des Hindernisses
  (hier Abwesenheit): 10. 12. 1986
- Wiedereinsetzungsfrist: 1 Monat
- Einspruch muß spätestens am 13. 1. 1987 bei Frühleerung des Finanzamtsbriefkastens vorliegen (Fristablauf nicht am 10. 01. 87, da Samstag).

Nicht selten werden Einspruchsfristen versäumt, weil die Steuerzahler zuerst gar nicht erkannt haben, daß ein Bescheid fehlerhaft ist und sie diesen Fehler erst erhebliche Zeit nach Ablauf der Rechtsbehelfsfrist, zum Beispiel bei der Erstellung der Steuererklärung des Folgejahres, erkennen.

Trotz Ablauf der Einspruchsfrist heißt dies nicht, daß auf keinen Fall mehr ein Einspruch erhoben werden kann. Ist nämlich die fehlende, falsche, eindeutig mißverständliche oder nicht ausreichende Begründung die Ursache dafür, daß der Steuerzahler keinen Rechtsbehelf eingelegt hat, so ist ihm Wiedereinsetzung in den vorigen Stand zu gewähren. Er kann also, sobald ihm der Rechtsfehler bekannt wird, innerhalb eines Monats Einspruch einlegen.

Einspruchs-
begründung

Bei der Einspruchsbegründung muß er jedoch darlegen, daß allein die fehlende, falsche, mißverständliche oder nicht ausreichende Begründung der alleinige Grund dafür war, daß er nicht rechtzeitig Einspruch erhoben hat.

Eine fehlende Begründung stellt jedoch keinen Wiedereinsetzungsgrund dar, wenn dem Steuerzahler die Abweichungen vor Ergehen des Bescheides in ausreichendem Umfang mitgeteilt worden sind.

Eine Wiedereinsetzung ist jedoch auch hier nur innerhalb eines Jahres seit dem Ende der versäumten Frist möglich.

Antrag auf Berichtigung einer offenbaren Unrichtigkeit

Musterbrief 11

Bedingt durch das Massenveranlagungsverfahren sind die Steuerbescheide teilweise auch mit Flüchtigkeitsfehlern jeglicher Art behaftet. Handelt es sich hierbei um sogenannte „offenbare Unrichtigkeiten", so können diese Bescheide innerhalb der Festsetzungsverjährung (im Regelfall endet diese vier Jahre nach Ablauf des Jahres, in dem die Steuererklärung eingereicht wurde) gemäß § 129 der Abgabenordnung berichtigt werden.

Unter offenbaren Unrichtigkeiten versteht man nur mechanische Fehler, wie zum Beispiel Rechenfehler, Schreibfehler, Übertragungsfehler, Fehler bei der Datenübernahme in der EDV-Bearbeitung, Fehler beim Ablesen des Steuersatzes. Dazu zählen jedoch auch die Fehler, die dem Steuerzahler selbst unterlaufen sind und die das Finanzamt übernommen hat.

Eine Berichtigung von Bescheiden nach dieser Vorschrift ist jedoch nicht möglich, wenn nicht auszuschließen ist, daß diese Fehler nicht mechanischer Natur sind, sondern gegebenenfalls auch auf Tatsachen- oder Rechtsirrtum des Beamten zurückzuführen sind, der die Veranlagung durchgeführt hat. Es genügt hier bereits die Möglichkeit, daß es sich um einen Tatsachen- oder Rechtsirrtum handeln könnte.

Antrag auf Änderung des Bescheids wegen neuer Tatsachen

Eine weitere Änderungsmöglichkeit nach Ablauf der Rechtsbehelfsfrist ist dann gegeben, wenn neue Tatsachen oder Beweismittel dem Finanzamt nachträglich bekannt werden. Nach § 173 der Abgabenordnung können sowohl Änderungen zugunsten wie auch zuungunsten des Steuerzahlers durchgeführt werden.
Für Sie ergibt sich hiermit die Möglichkeit, einen steuerlich relevanten Sachverhalt, der Ihnen erst im nachhinein bekannt wird, dem Finanzamt anzuzeigen.
Hierzu ein Beispiel: Sie finden im nachhinein einen versehentlich falsch abgehefteten Beleg über Krankheitskosten. Sie haben damals in der Einkommensteuererklärung keinen Antrag gestellt, diese Kosten als außergewöhnliche Belastungen zu berücksichtigen, da Sie an diese Aufwendungen nicht gedacht hatten.
Änderungen wegen neuer Tatsachen oder Beweismittel sind jedoch nur dann möglich, wenn Sie kein grobes Verschulden trifft, daß diese Tatsachen oder Beweismittel erst nachträglich bekannt werden.

Musterbrief 12

In den nun folgenden Ausführungen einige Hinweise, was zu tun ist, wenn zwar ein Steuerbescheid vom Finanzamt ergangen ist, Sie aber aus nicht zu klärenden Gründen hiervon keine Kenntnis haben. Beispiel: Sie erhalten vom Finanzamt eine Mahnung wegen Nachzahlung von Einkommensteuer für 1985. Es ist Ihnen nicht bekannt, daß überhaupt ein Bescheid ergangen ist. Nach Ihren eigenen Berechnungen hätte sich eine Einkommensteuererstattung ergeben müssen. Nach den Steuerakten des Finanzamts ist der Bescheid am 5. 11. 1986 erlassen worden.

Steuerbescheid, der den Empfänger nicht erreicht hat

Ihr gutes Recht als Steuerzahler

Läßt sich nicht aufklären, warum ein vom Finanzamt mit einfachem Brief erlassener Steuerbescheid den Empfänger nicht erreicht hat, so gilt ein solcher Bescheid als nicht existent. Das Finanzamt hat in einem solchen Fall erneut einen Bescheid zu erlassen, gegen den sie nun rechtzeitig, wenn nötig, Einspruch erheben.

Sie sollten diese Sachverhaltsgestaltung jedoch nicht als Notlüge vorbringen, wenn Sie eine Frist versäumt haben. Als Steuerzahler würden Sie sich auch hintergangen fühlen, wenn das Finanzamt mit solchen Mitteln arbeiten würde. Fairness sollte bei allem oberstes Gebot sein.

Beschwerde gegen die Festsetzung eines Verspätungszuschlags

Musterbrief 13

Die Finanzbehörden haben für eine zeitnahe Veranlagung der Steuererklärungen zu sorgen. Wenn Ihnen aus entschuldbaren Gründen die fristgerechte Abgabe Ihrer Steuererklärung nicht möglich ist, so verständigen Sie auf jeden Fall Ihr Finanzamt und stellen einen begründeten Antrag auf Fristverlängerung.

Im Regelfall wird das Finanzamt einem solchen Antrag für eine angemessene Frist zustimmen. Verspätungszuschläge wegen zu später Abgabe einer Steuererklärung können dann keinesfalls erhoben werden.

Wird trotzdem ein Verspätungszuschlag erhoben, dann legen Sie gegen diesen Bescheid, welcher im Regelfall im Steuerbescheid integriert ist, Beschwerde ein.

Antrag auf Ruhen des Verfahrens

Musterbrief 14

Um ein unnötiges Prozeßrisiko zu vermeiden und trotzdem seine Rechte zu wahren, ist es manchmal zweckmäßig zu erreichen, daß über einen Einspruch nicht sofort entschieden wird. Beispiel: In Ihrer Einkommensteuererklärung machen Sie Werbungskosten geltend, die nach der Rechtsprechung des Bundesfinanzhofs nicht abzugsfähig sind. Ihnen ist jedoch ein Finanzgerichtsurteil bekannt, daß diese Aufwendungen zum Werbungskostenabzug zugelassen hat. Das Finanzamt hat gegen dieses Urteil Revision eingelegt, über die aber noch nicht entschieden ist.

Im Beispielsfall ist es zweckdienlich, den Ausgang des anhängigen Revisionsverfahrens vor dem Bundesfinanzhof

abzuwarten und das Einspruchsverfahren nach § 363 Abs. 2 der Abgabenordnung ruhen zu lassen, bis dieses Urteil ergangen ist.
Sie ersparen sich hierdurch den Verwaltungsaufwand und gegebenenfalls die Kosten eines Klageverfahrens. Das Finanzamt wird einem solchen Antrag schon aus eigenem Interesse im Regelfall zustimmen.

Klage

Hat das Finanzamt Ihren Einspruch als unbegründet oder teilweise unbegründet zurückgewiesen, so können Sie innerhalb von einem Monat bei dem für Sie zuständigen Finanzgericht (aus der Rechtsbehelfsbelehrung der Einspruchsentscheidung ersichtlich) Klage gegen diese Entscheidung erheben. *Musterbrief 15*

Bei der Berechnung der Klagefrist ist zu beachten, daß diese mit dem Tag der tatsächlichen Zustellung beginnt, da die Einspruchsentscheidung mit Postzustellungsurkunde zugestellt wird. Es gilt in diesem Fall nicht die Regelung wie bei der Zustellung von Steuerbescheiden mit einfachem Brief, daß als Tag der Bekanntgabe der dritte Tag nach Versendung gilt. *Klagefrist*

Die Klagefrist gilt auch als gewahrt, wenn Sie die Klageschrift bei dem Finanzamt, das die Einspruchsentscheidung erlassen hat, einwerfen. Dies ist dann zweckmäßig, wenn durch eine Versendung der Klageschrift mit der Post die Einhaltung der Frist gefährdet oder nicht mehr möglich ist (zum Beispiel am letzten Tag der Klagefrist), Sie aber noch die Möglichkeit haben, die Klageschrift persönlich beim Finanzamt einzuwerfen. Das Finanzamt wird dann Ihre Klageschrift dem Finanzgericht vorlegen.

Die Klageschrift selbst braucht noch nicht die Klagebegründung zu enthalten. Die Klage muß jedoch *Klageschrift*

- den Kläger (Sie selbst, wenn Zusammenveranlagung von Ehegatten: beide Ehegatten),
- den Beklagten (Finanzamt, das die Einspruchsentscheidung erlassen hat),
- den Streitgegenstand (strittiger Steuerbetrag) und
- den angefochtenen Steuerbescheid enthalten.

Für die Klage ist die Schriftform vorgeschrieben. Sie muß die eigenhändige Unterschrift des/der Kläger/s enthalten. Die Unterschrift muß leserlich sein.

Das Finanzgericht wird Ihnen im Regelfall eine Frist setzen, um die noch fehlende Klagebegründung oder Beweismittel nachzureichen.

Waren Sie unverschuldet verhindert, die Klagefrist einzuhalten, können Sie Wiedereinsetzung in den vorigen Stand beantragen. Es gelten diesbezüglich die gleichen Grundsätze wie oben beim Einspruchsverfahren geschildert.

Vor dem Finanzgericht brauchen Sie sich nicht von einem Angehörigen der steuerberatenden Berufe oder einem Rechtsanwalt vertreten lassen. Wenn Sie jedoch mit verfahrensrechtlichen Problemen nicht vertraut sind, ist es vor allem bei komplizierten Verfahren ratsam, einen sachkundigen Vertreter der steuerberatenden Berufe oder einen Rechtsanwalt (zum Beispiel Fachanwalt für Steuerrecht) hinzuzuziehen.

Verfahrenskosten

Das Verfahren vor dem Finanzgericht ist nicht kostenfrei. Die Kosten des Verfahrens, die Ihnen im Falle des Unterliegens auferlegt werden, können Sie anhand der am Ende dieses Kapitels befindlichen Kostentabelle ermitteln.

Das Kostenrisiko ist im Vergleich zu einem Zivilprozeß jedoch relativ gering, da von Seiten des Finanzamts keine Kosten für dessen Auslagen berechnet werden.

Wichtig ist auch zu wissen, daß das Finanzgericht im finanzgerichtlichen Verfahren die letzte Tatsacheninstanz ist. Alle entscheidungserheblichen Tatsachen und Beweismittel sollten deshalb spätestens hier vollständig vorliegen. Ein Vorbringen von weiteren Tatsachen und Beweismitteln bei einem eventuell folgenden Verfahren vor dem Bundesfinanzhof wäre nämlich zwecklos, da dieser nur die Rechtsauslegung durch das Finanzgericht zu überprüfen hat.

Klagerücknahme und Antragseinschränkung

Musterbrief 16

Sollten Sie während des Klageverfahrens feststellen, daß Ihre Klage keine Aussicht auf Erfolg hat oder nicht in vollem Umfang obsiegen kann (zum Beispiel, wenn zwischenzeitlich eine geänderte Rechtsprechung des Bundesfinanzhofs ergangen ist), so ist es ratsam, die Klage zurückzunehmen oder den Klageantrag einzuschränken, wodurch Sie die Kosten des Verfahrens entsprechend mindern oder vermeiden können.

Die Klagerücknahme beziehungsweise Einschränkung des Klageantrags können Sie spätestens noch in der mündlichen Verhandlung vor dem Finanzgericht – vorausgesetzt, eine mündliche Verhandlung findet statt – erklären.

Antrag, einen geänderten Bescheid zum Gegenstand des Verfahrens zu erklären

Wenn das Finanzamt zwischenzeitlich den angefochtenen Bescheid ändert, so müssen Sie den geänderten Bescheid zum Gegenstand des Verfahrens erklären. Ihre gestellten Anträge sind zu überprüfen und dem geänderten Bescheid entsprechend anzupassen.

Musterbrief 17

Revision

Hat das Finanzgericht über die Klage zu Ihren Ungunsten entschieden, so können Sie beim Bundesfinanzhof in die Revision gehen. Allerdings besteht vor dem Bundesfinanzhof Vertretungszwang. Sie müssen sich durch einen Steuerberater, Rechtsanwalt oder Wirtschaftsprüfer vertreten lassen. Die Revision ist nur möglich, wenn

Vertretungszwang

- das Finanzgericht die Revision zugelassen hat oder
- dem Finanzgericht Verfahrensfehler unterlaufen sind oder
- das Finanzgericht von einer Entscheidung des Bundesfinanzhofs abgewichen ist.

Hat das Finanzgericht die Revision nicht schon im Urteil ausdrücklich zugelassen, so können Sie innerhalb eines Monats nach Zustellung des Urteils beim Finanzgericht schriftlich Beschwerde einlegen (Nichtzulassungsbeschwerde), die das Finanzgericht dem Bundesfinanzhof vorlegt, wenn es die nachträgliche Zulassung der Revision nicht gewähren will.

Nichtzulassungsbeschwerde

Die Revision ist innerhalb eines Monats unter Beachtung des Vertretungszwangs nach Zustellung des Finanzgerichtsurteils oder nach Zustellung des Gerichtsbeschlusses über die Zulassung der Revision schriftlich beim Finanzgericht einzulegen. Auch die Revision können Sie zunächst zur

*Revisions-
begründung*

Fristwahrung ohne Begründung einlegen, doch muß das angegriffene Urteil genau bezeichnet und der Schriftsatz richtig an das Finanzgericht adressiert worden sein. Die Revisionsbegründung muß schriftlich beim Bundesfinanzhof eingereicht werden, und zwar innerhalb eines Monats nach Ablauf der Revisionsfrist. Nochmals: Beachten Sie bitte den Vertretungszwang.

Die Frist zur Begründung der Revision kann auf entsprechenden Antrag hin verlängert werden. Stellen Sie den Antrag rechtzeitig vor Ablauf der Begründungsfrist. Die Begründung muß die verletzte Rechtsvorschrift bezeichnen und einen bestimmten Antrag enthalten.

Beachten Sie bitte, daß neues tatsächliches Vorbringen im Revisionsverfahren nichts mehr nützt, da der Bundesfinanzhof an die tatsächlichen Feststellungen des Finanzgerichts gebunden ist und den Fall nur noch unter rechtlichen Aspekten prüft.

Der Bundesfinanzhof kann direkt entscheiden, den Fall aber auch an das Finanzgericht zurückverweisen. In letzterem Fall entscheidet das Finanzgericht abermals, wobei es aber an die rechtliche Beurteilung des Bundesfinanzhofs gebunden ist. Was die Revision dann, wenn Sie unterliegen, an Kosten verursacht, entnehmen Sie bitte der Kostentabelle am Ende dieses Kapitels.

Musterbrief 1: Vorsorglicher Einspruch

Willi und Else Mustermann   Musterstraße 7
                                              9999 Musterstadt

An das
Finanzamt Musterstadt   den _____

St. Nr. 123/12345 Willi und Else Mustermann
Einkommensteuerbescheid für 1985 vom 25. 5. 1986

Sehr geehrte Damen und Herren,

gegen den Einkommensteuerbescheid 1985 vom 25. 5. 1986 – bei mir am 27. 5. 1986 zugegangen – erhebe ich vorsorglich innerhalb der Rechtsbehelfsfrist

Einspruch.

Ich werde bis zum _____ den Rechtsbehelf entweder begründen oder zurücknehmen. Falls in der Zwischenzeit Korrespondenz erforderlich sein sollte, bitte ich um Mitteilung.

Mit freundlichen Grüßen

Willi Mustermann   Else Mustermann

Musterbrief 2: Rücknahme des Einspruchs

Willi und Else Mustermann   Musterstraße 7
                                             9999 Musterstadt

An das
Finanzamt Musterstadt   den _____

St. Nr. 123/12345 Willi und Else Mustermann
Einkommensteuerbescheid für 1985 vom 25. 5. 1986
Einspruch vom 30. 5. 1986

Sehr geehrte Damen und Herren,

den o.g. Einspruch nehme ich auch im Namen und Auftrag meiner Ehefrau zurück.

Mit freundlichen Grüßen

Willi Mustermann

Musterbrief 3: Einspruch, um eine Bescheidbegründung zu erhalten

Willi und Else Mustermann   Musterstraße 7
                                             9999 Musterstadt

An das
Finanzamt Musterstadt   den _____

St. Nr. 123/12345 Willi und Else Mustermann
Einkommensteuerbescheid für 1985 vom 25. 5. 1986

Einspruch

Begründung:
Der o.g. Bescheid – mir zugegangen am 3. 7. 1986 –, weicht von der Einkommensteuererkärung 1985 vom 15. 5. 1986 in folgenden Punkten ab:

	Bescheid DM	Erklärung DM
a) Einkünfte aus		
– nichtselbständiger Tätigkeit	35.623	34.149
– Vermietung und Verpachtung	./. 8.945	./. 9.235
b) Sonderausgaben		
– unbeschränkt abzugsfähige	602	674
– Vorsorgeaufwendungen	7.398	7.506

Wir bitten zunächst unter Hinweis auf § 121 AO diese Abweichungen zu begründen. Sollten die Abweichungen ggf. auf Fehler bei der Veranlagung beruhen, bitten wir den Bescheid umgehend zu ändern.
Wenn uns die ordungsgemäße Begründung durch das Finanzamt vorliegt, werden wir den Einspruch entweder näher begründen oder ggf. zurücknehmen.

Mit freundlichen Grüßen

Willi Mustermann   Else Mustermann

Musterbrief 4: Nachreichung der Einspruchsbegründung

Willi und Else Mustermann   Musterstraße 7
                                             9999 Musterstadt

An das
Finanzamt Musterstadt   den _____

St. Nr. 123/12345 Willi und Else Mustermann
Einkommensteuerbescheid für 1985 vom 30. 6. 1986
Mein Schreiben vom 25. 7. 1986
Schreiben des Finanzamts vom 5. 8. 1986
Anlage: Bescheinigung meines Arbeitgebers

Sehr geehrte Damen und Herren,

vielen Dank für Ihr Schreiben vom 5. 8. 1986 aus dem wir Ihre rechtliche Begründung für die Abweichung von den Ansätzen der Einkommensteuererklärung entnehmen können.

1. Einkünfte aus nichtselbständiger Tätigkeit von Willi Mustermann

Das Finanzamt hat die erklärten Reisekosten nicht als solche behandelt, sondern lediglich Aufwendungen im Rahmen von ständig wechselnden Einsatzstellen berücksichtigt, da es davon ausging, daß ich als Elektroinstallateur keine regelmäßige Arbeitstelle habe.
Laut beiliegender Bestätigung meines Arbeitgebers habe ich täglich durchschnittlich zwei Stunden Vorbereitungsarbeiten in dessen Werkstatt zu verrichten. Die Werkstatt meines Arbeitgebers ist somit als meine regelmäßige Arbeitsstelle anzusehen. Die Fahrten zu den Kunden sind als Dienstreisen zu beurteilen. Der Mehraufwand für Verpflegung ist nach den Dienstreisepauschalen zu berechnen und beträgt laut der abgegebenen Aufstellung 1.345 DM.

–2–

–2–

2. Die übrigen Abweichungen werden auf Grund der Erklärung vom 5. 8. 1986 akzeptiert.

Es wird **beantragt** die Einkommensteuer 1985 auf

4.890 DM

herabzusetzen und die Einkommensteuer Nachforderung in Höhe von

402 DM

von der Vollziehung auszusetzen.
Die bisher angefallenen Säumniszuschläge bitte ich zu erlassen.
Außerdem bitte ich das zuständige Kirchensteueramt zu verständigen, damit auch dieses eine entsprechende Aussetzung der Vollziehung verfügt.

(Wenn Vorauszahlungen festgesetzt worden sind):

Die festgesetzten Vorauszahlungen sind entsprechend für das dritte und vierte Quartal 1986 um je 100 DM und ab dem ersten Quartal 1987 um je 50 DM zu mindern.
Ich darf auch darum bitten, diesbezüglich das Kirchensteueramt zu verständigen.

Mit freundlichen Grüßen

Willi Mustermann   Else Mustermann

Musterbrief 5: Antrag auf Stundung oder Vollstreckungsaufschub bis zur Entscheidung über die Aussetzung der Vollziehung

Willi und Else Mustermann　　　　　　　　　　　Musterstraße 7
　　　　　　　　　　　　　　　　　　　　　　　　9999 Musterstadt

An das
Finanzamt Musterstadt　　　　　　　　　　　　　den _____

St. Nr. 123/12345 Willi und Else Mustermann
Einkommensteuerbescheid für 1985 vom 25. 9. 1986
Abschlußzahlung in Höhe von 2.364 DM
Einspruch mit Antrag auf Aussetzung der Vollziehung
vom 20. 8. 1986

Sehr geehrte Damen und Herren,

es wird beantragt, die Einkommensteuerabschlußzahlung in Höhe von 2.364 DM zu stunden.

Begründung:
Die Abschlußzahlung von 2.364 DM resultiert aus dem o.g. angefochtenen Einkommensteuerbescheid.
Auf den Antrag auf Aussetzung der Vollzichung hat das Finanzamt leider noch nicht reagiert. Durch eine vorläufige Maßnahme, nämlich Stundung, muß sichergestellt werden, daß der Erfolg des Aussetzungsantrags nicht gefährdet wird.
Die Einkommensteuerabschlußzahlung wäre spätestens am 12. 9. 1986 zu entrichten gewesen. Es sind demnach bereits Säumniszuschläge verwirkt worden. Ich beantrage, diese aufzuheben bzw. wegen sachlicher Unbilligkeit zu erlassen.
Hilfsweise wird beantragt, die Vollstreckung der Abschlußzahlung bis zur Entscheidung über die gestellten Anträge einzustellen (§ 258 AO).
Sollten Sie beabsichtigen, meine Anträge negativ zu verbescheiden, wird um Mitteilung gebeten, damit ggf. eine Aussetzung über das Finanzgericht erwirkt werden kann.

Mit freundlichen Grüßen

Willi Mustermann　　　　　　　　　　　　　　　Else Mustermann

SERVICE-TEIL

Musterbrief 6: Beschwerde gegen Ablehnung oder Teilablehnung eines Antrags auf Aussetzung der Vollziehung

Willi und Else Mustermann Musterstraße 7
 9999 Musterstadt

An das
Finanzamt Musterstadt den _____

St. Nr. 123/12345 Willi und Else Mustermann
Einspruchsverfahren gegen den Einkommensteuerbescheid für 1985
Rechtsbehelfslisten-Nr. 123/86
Ablehnungsbescheid vom 4. 11. 1986 gegen den Antrag auf
Aussetzung der Vollziehung der Einkommensteuer 1985

Sehr geehrte Damen und Herren,

gegen den o.g. Ablehnungsbescheid erheben wir

„**Beschwerde**"

Es wird beantragt, die Vollziehung des Einkommensteuerbescheids 1985 vom 30. 6. 1986 ab Bekanntgabe in der beantragten Höhe von 1.236 DM auszusetzen.
Wegen der **Begründung** dieser Beschwerde dürfen wir Sie auf die Ausführungen unseres Antrags und auf die Einspruchsbegründung verweisen.
Die kurzgefaßten Ausführungen des Ablehnungsbescheids können nicht unsere Argumente bezüglich der ernstlichen Zweifel an der Rechtmäßigkeit des angefochtenen Bescheids entkräften.
Soweit Säumniszuschläge bereits angefallen sind, bitte ich diese aufzuheben bzw. zu erlassen.
Hilfsweise wird bis zur endgültigen Entscheidung über diesen Antrag **Stundung** und **Vollstreckungsaufschub** beantragt.

Mit freundlichen Grüßen

Willi Mustermann Else Mustermann

Musterbrief 7: Antrag auf Aussetzung der Vollziehung vor Erhebung der Klage

Willi und Else Mustermann   Musterstraße 7
                                  9999 Musterstadt

An das
Finanzamt Musterstadt   den _____

Antrag

der Ehegatten Willi und Else Mustermann, Musterstr. 7, 9999 Musterstadt

– Antragsteller –

gegen

das Finanzamt Musterstadt, Musterstr. 99, 9999 Musterstadt (ST.Nr. 123/12345; Rechtsbehelfslisten-Nr. 12/86)

– Antragsgegner –

wegen

Aussetzung der Vollziehung der Einkommensteuer 1985 (Bescheid vom 19. 6. 1986) in Höhe von 1.890 DM

Es wird beantragt,
1. die Vollziehung des Einkommensteuerbescheids 1985 vom 19. 6. 1986 ohne Sicherheitsleistung in Höhe von 1.890 DM bis zum Ablauf eines Monats nach Bekanntgabe der Einspruchsentscheidung **auszusetzen;**
2. die Kosten des Verfahrens dem Antragsgegner aufzuerlegen;
3. im Ablehnungsfall die Beschwerde zuzulassen.

–2–

–2–

Begründung:

Gegen den Einkommensteuerbescheid 1985 vom 19. 6. 1986 wurde mit Schreiben vom 25. 6. 1986 Einspruch beim Finanzamt Musterstadt erhoben und Antrag auf Aussetzung der Vollziehung in Höhe von 1.890 DM erhoben. Mit Verwaltungsakt vom 21. 7. 1986 wurde der Antrag auf Aussetzung der Vollziehung vom Finanzamt abgelehnt.

Beweis: Ablehnungsbescheid vom 21. 7. 1986 (Kopie liegt bei)

Begründung des Antrags

(hier: Sachverhalt über den das Finanzamt zu entscheiden hatte, Beweise und rechtliche Würdigung darbieten.)

Ernstliche Zweifel an der Rechtmäßigkeit des angefochtenen Bescheids bestehen daher in der beantragten Höhe.

Nebenbestimmungen

Auf eine Sicherheitsleistung soll verzichtet werden, da wir diese zur Zeit mit baren Mitteln wahrscheinlich nicht aufbringen können, und weil mit großer Wahrscheinlichkeit dem Einspruch zu entsprechen sein wird.

Die Dauer der Aussetzung soll zunächst auf das Rechtsbehelfsverfahren beschränkt werden.

gez.

Willi Mustermann   Else Mustermann

Anlagen:

2 Abschriften dieses Schreibens
1 Ablehnungsbescheid vom 21. 7. 1986 (Kopie)

Musterbrief 8: Antrag auf Wiedereinsetzung in den vorigen Stand

Willi und Else Mustermann　　　　　　　　　　　　Musterstraße 7
　　　　　　　　　　　　　　　　　　　　　　　　9999 Musterstadt

An das
Finanzamt Musterstadt　　　　　　　　　　　　　den _____

St. Nr. 123/12345 Willi und Else Mustermann
Einkommensteuerbescheid für 1985 vom 21. 7. 1986

Sehr geehrte Damen und Herren,

gegen den o.g. Einkommensteuerbescheid erhebe ich **Einspruch** und beantrage gleichzeitig die **Wiedereinsetzung in den vorigen Stand** wegen nicht verschuldeter Fristversäumnis.

Da die Rechtsbehelfsfrist mit Ablauf des 24. 4. 1986 abgelaufen ist, geht dieser Einspruch verspätet beim Finanzamt ein.

Wir waren jedoch **verhindert,** den Rechtsbehelf rechtzeitig einzulegen. In der Zeit vom 20. 7. 86 bis zum 24. 8. 1986 waren wir in Urlaub in Tunesien. Den Einkommensteuerbescheid öffnete ich erst heute, als ich die sich angesammelte Post durcharbeitete.

An dieser Verhinderung trifft uns keine Schuld, da wir wegen einer kurzen Urlaubsreise nicht extra einen Vertreter zu bestellen haben, der sich um unsere privaten Angelegenheiten, zu denen auch dieser Einkommensteuerbescheid zählt, zu sorgen hat.

Einspruchsbegründung:
_____

Für Rückfragen stehen wir Ihnen selbstverständlich zur Verfügung.

Mit freundlichen Grüßen

Willi Mustermann　　　　　　　　　　　　　　　Else Mustermann

Musterbrief 9: Antrag auf Wiedereinsetzung in den vorigen Stand

Willi und Else Mustermann   Musterstraße 7
                                                             9999 Musterstadt

An das
Finanzamt Musterstadt   den _____

St. Nr. 123/12345 Willi und Else Mustermann
Einkommensteuerbescheid für 1985 vom 20. 9. 1986
Anlage: Unser am 22. 10. 1986 gefertigtes Einspruchsschreiben

Sehr geehrte Damen und Herren,

gegen den o.g. Einkommensteuerbescheid erhebe ich **Einspruch** und beantrage gleichzeitig die **Wiedereinsetzung in den vorigen Stand** wegen nicht verschuldeter Fristversäumnis.

Da die Rechtsbehelfsfrist mit Ablauf des 23. 10. 1986 abgelaufen ist, geht dieser Einspruch verspätet beim Finanzamt ein.

Wir waren jedoch **verhindert,** den Rechtsbehelf rechtzeitig einzulegen.

Wir haben den Einspruch gegen den Einkommensteuerbescheid 1985 am 22. 10. 1986 verfaßt. Am Morgen des 23. 10. 1986 haben wir unsere 16jährige Tochter Christine damit beauftragt, den Brief mit dem Einspruchsschreiben auf dem Weg zur Schule beim Finanzamt einzuwerfen.

Wir mußten jedoch heute feststellen, daß unsere Tochter diese Besorgung leider vergessen hat.

Es ist jedoch hinzufügen, daß dieser Vorfall eine Ausnahme darstellt, da wir uns bei sonstigen Besorgungen auf unsere Tochter immer voll verlassen konnten. Wir haben bei der Übergabe des Briefs unsere Tochter darauf hingewiesen, daß es nicht versäumt werden darf, diesen noch heute beim Finanzamt einzuwerfen.

Warum ihr dieses Mißgeschick passiert ist, konnte sie uns nicht erklären.

Die Monatsfrist für die Wiedereinsetzung ist gewahrt.

Die Einspruchsbegründung entnehmen Sie bitte der beiliegenden Anlage.

Für Rückfragen stehen wir Ihnen selbstverständlich zur Verfügung.

Mit freundlichen Grüßen

Willi Mustermann   Else Mustermann

Musterbrief 10: Antrag auf Wiedereinsetzung in den vorigen Stand

Willi und Else Mustermann Musterstraße 7
 9999 Musterstadt

An das
Finanzamt Musterstadt den _____

St. Nr. 123/12345 Willi und Else Mustermann
Einkommensteuerbescheid für 1985 vom 25. 5. 1986

Sehr geehrte Damen und Herren,

gegen den o.g. Bescheid erheben wir „Einspruch".

Begründung

Nachdem der Einkommensteuerbescheid 1985 keine Erläuterungen zu Abweichungen gegenüber der Steuererklärung enthielt, gingen wir davon aus, daß dieser erklärungsgemäß veranlagt wurde.
Bei der Erstellung der Einkommensteuererklärung für das Kalenderjahr 1986 mußte ich jedoch leider feststellen, daß dem nicht so war, denn das Finanzamt hat höchstwahrscheinlich die gesamten Erhaltungsaufwendungen 1985 bei den Einkünften aus Vermietung und Verpachtung in Höhe von 1.246 DM nicht als Werbungskosten berücksichtigt.
Die Abweichung, die wir jetzt erst festgestellt haben, macht nämlich ganz genau diesen Betrag aus.
Wäre mir die Abweichung von den Angaben der Steuererklärung vor Ergehen des Steuerbescheids oder zumindest im Steuerbescheid mitgeteilt worden oder noch vor Ablauf der Rechtsbehelfsfrist aufgefallen, so hätte ich mit absoluter Sicherheit Einspruch erhoben.

Es wird daher die **Wiedereinsetzung** in die mit dem 30. 6. 1986 abgelaufene Rechtsbehelfsfrist beantragt.

–2–

–2–

Nach dem Grundsatz von Treu und Glauben konnte ich darauf vertrauen, daß die Finanzbehörde bei Abweichungen von der Steuererklärung Anhörung gewährt und auch ihrer Begründungspflicht nachkommt.
Ich war dadurch **verhindert,** innerhalb der Rechtsbehelfsfrist Einspruch einzulegen.

Nach § 126 Abs. 3 S. 1 AO gilt die Versäumung der Rechtsbehelfsfrist in diesem Fall als **nicht verschuldet.**

Bei der Erledigung des Einspruchs bitte ich, die von Ihnen nicht angesetzten Erhaltungsaufwendungen bei den Einkünften aus Vermietung und Verpachtung als Werbungskosten zu berücksichtigen.
Sollten Sie gegen eine Berücksichtigung Einwendungen haben, so bitte ich um eine detaillierte Begründung.

Mit freundlichen Grüßen

Willi Mustermann   Else Mustermann

Musterbrief 11: Antrag auf Berichtigung einer offenbaren Unrichtigkeit

Willi und Else Mustermann   Musterstraße 7
                                             9999 Musterstadt

An das
Finanzamt Musterstadt   den _____

St. Nr. 123/12345 Willi und Else Mustermann
Antrag auf Änderung des Einkommensteuerbescheids für 1985
vom 4. 9. 1986 wegen einer offenbaren Unrichtigkeit (§ 129 AO)

Sehr geehrte Damen und Herren,

im o.g. Steuerbescheid wurde bei den unbeschränkt abzugsfähigen Sonderausgaben vom Finanzamt fehlerhaft ermittelt.
Die erstattete Kirchensteuer, welche von der gezahlten Kirchensteuer abzuziehen ist, wurde um 90 DM zu hoch angesetzt. Sie betrug tatsächlich 230 DM, wurde jedoch vom Finanzamt mit 320 DM angesetzt.
Da es sich offensichtlich um einen Zahlendreher handelt, also weder um einen Rechts- noch einen Tatsachenirrtum, ist dieser Fehler als eine offenbare Unrichtigkeit im Sinne des § 129 AO anzusehen.
Wir bitten, die Sache von Amts wegen zu überprüfen und bitten um Berichtigung des Bescheids.
Sollte diese Berichtigung nach Ihrer Ansicht nicht möglich sein, so bitten wir um Mitteilung.

Mit freundlichen Grüßen

Willi Mustermann   Else Mustermann

Musterbrief 12: Antrag auf Änderung des Bescheids wegen neuer Tatsachen

Willi und Else Mustermann Musterstraße 7
9999 Musterstadt

An das
Finanzamt Musterstadt den _____

St. Nr. 123/12345 Willi und Else Mustermann
Antrag auf Änderung des Einkommensteuerbescheids für 1985
vom 4. 9. 1986 wegen neuer Tatsachen (§ 173 Abs. 2 AO)

Sehr geehrte Damen und Herren,

bei der Erstellung der Einkommensteuererklärung 1985 ist uns aufgefallen, daß wir versehentlich die Rechnung der Fa. Raimund Ballmann vom 28. 12. 1985 (überwiesen am 30. 12. 1985) über die Installation eines Waschbeckens versehentlich bei den Unterlagen für die Einkommensteuererklärung 1986 abgeheftet haben.
Den Rechnungsbetrag von 480 DM haben wir folglich auch nicht im Rahmen der Erhaltungsaufwendungen als Werbungskosten der Einkünfte aus Vermietung und Verpachtung 1985 geltend gemacht.
Anhand der bisher abgegebenen Steuererklärungen können Sie ersehen, daß diese von uns ordentlich und gewissenhaft erstellt werden und daß ein solches Mißgeschick das erste Mal festzustellen ist.
Da ein bloßes Versehen gem. § 173 Abs. 2 AO nicht als grobes Verschulden zu werten ist und diese Aufwendungen, welche unstreitig als Erhaltungsaufwendungen einzustufen sind, erstmals dem Finanzamt bekannt geworden sind, dürfen wir um die Änderung des Einkommensteuerbescheides bitten.
Für weitere Rückfragen zu dieser Angelegenheit stehen wir Ihnen gerne zur Verfügung.

Mit freundlichen Grüßen

Willi Mustermann Else Mustermann

Musterbrief 13: Beschwerde gegen die Festsetzung eines Verspätungszuschlags

Willi und Else Mustermann Musterstraße 7
9999 Musterstadt

An das
Finanzamt Musterstadt den _____

St. Nr. 123/12345 Willi und Else Mustermann
Beschwerde gegen die Festsetzung eines Verspätungszuschlags
mit Bescheid vom 2. 6. 1986

Sehr geehrte Damen und Herren,

wir beantragen, die Festsetzung des Verspätungszuschlags zurückzunehmen.

Antragsbegründung:

Die Festsetzung des Verspätungszuschlags wurde in den Bescheidvordruck des Einkommensteuerbescheids 1984 integriert.
Wir vermuten, daß der Verspätungszuschlag in Höhe von 200 DM festgesetzt wurde, da wir unsere Einkommensteuererklärung erst 25. 4. 1986 beim Finanzamt eingereicht haben.

Wir weisen jedoch darauf hin, daß mit Schreiben vom 20. 5. 1985 und 20. 1. 1986 um Fristverlängerung für die Abgabe der Einkommensteuererklärung 1984 gebeten wurden. Es wurde Ihnen damals mitgeteilt, daß uns diverse Bescheinigungen noch nicht vorliegen, und daß wir einige Belege zuerst an anderer Stelle vorlegen mußten.
In den Antragsschreiben verzichteten wir für den Fall der Fristbewilligung auf ausdrückliche Mitteilung.

–2–

–2–

Die einzige Mitteilung des Finanzamts, die uns in dieser Sache zuging, war ein Computerausdruck des Finanzamts vom 18. 1. 1986 in der wir aufgefordert wurden, die o.g. Steuererklärung einzureichen.
Es ist deshalb anzunehmen, daß die gestellten Anträge auf Fristverlängerung überhaupt nicht bearbeitet wurden.

Die Festsetzung des Verspätungszuschlags wird vom Finanzamt mit keinem Wort begründet.
Es ist auch nicht ersichtlich, ob das Finanzamt sein Ermessen ausgeübt hat und von welchen Gesichtspunkten es bei seiner Entscheidung ausgegangen ist und ob dem Finanzamt überhaupt bewußt war, daß es eine Ermessensentscheidung zu treffen hatte.
Da unsere Fristverlängerungsanträge von Ihnen nicht beantwortet wurden, konnten wir davon ausgehen, daß diesen zugestimmt wurde. Von einer Verspätung kann deshalb schon aus diesem Grunde nicht die Rede sein.
Schließlich ist noch zu beachten, daß der Zuschlag mit 200 DM außerordentlich hoch bemessen wurde, wenn man die geringe Einkommensteuerlast ins Kalkül zieht, was auch darauf hindeutet, daß der Zuschlag nicht in Ausübung pflichtgemäßen Ermessens, sondern einfach wahllos festgesetzt wurde.

Mit Zugang eines Aufhebungsbescheids sehen wir die Angelegenheit als erledigt an.

Mit freundlichen Grüßen

Willi Mustermann   Else Mustermann

Musterbrief 14: Antrag auf Ruhen des Verfahrens

Willi und Else Mustermann　　　　　　　　　　Musterstraße 7
　　　　　　　　　　　　　　　　　　　　　　9999 Musterstadt

An das
Finanzamt Musterstadt　　　　　　　　　　　den _____

St. Nr. 123/12345 Willi und Else Mustermann
Einspruch vom 25. 9. 1986 gegen den Einkommensteuerbescheid 1985
vom 4. 9. 1986
Antrag auf Ruhen des Verfahrens (§ 363 Abs. 2 AO)

Sehr geehrte Damen und Herren,

im o.g. Einspruchsverfahren ist darüber zu entscheiden, ob ein Teil der von uns als Werbungskosten geltend gemachten Aufwendungen (Finanzierungskosten, Finanzierungsvermittlungsgebühr, Treuhandgebühren, ...), welche bei der Anschaffung unserer Eigentumswohnung in Bonn angefallen sind, eventuell als Herstellungskosten zu behandeln sind.
Wir konnten in Erfahrung bringen, daß ein weiterer Käufer dieser Bauherrenmodellreihe bereits ein Klageverfahren beim Finanzgericht Musterstadt führt (Az. III 123/86).
Auch für unseren Fall wäre das Finanzgericht Musterstadt zuständig.
Es ist davon auszugehen, daß das Finanzgericht in gleicher Sache keine unterschiedlichen Entscheidungen treffen würde, so daß es zweckmäßig wäre, diese Entscheidung abzuwarten, bevor über unseren Einspruch endgültig entschieden wird.
Um eine unnötige Belastung der Finanzgerichte und auch das Prozeßrisiko für die streitenden Parteien zu vermeiden, bitten wir, unserem Antrag zuzustimmen.

Bis zur endgültigen Entscheidung ist der strittige Betrag von der Vollziehung auszusetzen.

Mit freundlichen Grüßen

Willi Mustermann　　　　　　　　　　　　　　Else Mustermann

Musterbrief 15: Klageschrift

Willi und Else Mustermann Musterstraße 7
 9999 Musterstadt

An das
Finanzamt Musterstadt den _____

Klage

der Ehegatten Willi und Else Mustermann, Musterstraße 7,
9999 Musterstadt

– Kläger –

gegen

das Finanzamt Musterstadt, Musterstraße 99, 9999 Musterstadt
(St. Nr. 123/12345; Rechtsbehelfsliste-Nr. 123/86)

– Beklagter –

wegen

Einkommensteuer 1984 und 1985

Es wird beantragt,

1. den Einkommensteuerbescheid 1984 vom 10. 7. 1986 und den Einkommensteuerbescheid 1985 vom 5. 8. 1986 beide in der Gestalt der Einspruchsentscheidung vom 20. 11. 1986 unter Aufhebung dieser Einspruchsentscheidung **zu ändern** und
  die Einkommensteuer 1984 auf 34.565 DM,
  die Einkommensteuer 1985 auf 36.358 DM
herabzusetzen.
2. die Kosten des Verfahrens dem Beklagten aufzuerlegen,
3. hilfsweise die Revision zuzulassen.

–2–

Begründung:

a) *(hier: Verfahrensablauf schildern)*

b) *(hier: Tatbestand und Rechtsmeinung darbieten)*

c) Da die Rechtsauffassung unsererseits mit der Meinung des Finanzgerichts .... in seiner Entscheidung vom .... (Entscheidungen der Finanzgerichte 1986, S. ...) in Einklang steht und andererseits das Problem der Fortbildungs- bzw. Ausbildungskosten mit den unterschiedlichsten Argumenten in der steuerlichen Literatur abgehandelt wird und in der Praxis nicht gerade selten vorkommt, sollte im Fall der Klageabweisung eine Entscheidung des Bundesfinanzhofs herbeigeführt werden.

Der Hilfsantrag auf Zulassung der Revision stützt sich daher auf die grundsätzliche Bedeutung der Sache.

gez.

Willi Mustermann   Else Mustermann

Anlagen: Beweismaterial
               2 Abschriften der Klage

Musterbrief 16: Klagerücknahme und Antragseinschränkung

Willi und Else Mustermann   Musterstraße 7
                                              9999 Musterstadt

An das
Finanzamt Musterstadt   den _____

In dem Rechtsstreit

der Ehegatten Willi und Else Mustermann, Musterstraße 7,
9999 Musterstadt

– Kläger –

gegen

das Finanzamt Musterstadt, Musterstraße 99, 9999 Musterstadt
(St. Nr. 123/12345; Rechtsbehelfsliste-Nr. 123/86)

– Beklagter –

wegen

Einkommensteuer 1984 und 1985
Klage vom 13. 12. 1986
Az. des Finanzgerichts: III 234/86
wird in Sachen Einkommensteuer 1984 die Klage **zurückgenommen.**

In Sachen Einkommensteuer 1985 wird das Klagebegehren nicht mehr
aufrechterhalten, soweit mit der Klage .... geltend gemacht wird.
Es wird daher beantragt,
die Einkommensteuer 1985 auf 34.678 DM herabzusetzen.

Die übrigen Anträge aus der Klageschrift vom 13. 12. 1986 bleiben insoweit unverändert.

gez.

Willi Mustermann   Else Mustermann

Musterbrief 17: Antrag, einen geänderten Bescheid zum Gegenstand des Verfahrens zu erklären

Willi und Else Mustermann   Musterstraße 7
                                                             9999 Musterstadt

An das
Finanzamt Musterstadt   den _____

In dem Rechtsstreit

der Ehegatten Willi und Else Mustermann, Musterstraße 7,
9999 Musterstadt

– Kläger –

gegen

das Finanzamt Musterstadt, Musterstraße 99, 9999 Musterstadt
(St. Nr. 123/12345; Rechtsbehelfsliste-Nr. 123/86)

– Beklagter –

wegen

Einkommensteuer 1985
Klage vom 13. 12. 1986
Az. des Finanzgerichts: III 123/86
hat der Beklagte den angefochtenen Bescheid nach § 175 Nr. 1 AO geändert.
Unser Anteil an den Einkünften aus Vermietung und Verpachtung der Hausgemeinschaft Mustermann (hier nicht strittig) wurde statt mit 3.590 DM nun mit 3.420 DM angesetzt.
Wir erklären hiermit den Änderungsbescheid vom 15. 4. 1987 zum Gegenstand des Verfahrens.
Die im Rechtsstreit zu behandelnde Streitfrage wird durch den Änderungsbescheid nicht berührt.
Es wird nunmehr beantragt, die Einkommensteuer 1985 auf 34.605 DM herabzusetzen.
Die übrigen Klageanträge bleiben unverändert.

gez.

Willi Mustermann   Else Mustermann

Kosten des Finanzgerichtsverfahrens

Entnehmen Sie bitte der folgenden Tabelle, welche Kosten Ihnen in einem Verfahren vor dem Finanzgericht voraussichtlich entstehen werden, falls Sie unterliegen sollten. In dieser Tabelle sind die vom Streitwert abhängigen Gerichtskosten und außergerichtlichen Kosten zusammengefaßt dargestellt worden, wobei angenommen wurde, daß Sie sich von einem Steuerberater sachkundig vertreten lassen.

Die Tabelle wenden Sie folgendermaßen an: Bis zu einem Streitwert von 250.000 DM wird das Kostenrisiko direkt abgelesen. Liegt der Streitwert zwischen den einzelnen Stufen, so lesen Sie das Kostenrisiko bei der nächsthöheren Stufe ab. Bei einem Streitwert über 250.000 DM ermitteln Sie das Kostenrisiko für Zwischenwerte annäherungsweise, indem Sie diese Werte errechnen (interpolieren). Die Tabelle enthält folgende Kosten:

So ermitteln Sie Ihre Kosten

Klage
Gerichtskosten: $^{10}/_{10}$ Verfahrensgebühr und $^{20}/_{10}$ Urteilsgebühr; außergerichtliche Kosten: $^{10}/_{10}$ Prozeßgebühr, $^{10}/_{10}$ Verhandlungsgebühr, 15% der Verhandlungs- und Prozeßgebühr für Postgebühren (höchstens 40 DM) und 14% Umsatzsteuer.

Aussetzung der Vollziehung (Antragsverfahren)
Gerichtskosten: $^{5}/_{10}$ Verfahrensgebühr; außergerichtliche Kosten: $^{10}/_{10}$ Verfahrensgebühr, 15% der Verfahrensgebühr für Postgebühren (höchstens 40 DM), 14% Umsatzsteuer.

Beschwerde
Gerichtskosten: $^{10}/_{10}$ Beschwerdegebühr; außergerichtliche Kosten: $^{5}/_{10}$ Verfahrensgebühr, 15% der Verfahrensgebühr für Postgebühren (höchstens 40 DM), 14% Umsatzsteuer.

Streitwert	Klage	Antrags-verfahren	Beschwerde
DM	DM	DM	DM
200,–	140,–	50,–	40,–
300,–	150,–	70,–	50,–
400,–	190,–	80,–	60,–
500,–	210,–	80,–	60,–
600,–	240,–	100,–	70,–
700,–	250,–	100,–	70,–
800,–	290,–	110,–	80,–
900,–	300,–	110,–	90,–
1.000,–	340,–	140,–	100,–
1.100,–	350,–	140,–	100,–
1.200,–	360,–	140,–	110,–
1.300,–	420,–	160,–	120,–
1.400,–	430,–	170,–	120,–
1.500,–	440,–	170,–	130,–
1.600,–	450,–	170,–	130,–
1.700,–	500,–	190,–	140,–
1.800,–	510,–	190,–	150,–
1.900,–	510,–	200,–	150,–
2.000,–	520,–	200,–	150,–
2.300,–	580,–	220,–	170,–
2.400,–	600,–	230,–	170,–
2.600,–	640,–	250,–	180,–
2.800,–	650,–	250,–	190,–
2.900,–	690,–	260,–	200,–
3.200,–	710,–	280,–	210,–
3.500,–	760,–	300,–	220,–
3.600,–	780,–	310,–	230,–
3.800,–	820,–	330,–	240,–
4.000,–	830,–	330,–	240,–
4.100,–	880,–	360,–	260,–
4.400,–	890,–	360,–	260,–
4.700,–	950,–	380,–	280,–
4.800,–	960,–	390,–	280,–
5.000,–	1.000,–	410,–	290,–
5.200,–	1.020,–	410,–	300,–
5.400,–	1.060,–	430,–	310,–
5.600,–	1.080,–	440,–	320,–
5.800,–	1.170,–	480,–	340,–
6.200,–	1.180,–	480,–	350,–
6.400,–	1.200,–	490,–	360,–
6.600,–	1.290,–	530,–	380,–
7.000,–	1.300,–	530,–	390,–
7.200,–	1.320,–	530,–	390,–
7.400,–	1.410,–	580,–	420,–
7.800,–	1.420,–	580,–	420,–
8.000,–	1.440,–	580,–	430,–
8.200,–	1.540,–	640,–	460,–
8.600,–	1.560,–	640,–	460,–
9.000,–	1.570,–	640,–	470,–
9.500,–	1.700,–	700,–	500,–
10.000,–	1.710,–	700,–	510,–
11.000,–	1.880,–	770,–	550,–
12.000,–	1.900,–	780,–	560,–

Streitwert	Klage	Antrags-verfahren	Beschwerde
DM	DM	DM	DM
13.000,–	2.060,–	850,–	600,–
14.000,–	2.080,–	860,–	610,–
15.000,–	2.250,–	930,–	650,–
16.000,–	2.270,–	930,–	660,–
17.000,–	2.430,–	1.010,–	700,–
18.000,–	2.450,–	1.010,–	710,–
19.000,–	2.610,–	1.090,–	750,–
20.000,–	2.630,–	1.090,–	760,–
21.000,–	2.830,–	1.180,–	810,–
22.000,–	2.850,–	1.190,–	820,–
23.000,–	2.880,–	1.190,–	830,–
24.000,–	2.900,–	1.190,–	830,–
25.000,–	2.920,–	1.200,–	840,–
26.000,–	3.120,–	1.290,–	890,–
27.000,–	3.140,–	1.300,–	900,–
28.000,–	3.160,–	1.300,–	910,–
29.000,–	3.180,–	1.300,–	910,–
30.000,–	3.210,–	1.310,–	920,–
31.000,–	3.410,–	1.400,–	970,–
32.000,–	3.430,–	1.400,–	980,–
33.000,–	3.450,–	1.410,–	990,–
34.000,–	3.470,–	1.410,–	990,–
35.000,–	3.490,–	1.410,–	1.000,–
36.000,–	3.700,–	1.510,–	1.050,–
37.000,–	3.720,–	1.510,–	1.060,–
38.000,–	3.740,–	1.520,–	1.070,–
39.000,–	3.760,–	1.520,–	1.070,–
40.000,–	3.780,–	1.520,–	1.080,–
41.000,–	3.980,–	1.620,–	1.130,–
42.000,–	4.000,–	1.620,–	1.140,–
43.000,–	4.030,–	1.630,–	1.150,–
44.000,–	4.050,–	1.630,–	1.150,–
45.000,–	4.070,–	1.630,–	1.160,–
46.000,–	4.170,–	1.680,–	1.190,–
47.000,–	4.190,–	1.680,–	1.200,–
48.000,–	4.210,–	1.680,–	1.200,–
49.000,–	4.230,–	1.690,–	1.210,–
50.000,–	4.250,–	1.690,–	1.220,–
51.000,–	4.350,–	1.730,–	1.240,–
52.000,–	4.370,–	1.740,–	1.250,–
53.000,–	4.400,–	1.740,–	1.260,–
54.000,–	4.420,–	1.740,–	1.260,–
55.000,–	4.440,–	1.750,–	1.270,–
56.000,–	4.540,–	1.790,–	1.300,–
57.000,–	4.560,–	1.790,–	1.310,–
58.000,–	4.580,–	1.800,–	1.310,–
59.000,–	4.600,–	1.800,–	1.320,–
60.000,–	4.620,–	1.800,–	1.330,–
61.000,–	4.720,–	1.850,–	1.350,–
62.000,–	4.740,–	1.850,–	1.360,–
63.000,–	4.760,–	1.850,–	1.370,–
64.000,–	4.790,–	1.860,–	1.370,–
65.000,–	4.810,–	1.860,–	1.380,–

Streitwert	Klage	Antrags-verfahren	Beschwerde
DM	DM	DM	DM
66.000,–	4.910,–	1.910,–	1.410,–
67.000,–	4.930,–	1.910,–	1.420,–
68.000,–	4.950,–	1.910,–	1.420,–
69.000,–	4.970,–	1.920,–	1.430,–
70.000,–	4.990,–	1.920,–	1.440,–
71.000,–	5.090,–	1.960,–	1.460,–
72.000,–	5.110,–	1.970,–	1.470,–
73.000,–	5.130,–	1.970,–	1.480,–
74.000,–	5.160,–	1.970,–	1.480,–
75.000,–	5.180,–	1.980,–	1.490,–
76.000,–	5.280,–	2.020,–	1.520,–
77.000,–	5.300,–	2.020,–	1.530,–
78.000,–	5.320,–	2.030,–	1.530,–
79.000,–	5.340,–	2.030,–	1.540,–
80.000,–	5.360,–	2.030,–	1.550,–
81.000,–	5.460,–	2.080,–	1.570,–
82.000,–	5.480,–	2.080,–	1.580,–
83.000,–	5.500,–	2.080,–	1.590,–
84.000,–	5.520,–	2.090,–	1.590,–
85.000,–	5.550,–	2.090,–	1.600,–
86.000,–	5.650,–	2.130,–	1.630,–
87.000,–	5.670,–	2.140,–	1.640,–
88.000,–	5.690,–	2.140,–	1.640,–
89.000,–	5.710,–	2.150,–	1.650,–
90.000,–	5.730,–	2.150,–	1.660,–
91.000,–	5.830,–	2.190,–	1.680,–
92.000,–	5.850,–	2.200,–	1.690,–
93.000,–	5.870,–	2.200,–	1.700,–
94.000,–	5.890,–	2.200,–	1.700,–
95.000,–	5.920,–	2.210,–	1.710,–
96.000,–	6.020,–	2.250,–	1.740,–
97.000,–	6.040,–	2.250,–	1.750,–
98.000,–	6.060,–	2.260,–	1.750,–
99.000,–	6.080,–	2.260,–	1.760,–
100.000,–	6.100,–	2.260,–	1.770,–
102.000,–	6.180,–	2.290,–	1.790,–
104.000,–	6.220,–	2.300,–	1.800,–
106.000,–	6.250,–	2.300,–	1.810,–
108.000,–	6.290,–	2.310,–	1.830,–
110.000,–	6.330,–	2.320,–	1.840,–
112.000,–	6.410,–	2.350,–	1.860,–
114.000,–	6.440,–	2.350,–	1.870,–
116.000,–	6.480,–	2.360,–	1.880,–
118.000,–	6.520,–	2.360,–	1.900,–
120.000,–	6.550,–	2.370,–	1.910,–
122.000,–	6.620,–	2.390,–	1.930,–
124.000,–	6.660,–	2.400,–	1.940,–
126.000,–	6.690,–	2.400,–	1.950,–
128.000,–	6.730,–	2.410,–	1.970,–
130.000,–	6.770,–	2.420,–	1.980,–
132.000,–	6.960,–	2.500,–	2.030,–
134.000,–	7.000,–	2.510,–	2.040,–
136.000,–	7.030,–	2.510,–	2.050,–

Streitwert	Klage	Antrags-verfahren	Beschwerde
DM	DM	DM	DM
138.000,–	7.060,–	2.520,–	2.070,–
140.000,–	7.100,–	2.530,–	2.080,–
142.000,–	7.300,–	2.610,–	2.130,–
144.000,–	7.340,–	2.620,–	2.140,–
146.000,–	7.370,–	2.620,–	2.150,–
148.000,–	7.410,–	2.630,–	2.170,–
150.000,–	7.440,–	2.640,–	2.180,–
152.000,–	7.640,–	2.720,–	2.230,–
154.000,–	7.680,–	2.730,–	2.240,–
156.000,–	7.710,–	2.730,–	2.250,–
158.000,–	7.750,–	2.740,–	2.270,–
160.000,–	7.780,–	2.750,–	2.280,–
162.000,–	7.820,–	2.830,–	2.330,–
164.000,–	7.860,–	2.840,–	2.340,–
166.000,–	7.890,–	2.840,–	2.350,–
168.000,–	7.930,–	2.850,–	2.360,–
170.000,–	7.960,–	2.860,–	2.380,–
172.000,–	8.320,–	2.940,–	2.430,–
174.000,–	8.360,–	2.950,–	2.440,–
176.000,–	8.390,–	2.950,–	2.450,–
178.000,–	8.430,–	2.960,–	2.460,–
180.000,–	8.460,–	2.970,–	2.480,–
182.000,–	8.660,–	3.050,–	2.530,–
184.000,–	8.700,–	3.060,–	2.540,–
186.000,–	8.730,–	3.060,–	2.550,–
188.000,–	8.770,–	3.070,–	2.560,–
190.000,–	8.800,–	3.070,–	2.580,–
192.000,–	9.000,–	3.160,–	2.630,–
194.000,–	9.030,–	3.170,–	2.640,–
196.000,–	9.070,–	3.170,–	2.650,–
198.000,–	9.110,–	3.180,–	2.660,–
200.000,–	9.140,–	3.180,–	2.680,–
202.000,–	9.450,–	3.330,–	2.760,–
204.000,–	9.490,–	3.330,–	2.770,–
206.000,–	9.520,–	3.340,–	2.780,–
208.000,–	9.560,–	3.350,–	2.790,–
210.000,–	9.600,–	3.350,–	2.810,–
212.000,–	9.630,–	3.360,–	2.820,–
214.000,–	9.670,–	3.360,–	2.830,–
216.000,–	9.700,–	3.370,–	2.840,–
218.000,–	9.740,–	3.380,–	2.850,–
220.000,–	9.780,–	3.380,–	2.870,–
222.000,–	10.090,–	3.520,–	2.890,–
224.000,–	10.120,–	3.530,–	2.910,–
226.000,–	10.160,–	3.540,–	2.920,–
228.000,–	10.190,–	3.540,–	2.940,–
230.000,–	10.230,–	3.550,–	2.950,–
232.000,–	10.270,–	3.550,–	2.960,–
234.000,–	10.300,–	3.560,–	2.970,–
236.000,–	10.340,–	3.570,–	2.980,–
238.000,–	10.370,–	3.570,–	3.000,–
240.000,–	10.410,–	3.580,–	3.010,–
242.000,–	10.720,–	3.720,–	3.090,–

Streitwert	Klage	Antrags-verfahren	Beschwerde
DM	DM	DM	DM
244.000,–	10.760,–	3.730,–	3.100,–
246.000,–	10.790,–	3.730,–	3.110,–
248.000,–	10.830,–	3.740,–	3.120,–
250.000,–	10.860,–	3.750,–	3.140,–
260.000,–	11.040,–	3.780,–	3.240,–
280.000,–	11.680,–	3.970,–	3.430,–
300.000,–	12.310,–	4.170,–	3.620,–
320.000,–	12.940,–	4.370,–	3.810,–
340.000,–	13.580,–	4.560,–	4.000,–
360.000,–	14.210,–	4.760,–	4.180,–
380.000,–	14.850,–	4.960,–	4.370,–
400.000,–	15.480,–	5.150,–	4.560,–
430.000,–	16.290,–	5.380,–	4.810,–
460.000,–	17.110,–	5.610,–	5.060,–
490.000,–	17.920,–	5.830,–	5.310,–
520.000,–	18.730,–	6.060,–	5.550,–
550.000,–	19.550,–	6.290,–	5.800,–
580.000,–	20.360,–	6.510,–	6.050,–
610.000,–	21.170,–	6.740,–	6.300,–
640.000,–	21.990,–	6.970,–	6.550,–
670.000,–	22.800,–	7.190,–	6.800,–
700.000,–	23.610,–	7.420,–	7.040,–
730.000,–	24.430,–	7.650,–	7.290,–
760.000,–	25.240,–	7.870,–	7.540,–
790.000,–	26.060,–	8.100,–	7.790,–
820.000,–	26.870,–	8.330,–	8.040,–
850.000,–	27.680,–	8.550,–	8.290,–
880.000,–	28.500,–	8.780,–	8.540,–
910.000,–	29.310,–	9.010,–	8.780,–
940.000,–	30.120,–	9.240,–	9.030,–
970.000,–	30.940,–	9.460,–	9.280,–
1.000.000,–	31.750,–	9.690,–	9.530,–
1.100.000,–	33.330,–	10.180,–	10.000,–
1.200.000,–	34.920,–	10.670,–	10.470,–
1.300.000,–	36.500,–	11.160,–	10.940,–
1.400.000,–	38.090,–	11.660,–	11.410,–
1.500.000,–	39.670,–	12.150,–	11.880,–
1.600.000,–	41.250,–	12.640,–	12.350,–
1.700.000,–	42.840,–	13.130,–	12.830,–
1.800.000,–	44.420,–	13.620,–	13.300,–
1.900.000,–	46.010,–	14.120,–	13.770,–
2.000.000,–	47.590,–	14.610,–	14.240,–
2.100.000,–	49.170,–	15.100,–	14.710,–
2.200.000,–	50.760,–	15.590,–	15.180,–
2.300.000,–	52.340,–	16.100,–	15.650,–
2.400.000,–	53.930,–	16.580,–	16.120,–
2.500.000,–	55.510,–	17.070,–	16.590,–
2.600.000,–	57.090,–	17.560,–	17.060,–
2.700.000,–	58.680,–	18.050,–	17.540,–
2.800.000,–	60.260,–	18.540,–	18.010,–
2.900.000,–	61.850,–	19.040,–	18.480,–
3.000.000,–	63.430,–	19.530,–	18.950,–
3.100.000,–	65.010,–	20.020,–	19.420,–

Streitwert	Klage	Antrags-verfahren	Beschwerde
DM	DM	DM	DM
3.200.000,–	66.600,–	20.510,–	19.890,–
3.300.000,–	68.180,–	21.000,–	20.360,–
3.400.000,–	69.770,–	21.500,–	20.830,–
3.500.000,–	71.350,–	21.990,–	21.300,–
3.600.000,–	72.930,–	22.480,–	21.770,–
3.700.000,–	74.520,–	22.970,–	22.250,–
3.800.000,–	76.100,–	23.460,–	22.720,–
3.900.000,–	77.690,–	23.960,–	23.190,–
4.000.000,–	79.270,–	24.450,–	23.660,–
4.100.000,–	80.850,–	24.940,–	24.130,–
4.200.000,–	82.440,–	25.430,–	24.600,–
4.300.000,–	84.020,–	25.920,–	25.070,–
4.400.000,–	85.610,–	26.420,–	25.540,–
4.500.000,–	87.190,–	26.910,–	26.010,–
4.600.000,–	88.770,–	27.400,–	26.480,–
4.700.000,–	90.360,–	27.890,–	26.960,–
4.800.000,–	91.940,–	28.380,–	27.430,–
4.900.000,–	93.530,–	28.880,–	27.900,–
5.000.000,–	95.110,–	29.370,–	28.370,–

Kosten des Verfahrens vor dem Bundesfinanzhof (Revision)

So ermitteln Sie Ihre Kosten

Die Kosten, die Ihnen in einem Revisionsverfahren vor dem Bundesfinanzhof voraussichtlich entstehen werden, falls Sie unterliegen sollten, entnehmen Sie bitte der nachstehenden Tabelle.

Die Tabelle wenden Sie folgendermaßen an: Bis zu einem Streitwert von 250.000 DM lesen Sie das Kostenrisiko direkt ab. Liegt der Streitwert zwischen den einzelnen Stufen, so ist das Kostenrisiko bei der nächsthöheren Stufe abzulesen.

Bei einem Streitwert über 250.000 DM ermitteln Sie das Kostenrisiko für Zwischenwerte annäherungsweise, indem Sie diese Werte errechnen (interpolieren).

Die Tabelle enthält folgende Kosten:

Revision
Gerichtskosten: $^{20}/_{10}$ Verhandlungsgebühr, $^{20}/_{10}$ Urteilsgebühr; außergerichtliche Kosten: $^{13}/_{10}$ Prozeßgebühr, $^{13}/_{10}$ Verhandlungsgebühr, 15% der Verhandlungs- und Prozeßgebühr für Postgebühren (höchstens 40 DM) und 14% Umsatzsteuer.

Streitwert	Revision	Streitwert	Revision
DM	DM	DM	DM
200,-	170,-	14.000,-	2.710,-
300,-	200,-	15.000,-	2.930,-
400,-	250,-	16.000,-	2.950,-
500,-	270,-	17.000,-	3.160,-
600,-	320,-	18.000,-	3.190,-
700,-	330,-	19.000,-	3.400,-
800,-	380,-	20.000,-	3.430,-
900,-	390,-	21.000,-	3.690,-
1.000,-	450,-	22.000,-	3.720,-
1.100,-	460,-	23.000,-	3.750,-
1.200,-	470,-	24.000,-	3.780,-
1.300,-	550,-	25.000,-	3.810,-
1.400,-	560,-	26.000,-	4.070,-
1.500,-	570,-	27.000,-	4.100,-
1.600,-	580,-	28.000,-	4.130,-
1.700,-	650,-	29.000,-	4.160,-
1.800,-	660,-	30.000,-	4.180,-
1.900,-	670,-	31.000,-	4.450,-
2.000,-	670,-	32.000,-	4.480,-
2.300,-	750,-	33.000,-	4.510,-
2.400,-	770,-	34.000,-	4.530,-
2.600,-	820,-	35.000,-	4.560,-
2.800,-	840,-	36.000,-	4.830,-
2.900,-	890,-	37.000,-	4.850,-
3.200,-	910,-	38.000,-	4.880,-
3.500,-	990,-	39.000,-	4.910,-
3.600,-	1.010,-	40.000,-	4.940,-
3.800,-	1.060,-	41.000,-	5.200,-
4.000,-	1.080,-	42.000,-	5.230,-
4.100,-	1.130,-	43.000,-	5.260,-
4.400,-	1.150,-	44.000,-	5.290,-
4.700,-	1.230,-	45.000,-	5.320,-
4.800,-	1.250,-	46.000,-	5.450,-
5.000,-	1.300,-	47.000,-	5.480,-
5.200,-	1.320,-	48.000,-	5.500,-
5.400,-	1.380,-	49.000,-	5.530,-
5.600,-	1.400,-	50.000,-	5.560,-
5.800,-	1.510,-	51.000,-	5.690,-
6.200,-	1.540,-	52.000,-	5.720,-
6.400,-	1.560,-	53.000,-	5.750,-
6.600,-	1.670,-	54.000,-	5.770,-
7.000,-	1.700,-	55.000,-	5.800,-
7.200,-	1.720,-	56.000,-	5.930,-
7.400,-	1.830,-	57.000,-	5.960,-
7.800,-	1.850,-	58.000,-	5.990,-
8.000,-	1.870,-	59.000,-	6.020,-
8.200,-	2.010,-	60.000,-	6.050,-
8.600,-	2.030,-	61.000,-	6.180,-
9.000,-	2.050,-	62.000,-	6.210,-
9.500,-	2.210,-	63.000,-	6.230,-
10.000,-	2.230,-	64.000,-	6.260,-
11.000,-	2.440,-	65.000,-	6.290,-
12.000,-	2.470,-	66.000,-	6.420,-
13.000,-	2.690,-	67.000,-	6.450,-

Streitwert	Revision	Streitwert	Revision
DM	DM	DM	DM
68.000,–	6.480,–	144.000,–	9.630,–
69.000,–	6.510,–	146.000,–	9.680,–
70.000,–	6.530,–	148.000,–	9.730,–
71.000,–	6.670,–	150.000,–	9.770,–
72.000,–	6.690,–	152.000,–	10.030,–
73.000,–	6.720,–	154.000,–	10.080,–
74.000,–	6.750,–	156.000,–	10.130,–
75.000,–	6.780,–	158.000,–	10.170,–
76.000,–	6.910,–	160.000,–	10.220,–
77.000,–	6.940,–	162.000,–	10.480,–
78.000,–	6.970,–	164.000,–	10.530,–
79.000,–	6.990,–	166.000,–	10.570,–
80.000,–	7.020,–	168.000,–	10.620,–
81.000,–	7.150,–	170.000,–	10.670,–
82.000,–	7.180,–	172.000,–	10.920,–
83.000,–	7.210,–	174.000,–	10.970,–
84.000,–	7.240,–	176.000,–	11.020,–
85.000,–	7.270,–	178.000,–	11.070,–
86.000,–	7.400,–	180.000,–	11.120,–
87.000,–	7.430,–	182.000,–	11.370,–
88.000,–	7.450,–	184.000,–	11.420,–
89.000,–	7.480,–	186.000,–	11.470,–
90.000,–	7.510,–	188.000,–	11.520,–
91.000,–	7.640,–	190.000,–	11.560,–
92.000,–	7.670,–	192.000,–	11.820,–
93.000,–	7.700,–	194.000,–	11.870,–
94.000,–	7.720,–	196.000,–	11.920,–
95.000,–	7.750,–	198.000,–	11.960,–
96.000,–	7.880,–	200.000,–	12.010,–
97.000,–	7.910,–	202.000,–	12.420,–
98.000,–	7.940,–	204.000,–	12.460,–
99.000,–	7.970,–	206.000,–	12.510,–
100.000,–	8.000,–	208.000,–	12.560,–
102.000,–	8.100,–	210.000,–	12.610,–
104.000,–	8.150,–	212.000,–	12.660,–
106.000,–	8.200,–	214.000,–	12.700,–
108.000,–	8.250,–	216.000,–	12.750,–
110.000,–	8.300,–	218.000,–	12.800,–
112.000,–	8.400,–	220.000,–	12.850,–
114.000,–	8.450,–	222.000,–	13.250,–
116.000,–	8.500,–	224.000,–	13.300,–
118.000,–	8.550,–	226.000,–	13.350,–
120.000,–	8.600,–	228.000,–	13.400,–
122.000,–	8.690,–	230.000,–	13.440,–
124.000,–	8.740,–	232.000,–	13.490,–
126.000,–	8.780,–	234.000,–	13.540,–
128.000,–	8.830,–	236.000,–	13.590,–
130.000,–	8.880,–	238.000,–	13.640,–
132.000,–	9.140,–	240.000,–	13.680,–
134.000,–	9.180,–	242.000,–	14.090,–
136.000,–	9.230,–	244.000,–	14.130,–
138.000,–	9.280,–	246.000,–	14.180,–
140.000,–	9.330,–	248.000,–	14.230,–
142.000,–	9.580,–	250.000,–	14.280,–

Streitwert	Revision	Streitwert	Revision
DM	DM	DM	DM
260.000,–	14.520,–	1.700.000,–	56.510,–
280.000,–	15.350,–	1.800.000,–	58.600,–
300.000,–	16.190,–	1.900.000,–	60.690,–
320.000,–	17.030,–	2.000.000,–	62.770,–
340.000,–	17.860,–	2.100.000,–	64.860,–
360.000,–	18.700,–	2.200.000,–	66.950,–
380.000,–	19.530,–	2.300.000,–	69.040,–
400.000,–	20.370,–	2.400.000,–	71.130,–
430.000,–	21.440,–	2.500.000,–	73.220,–
460.000,–	22.520,–	2.600.000,–	75.310,–
490.000,–	23.590,–	2.700.000,–	77.400,–
520.000,–	24.670,–	2.800.000,–	79.490,–
550.000,–	25.750,–	2.900.000,–	81.580,–
580.000,–	26.820,–	3.000.000,–	83.670,–
610.000,–	27.900,–	3.100.000,–	85.760,–
640.000,–	28.970,–	3.200.000,–	87.840,–
670.000,–	30.050,–	3.300.000,–	89.930,–
700.000,–	31.130,–	3.400.000,–	92.020,–
730.000,–	32.200,–	3.500.000,–	94.110,–
760.000,–	32.280,–	3.600.000,–	96.200,–
790.000,–	34.350,–	3.700.000,–	98.290,–
820.000,–	35.430,–	3.800.000,–	100.380,–
850.000,–	36.500,–	3.900.000,–	102.470,–
880.000,–	37.580,–	4.000.000,–	104.560,–
910.000,–	38.660,–	4.100.000,–	106.650,–
940.000,–	39.730,–	4.200.000,–	108.740,–
970.000,–	40.810,–	4.300.000,–	110.830,–
1.000.000,–	41.880,–	4.400.000,–	112.920,–
1.100.000,–	43.970,–	4.500.000,–	115.000,–
1.200.000,–	46.060,–	4.600.000,–	117.090,–
1.300.000,–	48.150,–	4.700.000,–	119.180,–
1.400.000,–	50.240,–	4.800.000,–	121.270,–
1.500.000,–	52.330,–	4.900.000,–	123.360,–
1.600.000,–	54.420,–	5.000.000,–	125.450,–

IV. Anhang

Lohnsteuerkarte

Die Höhe Ihrer Lohnsteuer, die Ihnen 1987 laufend vom Arbeitslohn einbehalten wird, hängt von den Eintragungen auf Ihrer Lohnsteuerkarte für 1987 ab. Dafür ist zunächst einmal erforderlich, daß Sie eine Lohnsteuerkarte überhaupt erhalten haben.

Lohnsteuerkarte

- Hat Ihnen die Gemeinde Ihre Lohnsteuerkarte nicht zugestellt, so rufen Sie dort bitte an oder schreiben Sie der Gemeinde. Sie erhalten die Lohnsteuerkarte von derjenigen Gemeinde, in der Sie am 20. 9. 1986 mit Ihrer Wohnung gemeldet waren. Haben Sie mehrere Wohnungen, so ist diejenige Gemeinde zuständig, in der Ihre Hauptwohnung liegt. Für Ehegatten gilt die gemeinsame Hauptwohnung. Sind Ehegatten nicht mit einer gemeinsamen Hauptwohnung gemeldet, so wird die Lohnsteuerkarte von der Gemeinde ausgestellt, in der der ältere Ehegatte am 20. 9. 1986 mit Hauptwohnung gemeldet war.
- Legen Sie Ihrem Arbeitgeber die Lohnsteuerkarte schuldhaft nicht vor, so wird die Lohnsteuer nach der ungünstigen Steuerklasse VI (siehe unten) berechnet.
- Sie sehen also, daß die Lohnsteuerkarte ein wichtiges Dokument ist. Daher sollten Sie bei Erhalt der Steuerkarte die darauf enthaltenen Angaben auf ihre Richtigkeit hin überprüfen, bevor Sie die Karte dem Arbeitgeber aushändigen. Prüfen Sie die Richtigkeit der Eintragungen: Familienstand, Steuerklasse, Religionszugehörigkeit, Zahl der Kinderfreibeträge sowie Zahl der haushaltszugehörigen Kinder unter 16 Jahren. Maßgebend für die Eintragung dieser Merkmale sind die Verhältnisse am 1. 1. 1987.

Steuerklassen

Besonders wichtig für die Höhe der Lohnsteuer sind die Steuerklassen:

Steuerklasse I: Ledige und geschiedene Arbeitnehmer sowie verheiratete Arbeitnehmer, deren Ehegatte im Ausland wohnt oder die von ihrem Ehegatten dauernd getrennt leben; verwitwete Arbeitnehmer, wenn der Ehegatte vor 1986 verstorben ist.

Steuerklasse II: Die zu Steuerklasse I genannten Arbeitnehmer, wenn auf der Lohnsteuerkarte die Zahl der Kinder mindestens mit 1 einzutragen ist.

Steuerklasse III: Verheiratete Arbeitnehmer, wenn beide Ehegatten im Inland wohnen, nicht dauernd getrennt leben und der Ehegatte des Arbeitnehmers keinen Arbeitslohn bezieht oder Arbeitslohn bezieht und in die Steuerklasse V eingereiht wird; verwitwete Arbeitnehmer dann, wenn der Ehegatte im Kalenderjahr 1986 gestorben ist, beide am Todestag im Inland gewohnt und nicht dauernd getrennt gelebt haben.

Steuerklasse IV: Verheiratete Arbeitnehmer, wenn beide Ehegatten Arbeitslohn beziehen, im Inland wohnen und nicht dauernd getrennt leben.

Steuerklasse V: Diese Steuerklasse tritt für einen der Ehegatten an die Stelle der Steuerklasse IV, wenn der andere Ehegatte in die Steuerklasse III eingereiht wird.

Steuerklasse VI: Diese Steuerklasse ist auf der zweiten oder weiteren Lohnsteuerkarte von Arbeitnehmern zu bescheinigen, die von mehreren Arbeitgebern nebeneinander Arbeitslohn beziehen.

*Steuerklassen-
kombinationen*

Beziehen beide Ehegatten Arbeitslohn, so stehen ihnen zwei Steuerklassenkombinationen zur Wahl: die Steuerklassenkombinationen IV/IV und III/V. Möchten Sie erreichen, daß Ihnen im Laufe des Jahres möglichst wenig Lohnsteuer einbehalten wird, prüfen Sie bitte anhand der Lohnsteuer-Tabellen, bei welcher Steuerklassenkombination sich insgesamt der geringste Steuerabzug für Sie ergibt.

Einkommensteuer-Tabelle
(gültig ab 1. 1. 1986)

Die Einkommensteuer-Tabelle unterscheidet sich von den Lohnsteuer-Tabellen dadurch, daß in die Lohnsteuer-Tabellen bereits

Pausch- und Freibeträge

- der Werbungskosten-Pauschbetrag,
- der Sonderausgaben-Pauschbetrag,
- die Vorsorgepauschale,
- der Arbeitnehmerfreibetrag,
- der Haushaltsfreibetrag und
- die Kinderfreibeträge

eingearbeitet worden sind. Wollen Sie Ihre Steuererstattung aufgrund eines Lohnsteuer-Jahresausgleichs selbst errechnen, so müßten Sie bei Wiedergabe der Lohnsteuer-Tabelle immer Differenzrechnungen anstellen, also anstatt der vollen beantragten Werbungskosten aus nichtselbständiger Arbeit vor Anwendung der Tabelle nur diejenigen Werbungskosten absetzen, die den eingearbeiteten Pauschbetrag von 564 DM übersteigen. Es ist daher einfacher für Sie, von der Einkommensteuer-Tabelle auszugehen, die die genannten Freibeträge noch nicht enthält.

Die Tabelle werden Sie auch benutzten, wenn Sie den eventuellen Streitwert einer Klage beim Finanzgericht oder einer Revision beim Bundesfinanzhof errechnen wollen, um danach das Kostenrisiko anhand der hier wiedergegebenen Gerichtskosten-Tabellen ermitteln zu können.

Streitwert

Die **Grundtabelle** gilt in der Regel für ledige, geschiedene und verwitwete Steuerzahler; ferner für verheiratete Steuerzahler, die während des ganzen Jahres getrennt leben beziehungsweise getrennt veranlagt werden möchten.

Die **Splitting-Tabelle** gilt für nicht dauernd getrennt lebende Ehegatten, die zusammen veranlagt werden wollen (beziehungsweise einen gemeinsamen Antrag auf Lohnsteuer-Jahresausgleich gestellt haben), sowie für Verwitwete noch in dem Jahr, das auf das Todesjahr des Ehegatten folgt.

Ihr gutes Recht als Steuerzahler

Zu versteuerndes Einkommen bis DM	Grundtabelle Steuer DM	Splittingtabelle DM	Zu versteuerndes Einkommen bis DM	Grundtabelle Steuer DM	Splittingtabelle DM
4.589	0	—	7.667	677	—
4.643	11	—	7.721	688	—
4.697	23	—	7.775	700	—
4.751	35	—	7.829	712	—
4.805	47	—	7.883	724	—
4.859	59	—	7.937	736	—
4.913	71	—	7.991	748	—
4.967	83	—	8.045	760	—
5.021	94	—	8.099	772	—
5.075	106	—	8.153	784	—
5.129	118	—	8.207	795	—
5.183	130	—	8.261	807	—
5.237	142	—	8.315	819	—
5.291	154	—	8.369	831	—
5.345	166	—	8.423	843	—
5.399	178	—	8.477	855	—
5.453	190	—	8.531	867	—
5.507	201	—	8.585	879	—
5.561	213	—	8.639	890	—
5.615	225	—	8.693	902	—
5.669	237	—	8.747	914	—
5.723	249	—	8.801	926	—
5.777	261	—	8.855	938	—
5.831	273	—	8.909	950	—
5.885	285	—	8.963	962	—
5.939	296	—	9.017	974	—
5.993	308	—	9.071	985	—
6.047	320	—	9.125	997	—
6.101	332	—	9.179	1.009	—
6.155	344	—	9.233	1.021	22
6.209	356	—	9.287	1.033	22
6.263	368	—	9.341	1.045	46
6.317	380	—	9.395	1.057	46
6.371	391	—	9.449	1.069	70
6.425	403	—	9.503	1.081	70
6.479	415	—	9.557	1.092	94
6.533	427	—	9.611	1.104	94
6.587	439	—	9.665	1.116	118
6.641	451	—	9.719	1.128	118
6.695	463	—	9.773	1.140	142
6.749	475	—	9.827	1.152	142
6.803	487	—	9.881	1.164	166
6.857	498	—	9.935	1.176	166
6.911	510	—	9.989	1.187	188
6.965	522	—	10.043	1.199	188
7.019	534	—	10.097	1.211	212
7.073	546	—	10.151	1.223	212
7.127	558	—	10.205	1.235	236
7.181	570	—	10.259	1.247	236
7.235	582	—	10.313	1.259	260
7.289	593	—	10.367	1.271	260
7.343	605	—	10.421	1.282	284
7.397	617	—	10.475	1.294	284
7.451	629	—	10.529	1.306	308
7.505	641	—	10.583	1.318	308
7.559	653	—	10.637	1.330	332
7.613	665	—	10.691	1.342	332

ANHANG

Zu versteuerndes Einkommen bis DM	Grundtabelle Steuer DM	Splittingtabelle DM	Zu versteuerndes Einkommen bis DM	Grundtabelle Steuer DM	Splittingtabelle DM
10.745	1.354	356	13.823	2.031	1.020
10.799	1.366	356	13.877	2.043	1.044
10.853	1.378	380	13.931	2.055	1.044
10.907	1.389	380	13.985	2.067	1.068
10.961	1.401	402	14.039	2.078	1.068
11.015	1.413	402	14.093	2.090	1.092
11.069	1.425	426	14.147	2.102	1.092
11.123	1.437	426	14.201	2.114	1.116
11.177	1.449	450	14.255	2.126	1.116
11.231	1.461	450	14.309	2.138	1.140
11.285	1.473	474	14.363	2.150	1.140
11.339	1.484	474	14.417	2.162	1.164
11.393	1.496	498	14.471	2.173	1.164
11.447	1.508	498	14.525	2.185	1.186
11.501	1.520	522	14.579	2.197	1.186
11.555	1.532	522	14.633	2.209	1.210
11.609	1.544	546	14.687	2.221	1.210
11.663	1.556	546	14.741	2.233	1.234
11.717	1.568	570	14.795	2.245	1.234
11.771	1.579	570	14.849	2.257	1.258
11.825	1.591	592	14.903	2.269	1.258
11.879	1.603	592	14.957	2.280	1.282
11.933	1.615	616	15.011	2.292	1.282
11.987	1.627	616	15.065	2.304	1.306
12.041	1.639	640	15.119	2.316	1.306
12.095	1.651	640	15.173	2.328	1.330
12.149	1.663	664	15.227	2.340	1.330
12.203	1.675	664	15.281	2.352	1.354
12.257	1.686	688	15.335	2.364	1.354
12.311	1.698	688	15.389	2.375	1.376
12.365	1.710	712	15.443	2.387	1.376
12.419	1.722	712	15.497	2.399	1.400
12.473	1.734	736	15.551	2.411	1.400
12.527	1.746	736	15.605	2.423	1.424
12.581	1.758	760	15.659	2.435	1.424
12.635	1.770	760	15.713	2.447	1.448
12.689	1.781	782	15.767	2.459	1.448
12.743	1.793	782	15.821	2.470	1.472
12.797	1.805	806	15.875	2.482	1.472
12.851	1.817	806	15.929	2.494	1.496
12.905	1.829	830	15.983	2.506	1.496
12.959	1.841	830	16.037	2.518	1.520
13.013	1.853	854	16.091	2.530	1.520
13.067	1.865	854	16.145	2.542	1.544
13.121	1.876	878	16.199	2.554	1.544
13.175	1.888	878	16.253	2.566	1.568
13.229	1.900	902	16.307	2.577	1.568
13.283	1.912	902	16.361	2.589	1.590
13.337	1.924	926	16.415	2.601	1.590
13.391	1.936	926	16.469	2.613	1.614
13.445	1.948	950	16.523	2.625	1.614
13.499	1.960	950	16.577	2.637	1.638
13.553	1.972	974	16.631	2.649	1.638
13.607	1.983	974	16.685	2.661	1.662
13.661	1.995	996	16.739	2.672	1.662
13.715	2.007	996	16.793	2.684	1.686
13.769	2.019	1.020	16.847	2.696	1.686

Ihr gutes Recht als Steuerzahler

Zu versteuerndes Einkommen bis DM	Grund- tabelle	Splitting- tabelle Steuer DM	Zu versteuerndes Einkommen bis DM	Grund- tabelle	Splitting- tabelle Steuer DM
16.901	2.708	1.710	19.979	3.407	2.374
16.955	2.720	1.710	20.033	3.420	2.398
17.009	2.732	1.734	20.087	3.433	2.398
17.063	2.744	1.734	20.141	3.447	2.422
17.117	2.756	1.758	20.195	3.460	2.422
17.171	2.767	1.758	20.249	3.473	2.446
17.225	2.779	1.780	20.303	3.486	2.446
17.279	2.791	1.780	20.357	3.500	2.470
17.333	2.803	1.804	20.411	3.513	2.470
17.387	2.815	1.804	20.465	3.526	2.494
17.441	2.827	1.828	20.519	3.540	2.494
17.495	2.839	1.828	20.573	3.553	2.518
17.549	2.851	1.852	20.627	3.567	2.518
17.603	2.863	1.852	20.681	3.580	2.542
17.657	2.874	1.876	20.735	3.594	2.542
17.711	2.886	1.876	20.789	3.607	2.564
17.765	2.898	1.900	20.843	3.621	2.564
17.819	2.910	1.900	20.897	3.634	2.588
17.873	2.922	1.924	20.951	3.648	2.588
17.927	2.934	1.924	21.005	3.662	2.612
17.981	2.946	1.948	21.059	3.676	2.612
18.035	2.958	1.948	21.113	3.689	2.636
18.089	2.969	1.970	21.167	3.703	2.636
18.143	2.981	1.970	21.221	3.717	2.660
18.197	2.993	1.994	21.275	3.731	2.660
18.251	3.005	1.994	21.329	3.745	2.684
18.305	3.017	2.018	21.383	3.759	2.684
18.359	3.029	2.018	21.437	3.773	2.708
18.413	3.041	2.042	21.491	3.787	2.708
18.467	3.054	2.042	21.545	3.801	2.732
18.521	3.066	2.066	21.599	3.815	2.732
18.575	3.078	2.066	21.653	3.829	2.756
18.629	3.090	2.090	21.707	3.843	2.756
18.683	3.102	2.090	21.761	3.857	2.778
18.737	3.115	2.114	21.815	3.871	2.778
18.791	3.127	2.114	21.869	3.885	2.802
18.845	3.139	2.138	21.923	3.900	2.802
18.899	3.152	2.138	21.977	3.914	2.826
18.953	3.164	2.162	22.031	3.928	2.826
19.007	3.177	2.162	22.085	3.942	2.850
19.061	3.189	2.184	22.139	3.957	2.850
19.115	3.202	2.184	22.193	3.971	2.874
19.169	3.214	2.208	22.247	3.986	2.874
19.223	3.227	2.208	22.301	4.000	2.898
19.277	3.240	2.232	22.355	4.015	2.898
19.331	3.252	2.232	22.409	4.029	2.922
19.385	3.265	2.256	22.463	4.044	2.922
19.439	3.278	2.256	22.517	4.058	2.946
19.493	3.291	2.280	22.571	4.073	2.946
19.547	3.303	2.280	22.625	4.087	2.968
19.601	3.316	2.304	22.679	4.102	2.968
19.655	3.329	2.304	22.733	4.117	2.992
19.709	3.342	2.328	22.787	4.132	2.992
19.763	3.355	2.328	22.841	4.146	3.016
19.817	3.368	2.352	22.895	4.161	3.016
19.871	3.381	2.352	22.949	4.176	3.040
19.925	3.394	2.374	23.003	4.191	3.040

ANHANG

Zu versteuerndes Einkommen bis DM	Grund-tabelle DM	Splitting-tabelle Steuer DM	Zu versteuerndes Einkommen bis DM	Grund-tabelle DM	Splitting-tabelle Steuer DM
23.057	4.206	3.064	26.135	5.103	3.730
23.111	4.221	3.064	26.189	5.119	3.752
23.165	4.236	3.088	26.243	5.136	3.752
23.219	4.251	3.088	26.297	5.153	3.776
23.273	4.266	3.112	26.351	5.169	3.776
23.327	4.281	3.112	26.405	5.186	3.800
23.381	4.296	3.136	26.459	5.203	3.800
23.435	4.311	3.136	26.513	5.219	3.824
23.489	4.326	3.158	26.567	5.236	3.824
23.543	4.341	3.158	26.621	5.253	3.848
23.597	4.356	3.182	26.675	5.270	3.848
23.651	4.371	3.182	26.729	5.286	3.872
23.705	4.387	3.206	26.783	5.303	3.872
23.759	4.402	3.206	26.837	5.320	3.896
23.813	4.417	3.230	26.891	5.337	3.896
23.867	4.433	3.230	26.945	5.354	3.920
23.921	4.448	3.254	26.999	5.371	3.920
23.975	4.463	3.254	27.053	5.388	3.944
24.029	4.479	3.278	27.107	5.405	3.944
24.083	4.494	3.278	27.161	5.422	3.966
24.137	4.510	3.302	27.215	5.439	3.966
24.191	4.525	3.302	27.269	5.456	3.990
24.245	4.541	3.326	27.323	5.473	3.990
24.299	4.556	3.326	27.377	5.491	4.014
24.353	4.572	3.350	27.431	5.508	4.014
24.407	4.588	3.350	27.485	5.525	4.038
24.461	4.603	3.372	27.539	5.542	4.038
24.515	4.619	3.372	27.593	5.559	4.062
24.569	4.635	3.396	27.647	5.577	4.062
24.623	4.650	3.396	27.701	5.594	4.086
24.677	4.666	3.420	27.755	5.611	4.086
24.731	4.682	3.420	27.809	5.629	4.110
24.785	4.698	3.444	27.863	5.646	4.110
24.839	4.714	3.444	27.917	5.664	4.134
24.893	4.730	3.468	27.971	5.681	4.134
24.947	4.745	3.468	28.025	5.699	4.156
25.001	4.761	3.492	28.079	5.716	4.156
25.055	4.777	3.492	28.133	5.734	4.180
25.109	4.793	3.516	28.187	5.751	4.180
25.163	4.809	3.516	28.241	5.769	4.204
25.217	4.825	3.540	28.295	5.786	4.204
25.271	4.842	3.540	28.349	5.804	4.228
25.325	4.858	3.562	28.403	5.822	4.228
25.379	4.874	3.562	28.457	5.839	4.252
25.433	4.890	3.586	28.511	5.857	4.252
25.487	4.906	3.586	28.565	5.875	4.276
25.541	4.922	3.610	28.619	5.892	4.276
25.595	4.939	3.610	28.673	5.910	4.300
25.649	4.955	3.634	28.727	5.928	4.300
25.703	4.971	3.634	28.781	5.946	4.324
25.757	4.988	3.658	28.835	5.964	4.324
25.811	5.004	3.658	28.889	5.982	4.346
25.865	5.020	3.682	28.943	5.999	4.346
25.919	5.037	3.682	28.997	6.017	4.370
25.973	5.053	3.706	29.051	6.035	4.370
26.027	5.070	3.706	29.105	6.053	4.394
26.081	5.086	3.730	29.159	6.071	4.394

IHR GUTES RECHT ALS STEUERZAHLER

Zu versteuerndes Einkommen bis DM	Grundtabelle Steuer DM	Splittingtabelle DM	Zu versteuerndes Einkommen bis DM	Grundtabelle Steuer DM	Splittingtabelle DM
29.213	6.089	4.418	32.291	7.157	5.084
29.267	6.107	4.418	32.345	7.177	5.108
29.321	6.126	4.442	32.399	7.196	5.108
29.375	6.144	4.442	32.453	7.215	5.132
29.429	6.162	4.466	32.507	7.235	5.132
29.483	6.180	4.466	32.561	7.254	5.154
29.537	6.198	4.490	32.615	7.274	5.154
29.591	6.216	4.490	32.669	7.293	5.178
29.645	6.235	4.514	32.723	7.313	5.178
29.699	6.253	4.514	32.777	7.333	5.202
29.753	6.271	4.538	32.831	7.352	5.202
29.807	6.289	4.538	32.885	7.372	5.226
29.861	6.308	4.560	32.939	7.391	5.226
29.915	6.326	4.560	32.993	7.411	5.250
29.969	6.344	4.584	33.047	7.431	5.250
30.023	6.363	4.584	33.101	7.451	5.274
30.077	6.381	4.608	33.155	7.470	5.274
30.131	6.400	4.608	33.209	7.490	5.298
30.185	6.418	4.632	33.263	7.510	5.298
30.239	6.437	4.632	33.317	7.530	5.322
30.293	6.455	4.656	33.371	7.550	5.322
30.347	6.474	4.656	33.425	7.569	5.344
30.401	6.492	4.680	33.479	7.589	5.344
30.455	6.511	4.680	33.533	7.609	5.368
30.509	6.530	4.704	33.587	7.629	5.368
30.563	6.548	4.704	33.641	7.649	5.392
30.617	6.567	4.728	33.695	7.669	5.392
30.671	6.586	4.728	33.749	7.689	5.416
30.725	6.604	4.750	33.803	7.709	5.416
30.779	6.623	4.750	33.857	7.729	5.440
30.833	6.642	4.774	33.911	7.749	5.440
30.887	6.661	4.774	33.965	7.769	5.464
30.941	6.679	4.798	34.019	7.789	5.464
30.995	6.698	4.798	34.073	7.809	5.488
31.049	6.717	4.822	34.127	7.829	5.488
31.103	6.736	4.822	34.181	7.850	5.512
31.157	6.755	4.846	34.235	7.870	5.512
31.211	6.774	4.846	34.289	7.890	5.534
31.265	6.793	4.870	34.343	7.910	5.534
31.319	6.812	4.870	34.397	7.930	5.558
31.373	6.831	4.894	34.451	7.951	5.558
31.427	6.850	4.894	34.505	7.971	5.582
31.481	6.869	4.918	34.559	7.991	5.582
31.535	6.888	4.918	34.613	8.011	5.606
31.589	6.907	4.940	34.667	8.032	5.606
31.643	6.926	4.940	34.721	8.052	5.630
31.697	6.945	4.964	34.775	8.073	5.630
31.751	6.964	4.964	34.829	8.093	5.654
31.805	6.983	4.988	34.883	8.113	5.654
31.859	7.003	4.988	34.937	8.134	5.678
31.913	7.022	5.012	34.991	8.154	5.678
31.967	7.041	5.012	35.045	8.175	5.702
32.021	7.060	5.036	35.099	8.195	5.702
32.075	7.080	5.036	35.153	8.216	5.726
32.129	7.099	5.060	35.207	8.236	5.726
32.183	7.118	5.060	35.261	8.257	5.748
32.237	7.138	5.084	35.315	8.277	5.748

ANHANG

Zu versteuerndes Einkommen bis DM	Grundtabelle DM	Splittingtabelle Steuer DM	Zu versteuerndes Einkommen bis DM	Grundtabelle DM	Splittingtabelle Steuer DM
35.369	8.298	5.772	38.447	9.505	6.454
35.423	8.319	5.772	38.501	9.527	6.480
35.477	8.339	5.796	38.555	9.548	6.480
35.531	8.360	5.796	38.609	9.570	6.504
35.585	8.381	5.820	38.663	9.592	6.504
35.639	8.401	5.820	38.717	9.614	6.530
35.693	8.422	5.844	38.771	9.635	6.530
35.747	8.443	5.844	38.825	9.657	6.556
35.801	8.464	5.868	38.879	9.679	6.556
35.855	8.484	5.868	38.933	9.701	6.582
35.909	8.505	5.892	38.987	9.723	6.582
35.963	8.526	5.892	39.041	9.745	6.606
36.017	8.547	5.916	39.095	9.767	6.606
36.071	8.568	5.916	39.149	9.789	6.632
36.125	8.589	5.938	39.203	9.810	6.632
36.179	8.610	5.938	39.257	9.832	6.658
36.233	8.631	5.962	39.311	9.854	6.658
36.287	8.651	5.962	39.365	9.876	6.684
36.341	8.672	5.986	39.419	9.898	6.684
36.395	8.693	5.986	39.473	9.920	6.710
36.449	8.714	6.010	39.527	9.942	6.710
36.503	8.735	6.010	39.581	9.965	6.736
36.557	8.756	6.034	39.635	9.987	6.736
36.611	8.778	6.034	39.689	10.009	6.762
36.665	8.799	6.058	39.743	10.031	6.762
36.719	8.820	6.058	39.797	10.053	6.788
36.773	8.841	6.082	39.851	10.075	6.788
36.827	8.862	6.082	39.905	10.097	6.814
36.881	8.883	6.108	39.959	10.120	6.814
36.935	8.904	6.108	40.013	10.142	6.840
36.989	8.925	6.132	40.067	10.164	6.840
37.043	8.947	6.132	40.121	10.186	6.866
37.097	8.968	6.156	40.175	10.208	6.866
37.151	8.989	6.156	40.229	10.231	6.894
37.205	9.010	6.180	40.283	10.253	6.894
37.259	9.032	6.180	40.337	10.275	6.920
37.313	9.053	6.204	40.391	10.298	6.920
37.367	9.074	6.204	40.445	10.320	6.946
37.421	9.096	6.230	40.499	10.342	6.946
37.475	9.117	6.230	40.553	10.365	6.972
37.529	9.138	6.254	40.607	10.387	6.972
37.583	9.160	6.254	40.661	10.410	7.000
37.637	9.181	6.278	40.715	10.432	7.000
37.691	9.203	6.278	40.769	10.454	7.026
37.745	9.224	6.304	40.823	10.477	7.026
37.799	9.246	6.304	40.877	10.499	7.052
37.853	9.267	6.328	40.931	10.522	7.052
37.907	9.289	6.328	40.985	10.544	7.080
37.961	9.310	6.354	41.039	10.567	7.080
38.015	9.332	6.354	41.093	10.589	7.106
38.069	9.353	6.378	41.147	10.612	7.106
38.123	9.375	6.378	41.201	10.634	7.134
38.177	9.397	6.404	41.255	10.657	7.134
38.231	9.418	6.404	41.309	10.680	7.160
38.285	9.440	6.428	41.363	10.702	7.160
38.339	9.461	6.428	41.417	10.725	7.188
38.393	9.483	6.454	41.471	10.748	7.188

IHR GUTES RECHT ALS STEUERZAHLER

Zu versteuerndes Einkommen bis DM	Grund-tabelle Steuer DM	Splitting-tabelle DM	Zu versteuerndes Einkommen bis DM	Grund-tabelle Steuer DM	Splitting-tabelle DM
41.525	10.770	7.214	44.603	12.088	8.000
41.579	10.793	7.214	44.657	12.111	8.030
41.633	10.816	7.242	44.711	12.135	8.030
41.687	10.838	7.242	44.765	12.159	8.058
41.741	10.861	7.268	44.819	12.182	8.058
41.795	10.884	7.268	44.873	12.206	8.088
41.849	10.907	7.296	44.927	12.229	8.088
41.903	10.929	7.296	44.981	12.253	8.116
41.957	10.952	7.324	45.035	12.277	8.116
42.011	10.975	7.324	45.089	12.300	8.146
42.065	10.998	7.352	45.143	12.324	8.146
42.119	11.021	7.352	45.197	12.348	8.174
42.173	11.044	7.378	45.251	12.371	8.174
42.227	11.066	7.378	45.305	12.395	8.204
42.281	11.089	7.406	45.359	12.419	8.204
42.335	11.112	7.406	45.413	12.442	8.234
42.389	11.135	7.434	45.467	12.466	8.234
42.443	11.158	7.434	45.521	12.490	8.264
42.497	11.181	7.462	45.575	12.514	8.264
42.551	11.204	7.462	45.629	12.538	8.292
42.605	11.227	7.490	45.683	12.561	8.292
42.659	11.250	7.490	45.737	12.585	8.322
42.713	11.273	7.518	45.791	12.609	8.322
42.767	11.296	7.518	45.845	12.633	8.352
42.821	11.319	7.546	45.899	12.657	8.352
42.875	11.342	7.546	45.953	12.681	8.382
42.929	11.365	7.574	46.007	12.704	8.382
42.983	11.388	7.574	46.061	12.728	8.412
43.037	11.411	7.602	46.115	12.752	8.412
43.091	11.434	7.602	46.169	12.776	8.442
43.145	11.458	7.630	46.223	12.800	8.442
43.199	11.481	7.630	46.277	12.824	8.472
43.253	11.504	7.658	46.331	12.848	8.472
43.307	11.527	7.658	46.385	12.872	8.502
43.361	11.550	7.686	46.439	12.896	8.502
43.415	11.574	7.686	46.493	12.920	8.532
43.469	11.597	7.714	46.547	12.944	8.532
43.523	11.620	7.714	46.601	12.968	8.562
43.577	11.643	7.742	46.655	12.992	8.562
43.631	11.667	7.742	46.709	13.016	8.592
43.685	11.690	7.770	46.763	13.040	8.592
43.739	11.713	7.770	46.817	13.064	8.622
43.793	11.736	7.800	46.871	13.088	8.622
43.847	11.760	7.800	46.925	13.113	8.652
43.901	11.783	7.828	46.979	13.137	8.652
43.955	11.806	7.828	47.033	13.161	8.682
44.009	11.830	7.856	47.087	13.185	8.682
44.063	11.853	7.856	47.141	13.209	8.712
44.117	11.877	7.884	47.195	13.233	8.712
44.171	11.900	7.884	47.249	13.257	8.742
44.225	11.923	7.914	47.303	13.282	8.742
44.279	11.947	7.914	47.357	13.306	8.774
44.333	11.970	7.942	47.411	13.330	8.774
44.387	11.994	7.942	47.465	13.354	8.804
44.441	12.017	7.972	47.519	13.379	8.804
44.495	12.041	7.972	47.573	13.403	8.834
44.549	12.064	8.000	47.627	13.427	8.834

ANHANG

Zu versteuerndes Einkommen bis DM	Grundtabelle DM	Splittingtabelle Steuer DM	Zu versteuerndes Einkommen bis DM	Grundtabelle DM	Splittingtabelle Steuer DM
47.681	13.451	8.866	50.759	14.855	9.748
47.735	13.476	8.866	50.813	14.880	9.780
47.789	13.500	8.896	50.867	14.905	9.780
47.843	13.524	8.896	50.921	14.930	9.812
47.897	13.549	8.926	50.975	14.955	9.812
47.951	13.573	8.926	51.029	14.980	9.844
48.005	13.597	8.958	51.083	15.005	9.844
48.059	13.622	8.958	51.137	15.030	9.878
48.113	13.646	8.988	51.191	15.055	9.878
48.167	13.671	8.988	51.245	15.080	9.910
48.221	13.695	9.020	51.299	15.105	9.910
48.275	13.719	9.020	51.353	15.130	9.942
48.329	13.744	9.050	51.407	15.156	9.942
48.383	13.768	9.020	51.461	15.181	9.976
48.437	13.793	9.082	51.515	15.206	9.976
48.491	13.817	9.082	51.569	15.231	10.008
48.545	13.842	9.112	51.623	15.256	10.008
48.599	13.866	9.112	51.677	15.281	10.040
48.653	13.891	9.144	51.731	15.306	10.040
48.707	13.915	9.144	51.785	15.331	10.074
48.761	13.940	9.176	51.839	15.357	10.074
48.815	13.964	9.176	51.893	15.382	10.106
48.869	13.989	9.206	51.947	15.407	10.106
48.923	14.013	9.206	52.001	15.432	10.140
48.977	14.038	9.238	52.055	15.457	10.140
49.031	14.063	9.238	52.109	15.482	10.172
49.085	14.087	9.270	52.163	15.508	10.172
49.139	14.112	9.270	52.217	15.533	10.206
49.193	14.136	9.300	52.271	15.558	10.206
49.247	14.161	9.300	52.325	15.583	10.238
49.301	14.186	9.332	52.379	15.609	10.238
49.355	14.210	9.332	52.433	15.634	10.272
49.409	14.235	9.364	52.487	15.659	10.272
49.463	14.260	9.364	52.541	15.684	10.306
49.517	14.284	9.396	52.595	15.710	10.306
49.571	14.309	9.396	52.649	15.735	10.338
49.625	14.334	9.428	52.703	15.760	10.338
49.679	14.358	9.428	52.757	15.786	10.372
49.733	14.383	9.460	52.811	15.811	10.372
49.787	14.408	9.460	52.865	15.836	10.406
49.841	14.433	9.490	52.919	15.862	10.406
49.895	14.457	9.490	52.973	15.887	10.438
49.949	14.482	9.522	53.027	15.913	10.438
50.003	14.507	9.522	53.081	15.938	10.472
50.057	14.532	9.554	53.135	15.963	10.472
50.111	14.557	9.554	53.189	15.989	10.506
50.165	14.582	9.586	53.243	16.014	10.506
50.219	14.606	9.586	53.297	16.040	10.540
50.273	14.631	9.618	53.351	16.065	10.540
50.327	14.656	9.618	53.405	16.090	10.572
50.381	14.681	9.650	53.459	16.116	10.572
50.435	14.706	9.650	53.513	16.141	10.606
50.489	14.731	9.684	53.567	16.167	10.606
50.543	14.756	9.684	53.621	16.192	10.640
50.597	14.781	9.716	53.675	16.218	10.640
50.651	14.805	9.716	53.729	16.243	10.674
50.705	14.830	9.748	53.783	16.269	10.674

IHR GUTES RECHT ALS STEUERZAHLER

Zu versteuerndes Einkommen bis DM	Grund- tabelle DM	Splitting- tabelle Steuer DM	Zu versteuerndes Einkommen bis DM	Grund- tabelle DM	Splitting- tabelle Steuer DM
53.837	16.294	10.708	56.915	17.764	11.678
53.891	16.320	10.708	56.969	17.790	11.714
53.945	16.345	10.742	57.023	17.816	11.714
53.999	16.371	10.742	57.077	17.842	11.750
54.053	16.397	10.776	57.131	17.868	11.750
54.107	16.422	10.776	57.185	17.894	11.784
54.161	16.448	10.810	57.239	17.920	11.784
54.215	16.473	10.810	57.293	17.946	11.820
54.269	16.499	10.844	57.347	17.972	11.820
54.323	16.524	10.844	57.401	17.998	11.856
54.377	16.550	10.878	57.455	18.024	11.856
54.431	16.576	10.878	57.509	18.050	11.892
54.485	16.601	10.912	57.563	18.077	11.892
54.539	16.627	10.912	57.617	18.103	11.928
54.593	16.653	10.946	57.671	18.129	11.928
54.647	16.678	10.946	57.725	18.155	11.964
54.701	16.704	10.982	57.779	18.181	11.964
54.755	16.730	10.982	57.833	18.207	11.998
54.809	16.755	11.016	57.887	18.233	11.998
54.863	16.781	11.016	57.941	18.260	12.034
54.917	16.807	11.050	57.995	18.286	12.034
54.971	16.832	11.050	58.049	18.312	12.070
55.025	16.858	11.084	58.103	18.338	12.070
55.079	16.884	11.084	58.157	18.364	12.106
55.133	16.910	11.118	58.211	18.390	12.106
55.187	16.935	11.118	58.265	18.417	12.142
55.241	16.961	11.154	58.319	18.443	12.142
55.295	16.987	11.154	58.373	18.469	12.178
55.349	17.013	11.188	58.427	18.495	12.178
55.403	17.038	11.188	58.481	18.522	12.214
55.457	17.064	11.222	58.535	18.548	12.214
55.511	17.090	11.222	58.589	18.574	12.252
55.565	17.116	11.258	58.643	18.600	12.252
55.619	17.142	11.258	58.697	18.627	12.288
55.673	17.167	11.292	58.751	18.653	12.288
55.727	17.193	11.292	58.805	18.679	12.324
55.781	17.219	11.328	58.859	18.705	12.324
55.835	17.245	11.328	58.913	18.732	12.360
55.889	17.271	11.362	58.967	18.758	12.360
55.943	17.297	11.362	59.021	18.784	12.396
55.997	17.323	11.398	59.075	18.811	12.396
56.051	17.348	11.398	59.129	18.837	12.432
56.105	17.374	11.432	59.183	18.863	12.432
56.159	17.400	11.432	59.237	18.890	12.470
56.213	17.426	11.468	59.291	18.916	12.470
56.267	17.452	11.468	59.345	18.942	12.506
56.321	17.478	11.502	59.399	18.969	12.506
56.375	17.504	11.502	59.453	18.995	12.542
56.429	17.530	11.538	59.507	19.021	12.542
56.483	17.556	11.538	59.561	19.048	12.578
56.537	17.582	11.572	59.615	19.074	12.578
56.591	17.608	11.572	59.669	19.101	12.616
56.645	17.634	11.608	59.723	19.127	12.616
56.699	17.660	11.608	59.777	19.153	12.652
56.753	17.686	11.644	59.831	19.180	12.652
56.807	17.712	11.644	59.885	19.206	12.688
56.861	17.738	11.678	59.939	19.233	12.688

ANHANG

Zu versteuerndes Einkommen bis DM	Grund-tabelle DM	Splitting-tabelle Steuer DM	Zu versteuerndes Einkommen bis DM	Grund-tabelle DM	Splitting-tabelle Steuer DM
59.993	19.259	12.726	63.125	20.804	13.814
60.047	19.286	12.726	63.179	20.830	13.814
60.101	19.312	12.762	63.233	20.857	13.852
60.155	19.338	12.762	63.287	20.884	13.852
60.209	19.365	12.800	63.341	20.911	13.890
60.263	19.391	12.800	63.395	20.938	13.890
60.317	19.418	12.836	63.449	20.964	13.928
60.371	19.444	12.836	63.503	20.991	13.928
60.425	19.471	12.874	63.557	21.018	13.966
60.479	19.497	12.874	63.611	21.045	13.966
60.533	19.524	12.910	63.665	21.072	14.006
60.587	19.550	12.910	63.719	21.099	14.006
60.641	19.577	12.948	63.773	21.126	14.044
60.695	19.603	12.948	63.827	21.152	14.044
60.749	19.630	12.984	63.881	21.179	14.082
60.803	19.656	12.984	63.935	21.206	14.082
60.857	19.683	13.022	63.989	21.233	14.120
60.911	19.710	13.022	64.043	21.260	14.120
60.965	19.736	13.060	64.097	21.287	14.160
61.019	19.763	13.060	64.151	21.314	14.160
61.073	19.789	13.096	64.205	21.341	14.198
61.127	19.816	13.096	64.259	21.368	14.198
61.181	19.842	13.134	64.313	21.395	14.236
61.235	19.869	13.134	64.367	21.421	14.236
61.289	19.896	13.172	64.421	21.448	14.276
61.343	19.922	13.172	64.475	21.475	14.276
61.397	19.949	13.208	64.529	21.502	14.314
61.451	19.975	13.208	64.583	21.529	14.314
61.559	20.029	13.246	64.637	21.556	14.354
61.613	20.055	13.284	64.691	21.583	14.354
61.667	20.082	13.284	64.745	21.610	14.392
61.721	20.109	13.322	64.799	21.637	14.392
61.775	20.135	13.322	64.853	21.664	14.430
61.829	20.162	13.358	64.907	21.691	14.430
61.883	20.189	13.358	64.961	21.718	14.470
61.937	20.215	13.396	65.015	21.745	14.470
61.991	20.242	13.396	65.069	21.772	14.508
62.045	20.269	13.434	65.123	21.799	14.508
62.099	20.295	13.434	65.177	21.826	14.548
62.153	20.322	13.472	65.231	21.853	14.548
62.207	20.349	13.472	65.285	21.880	14.586
62.261	20.375	13.510	65.339	21.907	14.586
62.315	20.402	13.510	65.393	21.934	14.626
62.369	20.429	13.548	65.447	21.961	14.626
62.423	20.456	13.548	65.501	21.988	14.666
62.477	20.482	13.586	65.555	22.015	14.666
62.531	20.509	13.586	65.609	22.042	14.704
62.585	20.536	13.624	65.663	22.069	14.704
62.639	20.563	13.624	65.717	22.096	14.744
62.693	20.589	13.662	65.771	22.123	14.744
62.747	20.616	13.662	65.825	22.151	14.782
62.801	20.643	13.700	65.879	22.178	14.782
62.855	20.670	13.700	65.933	22.205	14.822
62.909	20.696	13.738	65.987	22.232	14.822
62.963	20.723	13.738	66.041	22.259	14.862
63.017	20.750	13.776	66.095	22.286	14.862
63.071	20.777	13.776	66.149	22.313	14.902

Ihr gutes Recht als Steuerzahler

Zu versteuerndes Einkommen bis DM	Grund-tabelle DM	Splitting-tabelle Steuer DM	Zu versteuerndes Einkommen bis DM	Grund-tabelle DM	Splitting-tabelle Steuer DM
66.203	22.340	14.902	69.281	23.892	16.064
66.257	22.367	14.940	69.335	23.920	16.064
66.311	22.394	14.940	69.389	23.947	16.104
66.365	22.421	14.980	69.443	23.975	16.104
66.419	22.449	14.980	69.497	24.002	16.146
66.473	22.476	15.020	69.551	24.029	16.146
66.527	22.503	15.020	69.605	24.057	16.186
66.581	22.530	15.060	69.659	24.084	16.186
66.635	22.557	15.060	69.713	24.111	16.226
66.689	22.584	15.100	69.767	24.139	16.226
66.743	22.611	15.100	69.821	24.166	16.268
66.797	22.639	15.138	69.875	24.194	16.268
66.851	22.666	15.138	69.929	24.221	16.308
66.905	22.693	15.178	69.983	24.249	16.308
66.959	22.720	15.178	70.037	24.276	16.350
67.013	22.747	15.218	70.091	24.303	16.350
67.067	22.774	15.218	70.145	24.331	16.390
67.121	22.802	15.258	70.199	24.358	16.390
67.175	22.829	15.258	70.253	24.386	16.432
67.229	22.856	15.298	70.307	24.413	16.432
67.283	22.883	15.298	70.361	24.440	16.472
67.337	22.910	15.338	70.415	24.468	16.472
67.391	22.938	15.338	70.469	24.495	16.514
67.445	22.965	15.378	70.523	24.523	16.514
67.499	22.992	15.378	70.577	24.550	16.554
67.553	23.019	15.418	70.631	24.578	16.554
67.607	23.046	15.418	70.685	24.605	16.596
67.661	23.074	15.458	70.739	24.633	16.596
67.715	23.101	15.458	70.793	24.660	16.638
67.769	23.128	15.498	70.847	24.687	16.638
67.823	23.155	15.498	70.901	24.715	16.678
67.877	23.183	15.538	70.955	24.742	16.678
67.931	23.210	15.538	71.009	24.770	16.720
67.985	23.237	15.578	71.063	24.797	16.720
68.039	23.264	15.578	71.117	24.825	16.762
68.093	23.292	15.618	71.171	24.852	16.762
68.147	23.319	15.618	71.225	24.880	16.802
68.201	23.346	15.658	71.279	24.907	16.802
68.255	23.373	15.658	71.333	24.935	16.844
68.309	23.401	15.700	71.387	24.962	16.844
68.363	23.428	15.700	71.441	24.990	16.886
68.417	23.455	15.740	71.495	25.017	16.886
68.471	23.483	15.740	71.549	25.045	16.928
68.525	23.510	15.780	71.603	25.072	16.928
68.579	23.537	15.780	71.657	25.100	16.968
68.633	23.564	15.820	71.711	25.128	16.968
68.687	23.592	15.820	71.765	25.155	17.010
68.741	23.619	15.860	71.819	25.183	17.010
68.795	23.646	15.860	71.873	25.210	17.052
68.849	23.674	15.902	71.927	25.238	17.052
68.903	23.701	15.902	71.981	25.265	17.094
68.957	23.728	15.942	72.035	25.293	17.094
69.011	23.756	15.942	72.089	25.320	17.136
69.065	23.783	15.982	72.143	25.348	17.136
69.119	23.810	15.982	72.197	25.375	17.178
69.173	23.838	16.022	72.251	25.403	17.178
69.227	23.865	16.022	72.305	25.430	17.220

ANHANG

Zu versteuerndes Einkommen bis DM	Grund-tabelle DM	Splitting-tabelle Steuer DM	Zu versteuerndes Einkommen bis DM	Grund-tabelle DM	Splitting-tabelle Steuer DM
72.359	25.458	17.220	75.437	27.035	18.448
72.413	25.486	17.262	75.491	27.063	18.448
72.467	25.513	17.262	75.545	27.090	18.492
72.521	25.541	17.302	75.599	27.118	18.492
72.575	25.568	17.302	75.653	27.146	18.534
72.629	25.596	17.344	75.707	27.174	18.534
72.683	25.624	17.344	75.761	27.201	18.578
72.737	25.651	17.386	75.815	27.229	18.578
72.791	25.679	17.386	75.869	27.257	18.620
72.845	25.706	17.428	75.923	27.285	18.620
72.899	25.734	17.428	75.977	27.313	18.664
72.953	25.762	17.470	76.031	27.340	18.664
73.007	25.789	17.470	76.085	27.368	18.706
73.061	25.817	17.512	76.139	27.396	18.706
73.115	25.845	17.512	76.193	27.424	18.750
73.169	25.872	17.556	76.247	27.452	18.750
73.223	25.900	17.556	76.301	27.479	18.794
73.277	25.927	17.598	76.355	27.507	18.794
73.331	25.955	17.598	76.409	27.535	18.836
73.385	25.983	17.640	76.463	27.563	18.836
73.439	26.010	17.640	76.517	27.591	18.880
73.493	26.038	17.682	76.571	27.618	18.880
73.547	26.065	17.682	76.625	27.646	18.922
73.601	26.093	17.724	76.679	27.674	18.922
73.655	26.121	17.724	76.733	27.702	18.966
73.709	26.148	17.766	76.787	27.730	18.966
73.763	26.176	17.766	76.841	27.757	19.010
73.817	26.204	17.808	76.895	27.785	19.010
73.871	26.231	17.808	76.949	27.813	19.054
73.925	26.259	17.850	77.003	27.841	19.054
73.979	26.287	17.850	77.057	27.869	19.096
74.033	26.314	17.894	77.111	27.897	19.096
74.087	26.342	17.894	77.165	27.924	19.140
74.141	26.370	17.936	77.219	27.952	19.140
74.195	26.397	17.936	77.273	27.980	19.184
74.249	26.425	17.978	77.327	28.008	19.184
74.303	26.453	17.978	77.381	28.036	19.228
74.357	26.480	18.020	77.435	28.064	19.228
74.411	26.508	18.020	77.489	28.092	19.270
74.465	26.536	18.064	77.543	28.119	19.270
74.519	26.564	18.064	77.597	28.147	19.314
74.573	26.591	18.106	77.651	28.175	19.314
74.627	26.619	18.106	77.705	28.203	19.358
74.681	26.647	18.148	77.759	28.231	19.358
74.735	26.674	18.148	77.813	28.259	19.402
74.789	26.702	18.192	77.867	28.287	19.402
74.843	26.730	18.192	77.921	28.315	19.446
74.897	26.758	18.234	77.975	28.342	19.446
74.951	26.785	18.234	78.029	28.370	19.490
75.005	26.813	18.276	78.083	28.398	19.490
75.059	26.841	18.276	78.137	28.426	19.534
75.113	26.868	18.320	78.191	28.454	19.534
75.167	26.896	18.320	78.245	28.482	19.578
75.221	26.924	18.362	78.299	28.510	19.578
75.275	26.952	18.362	78.353	28.538	19.620
75.329	26.979	18.406	78.407	28.566	19.620
75.383	27.007	18.406	78.461	28.593	19.664

Ihr gutes Recht als Steuerzahler

Zu versteuerndes Einkommen bis DM	Grund-tabelle DM	Splitting-tabelle Steuer DM	Zu versteuerndes Einkommen bis DM	Grund-tabelle DM	Splitting-tabelle Steuer DM
78.515	28.621	19.664	81.593	30.215	20.954
78.569	28.649	19.708	81.647	30.243	20.954
78.623	28.677	19.708	81.701	30.271	20.998
78.677	28.705	19.752	81.755	30.299	20.998
78.731	28.733	19.752	81.809	30.327	21.044
78.785	28.761	19.796	81.863	30.355	21.044
78.839	28.789	19.796	81.917	30.384	21.088
78.893	28.817	19.840	81.971	30.412	21.088
78.947	28.845	19.840	82.025	30.440	21.134
79.001	28.873	19.884	82.079	30.468	21.134
79.055	28.901	19.884	82.133	30.496	21.178
79.109	28.928	19.930	82.187	30.524	21.178
79.163	28.957	19.930	82.241	30.552	21.224
79.217	28.984	19.974	82.295	30.580	21.224
79.271	29.012	19.974	82.349	30.608	21.268
79.325	29.040	20.018	82.403	30.636	21.268
79.379	29.068	20.018	82.457	30.664	21.314
79.433	29.096	20.062	82.511	30.692	21.314
79.487	29.124	20.062	82.565	30.720	21.360
79.541	29.152	20.106	82.619	30.748	21.360
79.595	29.180	20.106	82.673	30.777	21.404
79.649	29.208	20.150	82.727	30.805	21.404
79.703	29.236	20.150	82.781	30.833	21.450
79.757	29.264	20.194	82.835	30.861	21.450
79.811	29.292	20.194	82.889	30.889	21.496
79.865	29.320	20.240	82.943	30.917	21.496
79.919	29.348	20.240	82.997	30.945	21.540
79.973	29.376	20.284	83.051	30.973	21.540
80.027	29.404	20.284	83.105	31.001	21.586
80.081	29.431	20.328	83.159	31.029	21.586
80.135	29.459	20.328	83.213	31.058	21.632
80.189	29.487	20.372	83.267	31.086	21.632
80.243	29.515	20.372	83.321	31.114	21.676
80.297	29.543	20.416	83.375	31.142	21.676
80.351	29.571	20.416	83.429	31.170	21.722
80.405	29.599	20.462	83.483	31.198	21.722
80.459	29.627	20.462	83.537	31.226	21.768
80.513	29.655	20.506	83.591	31.254	21.768
80.567	29.683	20.506	83.645	31.283	21.814
80.621	29.711	20.550	83.699	31.311	21.814
80.675	29.739	20.550	83.753	31.339	21.858
80.729	29.767	20.596	83.807	31.367	21.858
80.783	29.795	20.596	83.861	31.395	21.904
80.837	29.823	20.640	83.915	31.423	21.904
80.891	29.851	20.640	83.969	31.451	21.950
80.945	29.879	20.684	84.023	31.480	21.950
80.999	29.907	20.684	84.077	31.508	21.996
81.053	29.935	20.730	84.131	31.536	21.996
81.107	29.963	20.730	84.185	31.564	22.042
81.161	29.991	20.774	84.239	31.592	22.042
81.215	30.019	20.774	84.293	31.620	22.088
81.269	30.047	20.820	84.347	31.649	22.088
81.323	30.075	20.820	84.401	31.677	22.132
81.377	30.103	20.864	84.455	31.705	22.132
81.431	30.131	20.864	84.509	31.733	22.178
81.485	30.159	20.908	84.563	31.761	22.178
81.539	30.187	20.908	84.617	31.789	22.224

ANHANG

Zu versteuerndes Einkommen bis DM	Grund-tabelle DM	Splitting-tabelle Steuer DM	Zu versteuerndes Einkommen bis DM	Grund-tabelle DM	Splitting-tabelle Steuer DM
84.671	31.818	22.224	87.749	33.428	23.566
84.725	31.846	22.270	87.803	33.456	23.566
84.779	31.874	22.270	87.857	33.485	23.612
84.833	31.902	22.316	87.911	33.513	23.612
84.887	31.930	22.316	87.965	33.541	23.660
84.941	31.959	22.362	88.019	33.570	23.660
84.995	31.987	22.362	88.073	33.598	23.706
85.049	32.015	22.408	88.127	33.626	23.706
85.103	32.043	22.408	88.181	33.655	23.754
85.157	32.071	22.454	88.235	33.683	23.754
85.211	32.100	22.454	88.289	33.711	23.800
85.265	32.128	22.500	88.343	33.740	23.800
85.319	32.156	22.500	88.397	33.768	23.846
85.373	32.184	22.546	88.451	33.796	23.846
85.427	32.212	22.546	88.505	33.825	23.894
85.481	32.241	22.592	88.559	33.853	23.894
85.535	32.269	22.592	88.613	33.881	23.940
85.589	32.297	22.638	88.667	33.910	23.940
85.643	32.325	22.638	88.721	33.938	23.988
85.697	32.353	22.684	88.775	33.966	23.988
85.751	32.382	22.684	88.829	33.995	24.034
85.805	32.410	22.730	88.883	34.023	24.034
85.859	32.438	22.730	88.937	34.052	24.082
85.913	32.466	22.776	88.991	34.080	24.082
85.967	32.495	22.776	89.045	34.108	24.128
86.021	32.523	22.822	89.099	34.137	24.128
86.075	32.551	22.822	89.153	34.165	24.176
86.129	32.579	22.868	89.207	34.193	24.176
86.183	32.608	22.868	89.261	34.222	24.222
86.237	32.636	22.916	89.315	34.250	24.222
86.291	32.664	22.916	89.369	34.279	24.270
86.345	32.692	22.962	89.423	34.307	24.270
86.399	32.721	22.962	89.477	34.335	24.318
86.453	32.749	23.008	89.531	34.364	24.318
86.507	32.777	23.008	89.585	34.392	24.364
86.561	32.805	23.054	89.639	34.421	24.364
86.615	32.834	23.054	89.693	34.449	24.412
86.669	32.862	23.100	89.747	34.477	24.412
86.723	32.890	23.100	89.801	34.506	24.458
86.777	32.919	23.148	89.855	34.534	24.458
86.831	32.947	23.148	89.909	34.563	24.506
86.885	32.975	23.194	89.963	34.591	24.506
86.939	33.003	23.194	90.017	34.620	24.554
86.993	33.032	23.240	90.071	34.648	24.554
87.047	33.060	23.240	90.125	34.676	24.600
87.101	33.088	23.286	90.179	34.705	24.600
87.155	33.117	23.286	90.233	34.733	24.648
87.209	33.145	23.334	90.287	34.762	24.648
87.263	33.173	23.334	90.341	34.790	24.696
87.317	33.201	23.380	90.395	34.819	24.696
87.371	33.230	23.380	90.449	34.847	24.742
87.425	33.258	23.426	90.503	34.875	24.742
87.479	33.286	23.426	90.557	34.904	24.790
87.533	33.315	23.472	90.611	34.932	24.790
87.587	33.343	23.472	90.665	34.961	24.838
87.641	33.371	23.520	90.719	34.989	24.838
87.695	33.400	23.520	90.773	35.018	24.884

IHR GUTES RECHT ALS STEUERZAHLER

Zu versteuerndes Einkommen bis DM	Grund- tabelle	Splitting- tabelle Steuer DM	Zu versteuerndes Einkommen bis DM	Grund- tabelle	Splitting- tabelle Steuer DM
90.827	35.046	24.884	93.905	36.672	26.274
90.881	35.075	24.932	93.959	36.701	26.274
90.935	35.103	24.932	94.013	36.730	26.322
90.989	35.132	24.980	94.067	36.758	26.322
91.043	35.160	24.980	94.121	36.787	26.370
91.097	35.189	25.028	94.175	36.815	26.370
91.151	35.217	25.028	94.229	36.844	26.418
91.205	35.245	25.076	94.283	36.873	26.418
91.259	35.274	25.076	94.337	36.901	26.466
91.313	35.302	25.122	94.391	36.930	26.466
91.367	35.331	25.122	94.445	36.959	26.514
91.421	35.359	25.170	94.499	36.987	26.514
91.475	35.388	25.170	94.553	37.016	26.564
91.529	35.416	25.218	94.607	37.044	26.564
91.583	35.445	25.218	94.661	37.073	26.612
91.637	35.473	25.266	94.715	37.102	26.612
91.691	35.502	25.266	94.769	37.130	26.660
91.745	35.530	25.314	94.823	37.159	26.660
91.799	35.559	25.314	94.877	37.188	26.708
91.853	35.587	25.362	94.931	37.216	26.708
91.907	35.616	25.362	94.985	37.245	26.758
91.961	35.644	25.408	95.039	37.274	26.758
92.015	35.673	25.408	95.093	37.302	26.806
92.069	35.701	25.456	95.147	37.331	26.806
92.123	35.730	25.456	95.201	37.360	26.854
92.177	35.758	25.504	95.255	37.388	26.854
92.231	35.787	25.504	95.309	37.417	26.902
92.285	35.816	25.552	95.363	37.446	26.902
92.339	35.844	25.552	95.417	37.474	26.952
92.393	35.873	25.600	95.471	37.503	26.952
92.447	35.901	25.600	95.525	37.532	27.000
92.501	35.930	25.648	95.579	37.560	27.000
92.555	35.958	25.648	95.633	37.589	27.048
92.609	35.987	25.696	95.687	37.618	27.048
92.663	36.015	25.696	95.741	37.646	27.098
92.717	36.044	25.744	95.795	37.675	27.098
92.771	36.072	25.744	95.849	37.704	27.146
92.825	36.101	25.792	95.903	37.732	27.146
92.879	36.129	25.792	95.957	37.761	27.194
92.933	36.158	25.840	96.011	37.790	27.194
92.987	36.187	25.840	96.065	37.818	27.244
93.041	36.215	25.888	96.119	37.847	27.244
93.095	36.244	25.888	96.173	37.876	27.292
93.149	36.272	25.936	96.227	37.905	27.292
93.203	36.301	25.936	96.281	37.933	27.342
93.257	36.329	25.984	96.335	37.962	27.342
93.311	36.358	25.984	96.389	37.991	27.390
93.365	36.387	26.032	96.443	38.019	27.390
93.419	36.415	26.032	96.497	38.048	27.438
93.473	36.444	26.080	96.551	38.077	27.438
93.527	36.472	26.080	96.605	38.106	27.488
93.581	36.501	26.128	96.659	38.134	27.488
93.635	36.529	26.128	96.713	38.163	27.536
93.689	36.558	26.176	96.767	38.192	27.536
93.743	36.587	26.176	96.821	38.220	27.586
93.797	36.615	26.226	96.875	38.249	27.586
93.851	36.644	26.226	96.929	38.278	27.634

ANHANG

Zu versteuerndes Einkommen bis DM	Grundtabelle	Splittingtabelle Steuer DM	Zu versteuerndes Einkommen bis DM	Grundtabelle	Splittingtabelle Steuer DM
96.983	38.307	27.634	100.061	39.949	29.064
97.037	38.335	27.684	100.115	39.978	29.064
97.091	38.364	27.684	100.169	40.007	29.114
97.145	38.393	27.732	100.223	40.035	29.114
97.199	38.422	27.732	100.277	40.064	29.164
97.253	38.450	27.782	100.331	40.093	29.164
97.307	38.479	27.782	100.385	40.122	29.212
97.361	38.508	27.830	100.439	40.151	29.212
97.415	38.537	27.830	100.493	40.180	29.262
97.469	38.565	27.880	100.547	40.209	29.262
97.523	38.594	27.880	100.601	40.238	29.312
97.577	38.623	27.928	100.655	40.267	29.312
97.631	38.652	27.928	100.709	40.296	29.362
97.685	38.680	27.978	100.763	40.324	29.362
97.739	38.709	27.978	100.817	40.353	29.412
97.793	38.738	28.026	100.871	40.382	29.412
97.847	38.767	28.026	100.925	40.411	29.462
97.901	38.796	28.076	100.979	40.440	29.462
97.955	38.824	28.076	101.033	40.469	29.512
98.009	38.853	28.126	101.087	40.498	29.512
98.063	38.882	28.126	101.141	40.527	29.562
98.117	38.911	28.174	101.195	40.556	29.562
98.171	38.939	28.174	101.249	40.585	29.610
98.225	38.968	28.224	101.303	40.614	29.610
98.279	38.997	28.224	101.357	40.643	29.660
98.333	39.026	28.272	101.411	40.672	29.660
98.387	39.055	28.272	101.465	40.700	29.710
98.441	39.083	28.322	101.519	40.729	29.710
98.495	39.112	28.322	101.573	40.758	29.760
98.549	39.141	28.372	101.627	40.787	29.760
98.603	39.170	28.372	101.681	40.816	29.810
98.657	39.199	28.420	101.735	40.845	29.810
98.711	39.228	28.420	101.789	40.874	29.860
98.765	39.256	28.470	101.843	40.903	29.860
98.819	39.285	28.470	101.897	40.932	29.910
98.873	39.314	28.520	101.951	40.961	29.910
98.927	39.343	28.520	102.005	40.990	29.960
98.981	39.372	28.568	102.059	41.019	29.960
99.035	39.401	28.568	102.113	41.048	30.010
99.089	39.429	28.618	102.167	41.077	30.010
99.143	39.458	28.618	102.221	41.106	30.060
99.197	39.487	28.668	102.275	41.135	30.060
99.251	39.516	28.668	102.329	41.164	30.110
99.305	39.545	28.716	102.383	41.193	30.110
99.359	39.574	28.716	102.437	41.222	30.160
99.413	39.602	28.766	102.491	41.251	30.160
99.467	39.631	28.766	102.545	41.280	30.210
99.521	39.660	28.816	102.599	41.309	30.210
99.575	39.689	28.816	102.653	41.338	30.260
99.629	39.718	28.866	102.707	41.367	30.260
99.683	39.747	28.866	102.761	41.396	30.312
99.737	39.776	28.914	102.815	41.425	30.312
99.791	39.804	28.914	102.869	41.454	30.362
99.845	39.833	28.964	102.923	41.483	30.362
99.899	39.862	28.964	102.977	41.512	30.412
99.953	39.891	29.014	103.031	41.541	30.412
100.007	39.920	29.014	103.085	41.570	30.462

Zu versteuerndes Einkommen bis DM	Grund- tabelle DM	Splitting- tabelle Steuer DM	Zu versteuerndes Einkommen bis DM	Grund- tabelle DM	Splitting- tabelle Steuer DM
103.139	41.599	30.462	106.217	43.257	31.926
103.193	41.628	30.512	106.271	43.286	31.926
103.247	41.657	30.512	106.325	43.315	31.978
103.301	41.686	30.562	106.379	43.344	31.978
103.355	41.715	30.562	106.433	43.374	32.028
103.409	41.744	30.612	106.487	43.403	32.028
103.463	41.773	30.612	106.541	43.432	32.080
103.517	41.802	30.662	106.595	43.461	32.080
103.571	41.831	30.662	106.649	43.490	32.130
103.625	41.860	30.714	106.703	43.519	32.130
103.679	41.889	30.714	106.757	43.549	32.180
103.733	41.918	30.764	106.811	43.578	32.180
103.787	41.947	30.764	106.865	43.607	32.232
103.841	41.976	30.814	106.919	43.636	32.232
103.895	42.005	30.814	106.973	43.665	32.282
103.949	42.034	30.864	107.027	43.695	32.282
104.003	42.064	30.864	107.081	43.724	32.334
104.057	42.093	30.914	107.135	43.753	32.334
104.111	42.122	30.914	107.189	43.782	32.384
104.165	42.151	30.964	107.243	43.811	32.384
104.219	42.180	30.964	107.297	43.841	32.436
104.273	42.209	31.016	107.351	43.870	32.436
104.327	42.238	31.016	107.405	43.899	32.486
104.381	42.267	31.066	107.459	43.928	32.486
104.435	42.296	31.066	107.513	43.957	32.538
104.489	42.325	31.116	107.567	43.987	32.538
104.543	42.354	31.116	107.621	44.016	32.588
104.597	42.383	31.166	107.675	44.045	32.588
104.651	42.412	31.166	107.729	44.074	32.640
104.705	42.441	31.218	107.783	44.104	32.640
104.759	42.471	31.218	107.837	44.133	32.690
104.813	42.500	31.268	107.891	44.162	32.690
104.867	42.529	31.268	107.945	44.191	32.742
104.921	42.558	31.318	107.999	44.221	32.742
104.975	42.587	31.318	108.053	44.250	32.794
105.029	42.616	31.368	108.107	44.279	32.794
105.083	42.645	31.368	108.161	44.308	32.844
105.137	42.674	31.420	108.215	44.338	32.844
105.191	42.703	31.420	108.269	44.367	32.896
105.245	42.733	31.470	108.323	44.396	32.896
105.299	42.762	31.470	108.377	44.425	32.946
105.353	42.791	31.520	108.431	44.455	32.946
105.407	42.820	31.520	108.485	44.484	32.998
105.461	42.849	31.572	108.539	44.513	32.998
105.515	42.878	31.572	108.593	44.542	33.048
105.569	42.907	31.622	108.647	44.572	33.048
105.623	42.936	31.622	108.701	44.601	33.100
105.677	42.965	31.672	108.755	44.630	33.100
105.731	42.995	31.672	108.809	44.659	33.152
105.785	43.024	31.724	108.863	44.689	33.152
105.839	43.053	31.724	108.917	44.718	33.202
105.893	43.082	31.774	108.971	44.747	33.202
105.947	43.111	31.774	109.025	44.777	33.254
106.001	43.140	31.826	109.079	44.806	33.254
106.055	43.169	31.826	109.133	44.835	33.306
106.109	43.199	31.876	109.187	44.864	33.306
106.163	43.228	31.876	109.241	44.894	33.356

ANHANG

Zu versteuerndes Einkommen bis DM	Grund-tabelle Steuer DM	Splitting-tabelle DM	Zu versteuerndes Einkommen bis DM	Grund-tabelle Steuer DM	Splitting-tabelle DM
109.295	44.923	33.356	112.373	46.597	34.852
109.349	44.952	33.408	112.427	46.626	34.852
109.403	44.982	33.408	112.481	46.656	34.904
109.457	45.011	33.460	112.535	46.685	34.904
109.511	45.040	33.460	112.589	46.715	34.956
109.565	45.070	33.510	112.643	46.744	34.956
109.619	45.099	33.510	112.697	46.774	35.008
109.673	45.128	33.562	112.751	46.803	35.008
109.727	45.157	33.562	112.805	46.833	35.060
109.781	45.187	33.614	112.859	46.862	35.060
109.835	45.216	33.614	112.913	46.891	35.112
109.889	45.245	33.664	112.967	46.921	35.112
109.943	45.275	33.664	113.021	46.950	35.164
109.997	45.304	33.716	113.075	46.980	35.164
110.051	45.333	33.716	113.129	47.009	35.216
110.105	45.363	33.768	113.183	47.039	35.216
110.159	45.392	33.768	113.237	47.068	35.268
110.213	45.421	33.820	113.291	47.098	35.268
110.267	45.451	33.820	113.345	47.127	35.320
110.321	45.480	33.870	113.399	47.157	35.320
110.375	45.509	33.870	113.453	47.186	35.372
110.429	45.539	33.922	113.507	47.216	35.372
110.483	45.568	33.922	113.561	47.245	35.424
110.537	45.598	33.974	113.615	47.275	35.424
110.591	45.627	33.974	113.669	47.304	35.476
110.645	45.656	34.026	113.723	47.334	35.476
110.699	45.686	34.026	113.777	47.363	35.528
110.753	45.715	34.076	113.831	47.393	35.528
110.807	45.744	34.076	113.885	47.422	35.580
110.861	45.774	34.128	113.939	47.452	35.580
110.915	45.803	34.128	113.993	47.481	35.632
110.969	45.832	34.180	114.047	47.511	35.632
111.023	45.862	34.180	114.101	47.540	35.684
111.077	45.891	34.232	114.155	47.570	35.684
111.131	45.921	34.232	114.209	47.599	35.736
111.185	45.950	34.284	114.263	47.629	35.736
111.239	45.979	34.284	114.317	47.658	35.788
111.293	46.009	34.334	114.371	47.688	35.788
111.347	46.038	34.334	114.425	47.717	35.840
111.401	46.067	34.386	114.479	47.747	35.840
111.455	46.097	34.386	114.533	47.776	35.892
111.509	46.126	34.438	114.587	47.806	35.892
111.563	46.156	34.438	114.641	47.836	35.944
111.617	46.185	34.490	114.695	47.865	35.944
111.671	46.214	34.490	114.749	47.895	35.996
111.725	46.244	34.542	114.803	47.924	35.996
111.779	46.273	34.542	114.857	47.954	36.048
111.833	46.303	34.594	114.911	47.983	36.048
111.887	46.332	34.594	114.965	48.013	36.100
111.941	46.362	34.646	115.019	48.042	36.100
111.995	46.391	34.646	115.073	48.072	36.154
112.049	46.420	34.696	115.127	48.102	36.154
112.103	46.450	34.696	115.181	48.131	36.206
112.157	46.479	34.748	115.235	48.161	36.206
112.211	46.509	34.748	115.289	48.190	36.258
112.265	46.538	34.800	115.343	48.220	36.258
112.319	46.568	34.800	115.397	48.249	36.310

IHR GUTES RECHT ALS STEUERZAHLER

Zu versteuerndes Einkommen bis DM	Grund-tabelle Steuer DM	Splitting-tabelle DM	Zu versteuerndes Einkommen bis DM	Grund-tabelle Steuer DM	Splitting-tabelle DM
115.451	48.279	36.310	118.529	49.969	37.832
115.505	48.309	36.362	118.583	49.999	37.832
115.559	48.338	36.362	118.637	50.028	37.884
115.613	48.368	36.414	118.691	50.058	37.884
115.667	48.397	36.414	118.745	50.088	37.938
115.721	48.427	36.466	118.799	50.117	37.938
115.775	48.456	36.466	118.853	50.147	37.990
115.829	48.486	36.520	118.907	50.177	37.990
115.883	48.516	36.520	118.961	50.207	38.042
115.937	48.545	36.572	119.015	50.236	38.042
115.991	48.575	36.572	119.069	50.266	38.096
116.045	48.604	36.624	119.123	50.296	38.096
116.099	48.634	36.624	119.177	50.326	38.148
116.153	48.664	36.676	119.231	50.355	38.148
116.207	48.693	36.676	119.285	50.385	38.202
116.261	48.723	36.728	119.339	50.415	38.202
116.315	48.752	36.728	119.393	50.445	38.254
116.369	48.782	36.780	119.447	50.474	38.254
116.423	48.812	36.780	119.501	50.504	38.306
116.477	48.841	36.834	119.555	50.534	38.306
116.531	48.871	36.834	119.609	50.564	38.360
116.585	48.901	36.886	119.663	50.593	38.360
116.639	48.930	36.886	119.717	50.623	38.412
116.693	48.960	36.938	119.771	50.653	38.412
116.747	48.989	36.938	119.825	50.683	38.466
116.801	49.019	36.990	119.879	50.713	38.466
116.855	49.049	36.990	119.933	50.742	38.518
116.909	49.078	37.044	119.987	50.772	38.518
116.963	49.108	37.044	120.041	50.802	38.572
117.017	49.138	37.096	120.095	50.832	38.572
117.071	49.167	37.096	120.149	50.861	38.624
117.125	49.197	37.148	120.203	50.891	38.624
117.179	49.227	37.148	120.257	50.921	38.676
117.233	49.256	37.200	120.311	50.951	38.676
117.287	49.286	37.200	120.365	50.981	38.730
117.341	49.316	37.254	120.419	51.010	38.730
117.395	49.345	37.254	120.473	51.040	38.782
117.449	49.375	37.306	120.527	51.070	38.782
117.503	49.405	37.306	120.581	51.100	38.836
117.557	49.434	37.358	120.635	51.130	38.836
117.611	49.464	37.358	120.689	51.159	38.888
117.665	49.494	37.410	120.743	51.189	38.888
117.719	49.523	37.410	120.797	51.219	38.942
117.773	49.553	37.464	120.851	51.249	38.942
117.827	49.583	37.464	120.905	51.279	38.994
117.881	49.612	37.516	120.959	51.309	38.994
117.935	49.642	37.516	121.013	51.338	39.048
117.989	49.672	37.568	121.067	51.368	39.048
118.043	49.701	37.568	121.121	51.398	39.100
118.097	49.731	37.622	121.175	51.428	39.100
118.151	49.761	37.622	121.229	51.458	39.154
118.205	49.791	37.674	121.283	51.488	39.154
118.259	49.820	37.674	121.337	51.517	39.206
118.313	49.850	37.726	121.391	51.547	39.206
118.367	49.880	37.726	121.445	51.577	39.260
118.421	49.909	37.780	121.499	51.607	39.260
118.475	49.939	37.780	121.553	51.637	39.312

Antrag auf Lohnsteuer-Ermäßigung und Lohnsteuer-Jahresausgleich

Für den Antrag auf **Lohnsteuer-Jahresausgleich 1986** haben Sie Zeit bis zum 31. 12. 1988. Dieser Termin ist eine sogenannte Ausschlußfrist, die nicht verlängert werden kann. Erwarten Sie eine höhere Steuerrückzahlung, sollten Sie mit dem Antrag jedoch nicht solange warten, sondern ihn schnellstmöglich stellen, weil sich Ihr „Guthaben" beim Finanzamt nicht verzinst. In der Regel werden Sie zuviel Lohnsteuern während des Jahres gezahlt haben und mit einer Rückzahlung rechnen können. So zum Beispiel:

Geänderte Abgabefrist

- wenn Sie nicht während des ganzen Jahres in einem Dienstverhältnis gestanden haben,
- wenn für Sie und Ihren Ehegatten jeweils eine Steuerkarte mit der Steuerklasse IV ausgestellt worden ist,
- wenn Ihre berücksichtigungsfähigen Vorsorgeaufwendungen über der Vorsorgepauschale liegen,
- wenn Sie Aufwendungen hatten, die Sie wegen der Antragsgrenze von 1.800 DM im Ermäßigungsverfahren auf Ihrer Lohnsteuerkarte nicht eingetragen bekamen,
- wenn der andere Elternteil Ihres Kindes das ganze Jahr über nicht im Inland gelebt hat und Ihnen daher der höhere Kinderfreibetrag von 2.484 DM für dieses Kind zusteht.

Zur **Lohnsteuer-Ermäßigung,** also zum Antrag auf Eintragung eines Freibetrags in Ihre Lohnsteuerkarte, ist folgendes zu bemerken:

Stellen Sie den Antrag beim Finanzamt möglichst bald nach Erhalt der Lohnsteuerkarte. Der Freibetrag wird grundsätzlich mit Wirkung vom Beginn des auf die Antragstellung folgenden Monats auf der Lohnsteuerkarte eingetragen. Wird der Antrag jedoch im Januar gestellt, so erfolgt die Eintragung mit Wirkung ab 1. Januar 1987. Der Antrag muß spätestens bis zum 30. November 1987 gestellt werden. Nach diesem Zeitpunkt kann eine Steuerermäßigung nur noch beim Lohnsteuer-Jahresausgleich 1987 oder bei der Veranlagung zur Einkommensteuer für 1987 berücksichtigt werden.

Abgabefrist

Vorsorgeaufwendungen	Für Vorsorgeaufwendungen wird ein Freibetrag auf der Lohnsteuerkarte nicht eingetragen. Vorsorgeaufwendungen sind insbesondere die Arbeitnehmerbeiträge zur gesetzlichen Sozialversicherung, Beiträge zu privaten Kranken-, Unfall-, Haftpflicht-, Lebens- oder Todesfallversicherungen und Beiträge zu Bausparkassen. Die Vorsorgeaufwendungen werden bei der Lohnsteuer durch eine Vorsorgepauschale berücksichtigt, die bereits in die Lohnsteuertabellen eingearbeitet worden ist. Höhere Vorsorgeaufwendungen können Sie nur beim Lohnsteuer-Jahresausgleich oder bei einer Veranlagung zur Einkommensteuer geltend machen.
1.800 DM-Grenze	Einen Freibetrag können Sie eingetragen erhalten wegen erhöhter Werbungskosten, erhöhter Sonderausgaben oder außergewöhnlicher Belastungen. Voraussetzung dafür ist jedoch, daß die Aufwendungen beziehungsweise die abziehbaren Beträge insgesamt höher als 1.800 DM sind. Verheiratete Arbeitnehmer können den Antrag stellen, wenn die Aufwendungen beziehungsweise die abziehbaren Beträge beider Ehegatten *zusammen* mehr als 1.800 DM betragen. Wird diese Grenze nicht überschritten, so kann eine Steuerermäßigung erst beim Lohnsteuer-Jahresausgleich oder bei der Veranlagung zur Einkommensteuer erreicht werden.
	Die Grenze von 1.800 DM brauchen Sie nicht zu beachten bei Eintragung des Altersfreibetrags, der Pauschbeträge für Körperbehinderte, Hinterbliebene und Flüchtlinge und der Steuerfreibeträge für Wohneigentum.
Wohneigentum	Durch das Wohneigentumsförderungsgesetz ist mit Wirkung von 1987 die steuerliche Förderung des selbstgenutzten Wohneigentums neu geregelt worden. Auf der Lohnsteuerkarte werden eingetragen:

- die Beträge, die sich nach §§ 10e, 52 Abs. 21 Satz 4 EStG oder nach § 15b Berlinförderungsgesetz ergeben,
- Verluste bei den Einkünften aus Vermietung und Verpachtung, die sich bei Inanspruchnahme der „erhöhten Absetzungen" nach § 7 b EStG oder §§ 14a oder 15 Berlinförderungsgesetz ergeben und
- Beträge zur vorläufigen Abgeltung der Steuerermäßigung nach § 34 f EStG (Kinderkomponente der Wohnungsförderung).

Schema zur Selbstberechnung 1986:

	Stpfl./Ehemann DM	Ehefrau DM	Zeile
1. Einkünfte aus Land- und Forstwirtschaft			1
2. Einkünfte aus Gewerbebetrieb	+	+	2
3. Einkünfte aus selbständiger Arbeit	+	+	3

4. Einkünfte aus nichtselbständiger Arbeit

	Stpfl./Ehemann DM	Ehefrau DM			Zeile
Bruttoarbeitslohn					4
Versorgungs-Freibetrag (40 v.H. d. Versorgungsbezüge, höchst. 4800 DM je Pers.)	−	−			5
Weihnachts-Freibetrag	− 600	− 600			6
verbleiben					7
Arbeitnehmer-Freibetrag	− 480	− 480			8
Werbungskosten (ggf. Pauschbetrag von je 564 DM)	−	−	▶ +	▶ +	9

5. Einkünfte aus Kapitalvermögen

Einnahmen					10
Werbungskosten (ggf. Pauschbetrag von 100 DM; bei Ehegatten 200 DM)	−	−			11
Sparer-Freibetrag (300 DM; bei Ehegatten 600 DM)	−	−	▶ +	▶ +	12
6. Einkünfte aus Vermietung und Verpachtung			+	+	13

7. Sonstige Einkünfte

Einnahmen (bei Leibrenten nur Ertragsanteil)					14
Werbungskosten (ggf. Pauschbetrag von 200 DM)	−	−	▶ +	▶ +	15
		Zwischensumme			16
Altersentlastungsbetrag für vor dem 2.1.1922 Geborene Bruttoarbeitslohn, ohne Versorgungsbezüge				+	17
Positive Summe der Einkünfte lt. Nummern 1 bis 3 und 5 bis 7 (jedoch ohne Einkünfte aus Leibrenten)	+	+	**Summe der Einkünfte**		18
zusammen					19
Davon 40 v. H., höchstens je 3000 DM		+		−	20
Freibetrag für Land- und Forstwirte (ggf. 2000 DM, bei Ehegatten 4000 DM)				−	21
			Gesamtbetrag der Einkünfte		22

Sonderausgaben, die nicht Vorsorgeaufwendungen sind: DM

Sonderausgaben lt. Zeilen 75 bis 79 des Vordrucks ESt/LSt 1 A		23
Aufwendungen für die eigene Berufsausbildung lt. Zeile 80 des Vordrucks ESt/LSt 1 A	+	24
Abziehbarer Betrag der Spenden und Beiträge (Z. 81 u. 82, Z. 83 d. Vordrucks ESt/LSt 1 A, soweit nicht in Z. 86 d. Schemas zu berücksichtigen)	+	25
Abziehbar (mindestens Pauschbetrag von 270 DM, bei Anwendung der Splittingtabelle 540 DM)	▶ −	26
	Übertrag nach Zeile 74	27

Vorsorgeaufwendungen (Versicherungsbeiträge und Bausparbeiträge)

Versicherungsbeiträge (Zeilen 63, 64 und 67 des Vordrucks ESt/LSt 1A)		28
Vorweg abziehbar (3000 DM/bei Ehegatten 6000 DM)		29
Davon ab: (insgesamt höchstens 3000/6000 DM) Beträge lt. Zeilen 65 und 66 des Vordrucks ESt/LSt 1 A	−	30
bei Beamten, Abgeordneten usw. 9 v.H. der Einnahmen	▶ −	31
verbleiben (nicht negativ)		32
Niedrigerer Betrag der Zeile 28 oder 31 (2. Spalte)		33
Beiträge an Bausparkassen (Zeile 73 des Vordrucks ESt/LSt 1 A)	+	34
Summe		35
Höchstbetrag (2340 DM, bei Ehegatten 4680 DM)	−	36
Niedrigerer Betrag der Zeile 35 oder 36	+	37
Übersteigender Betrag		38
Hälfte des Betrags aus Zeile 38		39
Höchstens 50 v. H. des Betrags aus Zeile 36		40
Niedrigerer Betrag der Zeile 39 oder 40	+	41
Summe		42

Bemessungsgrundlage für Vorsorgepauschale

	Stpfl./Ehemann DM	Ehefrau DM	Summe	Zeile
Maßgebender Arbeitslohn lt. Zeile 7				43
Abzüglich 40 v.H. des Betrags aus Zeile 17 (Vorspalten), höchstens je 3000 DM	−	−		44
Maßgebender Betrag	+	+	▶	45

Berechnung der ungekürzten Vorsorgepauschale (Personenkreis A) [1]
oder der gekürzten Vorsorgepauschale (Personenkreis B) [2]

9 v. H. des Betrags aus Zeile 45 (bei Ehegatten: Summe)		46
Für Personenkreis A [1]: höchstens 2340 DM/bei Ehegatten 4680 DM } Für Personenkreis B [2]: höchstens 1000 DM/bei Ehegatten 2000 DM		47
Niedrigerer Betrag der Zeile 46 oder 47		48
9 v. H. des Betrags aus Zeile 45 (bei Ehegatten: Summe)		49
Für Personenkreis A [1]: höchstens 1170 DM/bei Ehegatten 2340 DM } Für Personenkreis B [2]: höchstens 1000 DM/bei Ehegatten 2000 DM		50
Niedrigerer Betrag der Zeile 49 oder 50	+	51
Summe		52
Abgerundet auf den nächsten durch 54 ohne Rest teilbaren vollen DM-Betrag (mindest. ist jedoch ein Betrag von 300 DM/600 DM anzusetzen)		53

Berechnung der Vorsorgepauschale für Ehegatten, die beide Arbeitslohn beziehen und von denen einer zum Personenkreis A [1] und der andere zum Personenkreis B [2] gehört

1. Für den Ehegatten, der zum Personenkreis A [1] gehört:

   18 v. H. seines maßgebenden Betrags aus Zeile 45 54

2. Für den Ehegatten, der zum Personenkreis B [2] gehört:

   18 v. H. seines maßgebenden Betrags aus Zeile 45 55

   Höchstens 2000   56

   Niedrigerer Betrag der Zeile 55 oder 56 . . . . + 57

   Summe 58

3. Höchstbetragsberechnung   Betrag aus Zeile 58   59

   Höchstens 4680   60

   Niedrigerer Betrag der Zeile 59 oder 60 61

   Übersteigender Betrag (Zeile 59 abzüglich Zeile 60) 62

   Hiervon die Hälfte 63

   Höchstens 2340   64

   Niedrigerer Betrag der Zeile 63 oder 04 . . . . + 65

   Summe 66

4. Mindestbetragsberechnung

   Für den Ehegatten, der zum Personenkreis B [2] gehört:

   18 v. H. seines maßgebenden Betrags aus Zeile 45 67

   Höchstens 4000   68

   Niedrigerer Betrag der Zeile 67 oder 68 69

5. Maßgebende Vorsorgepauschale

   Höherer Betrag der Zeile 66 oder 69 70

   Abgerundet auf den nächsten durch 54 ohne Rest teilbaren vollen DM-Betrag (mindestens ist jedoch ein Betrag von 600 DM anzusetzen) 71

Abziehbarer Betrag für Vorsorgeaufwendungen   Übertrag aus Zeile 27

– Vorsorgeaufwendungen aus Zeile 42 72
– Vorsorgepauschbetrag 300 DM, bei Ehegatten 600 DM
  (wenn Steuerpflichtiger und Ehegatte keinen Arbeitslohn bezogen haben) 73
– Vorsorgepauschale aus Zeile 53 oder 71 74

Höherer Betrag der Zeile 72, 73 oder 74 (Vorspalte) 75

Freibetrag für freie Berufe (sind beide Ehegatten freiberuflich tätig, ggf. Summe der Freibeträge, höchstens je 1200 DM) . . . . + 76

Außergewöhnliche Belastungen nach §§ 33 bis 33 c EStG . . . . + 77

▶ – 78

Einkommen 79

Altersfreibetrag für vor dem 2. 1. 1922 Geborene (je Ehegatte 720 DM) 80

Haushaltsfreibetrag für Alleinstehende mit mindestens einem Kind bei Grundtabelle (4536 DM) . . . . . + 81

Kinderfreibetrag je Kind 2484 DM/1242 DM . . . . + 82

Härteausgleich nach § 46 Abs. 3 EStG, § 70 EStDV . . . . + ▶ – 83

Zu versteuerndes Einkommen 84

Steuer 1986 (ggf. Sonderberechnung, z. B. bei Bezug bestimmter Lohnersatzleistungen) 85

Steuerermäßigungen (z. B. für Kinder bei erhöhten Absetzungen nach § 7 b EStG und für Mitgliedsbeiträge und Spenden an politische Parteien) . . . – 86

Davon ab: Lohnsteuer _____ DM + Kapitalertragsteuer _____ DM + Körperschaftsteuer _____ DM – 87

Geleistete Vorauszahlungen . . . . – 88

Erstattungsbetrag/Abschlußzahlung 89

1) Arbeitnehmer und ggf. Ehegatte sind rentenversicherungspflichtig.
2) Arbeitnehmer und ggf. Ehegatte gehören zum Personenkreis des § 10 c Abs. 5 EStG (vgl. Erläuterungen zu Zeilen 31 bis 36 der Anlage N).

Antrag auf Lohnsteuer-Ermäßigung

Zur Beachtung: Der Antrag kann nur bis zum **30. November 1987** gestellt werden. Nach diesem Zeitpunkt kann ein Antrag auf Steuerermäßigung nur noch beim Lohnsteuer-Jahresausgleich 1987 oder bei einer Veranlagung zur Einkommensteuer für 1987 berücksichtigt werden.

Bitte die **Lohnsteuerkarte(n) 1987 – ggf. auch die des Ehegatten – beifügen.** Das sorgfältige Ausfüllen des Vordrucks liegt in Ihrem Interesse; dadurch werden unnötige Rückfragen und Verzögerungen in der Antragsbearbeitung vermieden.

Für die Zulässigkeit einer Antragstellung auf Lohnsteuerermäßigung können u. U. die Antragsgründe maßgebend sein. Aus diesem Grund sind in Abschnitt C dieses Antrags alle Antragsgründe zusammengefaßt, für die eine Antragstellung ohne Einschränkung möglich ist. Aus dem Abschnitt D ergeben sich die Antragsgründe, für die eine Antragstellung nur dann zulässig ist, wenn die Aufwendungen und Beträge insgesamt **1800 DM** in 1987 übersteigen.

Einzelheiten finden Sie in der Informationsschrift „Lohnsteuer '87", die Ihnen mit der Lohnsteuerkarte 1987 zugestellt worden ist.

Weiße Felder bitte ausfüllen oder ⊠ ankreuzen.

Nach den Vorschriften der Datenschutzgesetze wird darauf hingewiesen, daß die mit der Steuererklärung angeforderten Daten aufgrund der §§ 149 ff. der Abgabenordnung und des § 39 a Abs. 2 des Einkommensteuergesetzes erhoben werden.

Ⓐ Angaben zur Person

Die Angaben für den Ehegatten bitte immer ausfüllen!

Antragsteller
- Familienname, Vorname: *Mustermann, Willi*
- Straße und Hausnummer: *Musterstr. 7*
- Postleitzahl, Wohnort: *9999 Musterstadt*
- Geburtsdatum: Tag *18* Monat *10* Jahr *40* Religion *rk*
- Verheiratet seit: *10.1.1966* Verwitwet seit:
- Ausgeübter Beruf: *Kfz-Schlosser*
- Telefonisch tagsüber zu erreichen unter Nr.

Ehegatte
- Familienname, Vorname: *Mustermann, Else*
- Straße und Hausnummer: *Musterstr. 7*
- Postleitzahl, Wohnort: *9999 Musterstadt*
- Geburtsdatum: Tag *17* Monat *06* Jahr *45* Religion *rk*
- Geschieden seit: Dauernd getrennt lebend seit¹)
- Ausgeübter Beruf: *Hausfrau*
- Telefonisch tagsüber zu erreichen unter Nr.
- Ist eine Lohnsteuerkarte ausgestellt? ⊠ Nein ☐ Ja

1) Auch dann angeben, wenn die Ehe in 1987 geschieden wurde.

2) Lt. Lohnsteuerkarte

	Steuerklasse²)	Zahl der Kinderfreibeträge²)	Zahl der Kinder²)	Steuerklasse²)	Zahl der Kinderfreibeträge²)	Zahl der Kinder²)
	drei	*eins*	*eins*			

Arbeitgeber
- Name (Firma): *Fa. Otto Schmidt*
- Straße und Hausnummer: *Bergstr. 5*
- Postleitzahl, Ort: *9999 Musterstadt*

Name (Firma):
Straße und Hausnummer:
Postleitzahl, Ort:

Voraussichtlicher Bruttoarbeitslohn
(einschl. Sachbezüge, Gratifikationen, Tantiemen usw.) im Kalenderjahr: *36.000* DM
darin enthalten steuerbegünstigte Versorgungsbezüge: DM

(einschl. Sachbezüge, Gratifikationen, Tantiemen usw.) im Kalenderjahr: DM
darin enthalten steuerbegünstigte Versorgungsbezüge: DM

Voraussichtliche andere Einkünfte (z. B. aus Gewerbebetrieb, Kapitalvermögen, Vermietung, Verpachtung, Renten)
im Kalenderjahr: DM

Werden Sie zur Einkommensteuer veranlagt? ⊠ Nein ☐ Ja, beim Finanzamt Steuernummer
⊠ Nein ☐ Ja, beim Finanzamt Steuernummer

Wurde ein Antrag auf Lohnsteuerermäßigung für 1986 gestellt? ☐ Nein Ja, beim Finanzamt *Musterstadt* ☐ Nein ☐ Ja, beim Finanzamt

Wurde ein Antrag auf Lohnsteuer-Jahresausgleich für 1985 gestellt? ☐ Nein Ja, beim Finanzamt *Musterstadt* ☐ Nein ☐ Ja, beim Finanzamt

B) Kinderfreibeträge

Bitte auch Kinder eintragen, die bereits auf der Lohnsteuerkarte bescheinigt sind. Leibliche Kinder sind nicht anzugeben, wenn das Verwandtschaftsverhältnis durch Adoption vor dem 1.1.1987 erloschen ist.

Vorname des Kindes (ggf. auch abweichender Familienname)	geboren am	Kindschaftsverhältnis zum Antragsteller		Ehegatten		Bei Kindern unter 16 Jahren (nach dem 1.1.1971 geboren). Auf der Lohnsteuerkarte ist das Kind		
		leibliches Kind/ Adoptivkind	Pflegekind	leibliches Kind/ Adoptivkind	Pflegekind	bereits berücksichtigt	nach zu berücksichtigen	Lebensbescheinigung ist beigefügt.
1 *Claudia*	12.4.67	X		X				
2								
3								
4								

Das Kind ist/war am 1.1.1987 (oder erstmals in 1987) im Inland mit Hauptwohnung gemeldet

	beim Antragsteller	und/oder bei sonstigen Personen (Name und Anschrift, ggf. Verwandtschaftsverhältnis zum Kind) oder in (Anschrift)	Angaben entfallen bei nicht dauernd getrennt lebenden Ehegatten, soweit für jeden Ehegatten dasselbe Kindschaftsverhältnis angekreuzt ist: Gehört das Kind lt. - beigef. - Bescheinigung der zuständigen Behörde (z. B. der Meldebehörde oder des Jugendamtes) zum Haushalt des Vaters?	
Zu 1:			Ja	Nein
Zu 2:			Ja	Nein
Zu 3:			Ja	Nein
Zu 4:			Ja	Nein

Von den in Nr. 1 bis 4 genannten Kindern stehen folgende zu einer weiteren Person in einem Kindschaftsverhältnis:

zu Nr.	Name und Anschrift dieser Person, Art des Kindschaftsverhältnisses

Bei Kindern über 16 Jahre (vor dem 2.1.1971 geboren): Die Eintragung auf der Lohnsteuerkarte wird beantragt, weil das Kind
a) in Berufsausbildung steht (ggf. Angabe der Schule, des Lehrherrn usw.)3)
b) eine Berufsausbildung mangels Ausbildungsplatzes nicht beginnen oder fortsetzen kann3)
c) Grundwehrdienst, Zivildienst, befreienden Dienst leistet (nur bei Unterbrechung der Berufsausbildung, bitte erläutern)3)
d) ein freiwilliges soziales Jahr leistet3)
e) sich wegen körperlicher, geistiger oder seelischer Behinderung nicht selbst unterhalten kann (ggf. ist anzugeben, warum der Ehegatte oder frühere Ehegatte des Kindes keinen ausreichenden Unterhalt leistet)

3) Die Kinder werden nur bis zum 27. Lebensjahr berücksichtigt (nach dem 1.1.1960 geboren)

zu Nr.	Antragsgrund		vom - bis
1	*Ausbildung zum Büro-Kaufmann*		1.1.-31.12.87

Ergänzende Angaben für folgende, in Nr. 1 bis 4 genannte Kinder:

Pflegekinder, für die Sie Pflegegeld oder andere Unterhaltsleistungen erhalten

zu Nr.	Höhe der Leistungen	zu Nr.	Höhe der Leistungen	zu Nr.	Höhe der Leistungen
	DM		DM		DM

leibliche Kinder oder **Adoptivkinder,** für die vor dem 1.1.1987 zusätzlich ein **Pflegekindschaftsverhältnis** zu einer weiteren Person begründet worden ist

zu Nr.	Unterhaltsverpflichtung	geleisteter Unterhalt	zu Nr.	Unterhaltsverpflichtung	geleisteter Unterhalt
	DM	DM		DM	DM

leibliche Kinder, bei denen durch **Adoption** vor dem 1.1.1987 das Verwandtschaftsverhältnis nicht erloschen ist

zu Nr.	Unterhaltsverpflichtung	geleisteter Unterhalt	zu Nr.	Unterhaltsverpflichtung	geleisteter Unterhalt
	DM	DM		DM	DM

C) Unbeschränkt antragsfähige Ermäßigungsgründe

I. Freibetrag für besondere Fälle in der Regel nur für das Jahr des Eintritts der Voraussetzungen und die beiden folgenden Kalenderjahre. Die steuerliche Berücksichtigung kommt nur in Betracht, wenn nicht unter D Teil V Nr. 1 Buchst. b Aufwendungen für die Wiederbeschaffung von Hausrat geltend gemacht werden. Bei Kindern auch B ausfüllen.

☐ Flüchtling ☐ Vertriebener ☐ Heimatvertriebener ☐ Spätaussiedler ☐ Politisch Verfolgter
☐ Ausweis vom ☐ Amtliche Bescheinigung vom ☐ ist beigefügt. ☐ hat dem Finanzamt bereits vorgelegen.

Bitte Belege beifügen!

II. Altersfreibetrag,
☐ weil ich oder (und) mein Ehegatte vor dem 2.1.1923 geboren bin (sind).

III. Körperbehinderte und Hinterbliebene
(Bei Kindern auch Abschnitt Ⓑ ausfüllen.)

Name	Ausweis/Rentenbescheid/Bescheinigung ausgestellt am	gültig bis	Nachweis	ist beigefügt. Hinterbliebener / Körperbehinderter / blind/ständig pflegebedürftig / geh- und stehbehindert	hat bereits vorgelegen. Erwerbsminderung v. H.

Vermerke des Finanzamts

IV. Freibetrag zur Förderung des Wohneigentums
(z. B. §§ 7 b, 10 e und 34 f des Einkommensteuergesetzes, §§ 14 a, 15 oder 15 b des Berlinförderungsgesetzes)
☐ Vordruck LSt 3 D ist beigefügt.

Anfrage an V-Stelle am:

Ⓓ Beschränkt antragsfähige Ermäßigungsgründe

I. Werbungskosten des Antragstellers
1. Aufwendungen für Fahrten zwischen Wohnung und Arbeitsstätte

a) mit eigenem
☒ Pkw ☐ Motorrad/Motorroller Letztes amtl. Kennzeichen **MST-NR 123** ☐ Moped/Mofa ☐ Fahrrad

Der Arbeitgeber ersetzt steuerfrei **0** DM

Arbeitstage je Woche **5**   Urlaubs- und ggf. Krankheitstage **30**   Erhöhter Kilometersatz wegen Körperbehinderung von mindestens 70 v.H. / Gehbehinderung

Im Kalenderjahr volle DM

Arbeitsstätte in (Ort und Straße) – ggf. nach besonderer Aufstellung –
Musterstadt, Bergstr.   benutzt an Tagen **200**   einfache Entf. (km) **12**   Ständig wechselnde Einsatzstelle vom – bis

951

b) mit öffentlichen Verkehrsmitteln (monatlich ___ DM) Gesamtaufwendungen ___ DM
Davon werden vom Arbeitgeber steuerfrei ersetzt ___ DM

2. Beiträge zu Berufsverbänden (Bezeichnung der Verbände)
Gewerkschaft   **280**

3. Aufwendungen für Arbeitsmittel (Art der Aufwendungen, z. B. typische Berufskleidung)
Arbeitskleidung   **168**

4. Weitere Werbungskosten (z. B. Fortbildungs- und Reisekosten) – soweit sie nicht steuerfrei ersetzt werden –
Lehrgang (s. Anlage)   **1.500**

5. Mehraufwendungen für Verpflegung
- bei über 12 Stunden Abwesenheit von der Wohnung — Arbeitszeit von – bis / Abwesenheit von – bis / Tage
- bei ständig wechselnden Einsatzstellen und über 10 Stunden Abwesenheit von der Wohnung — Arbeitszeit von – bis / Abwesenheit von – bis / Tage
- bei Berufskraftfahrern (Art der Tätigkeit) — Fahrtätigkeit über 6 Std. Anzahl der Tage / Fahrtätigkeit über 12 Std. Anzahl der Tage

Vom Arbeitgeber werden steuerfrei ersetzt ▼ ___ DM

6. Mehraufwendungen für doppelte Haushaltsführung
Der doppelte Haushalt ist aus beruflichem Anlaß begründet worden
Grund: ___ am ___ und hat seitdem ununterbrochen bestanden bis ___
Beschäftigungsort ___
Mein Ehegatte hat sich an — vom – bis — meinem Beschäftigungsort aufgehalten
Eigener Hausstand: ☐ Nein ☐ Ja, in ___ seit ___
Falls nein, wurde Unterkunft am bisherigen Ort beibehalten? ☐ Nein ☐ Ja

Kosten der ersten Fahrt zum Beschäftigungsort und der letzten Fahrt zum eigenen Hausstand
mit öffentlichen Verkehrsmitteln ___ / mit eigenem Kfz (Entfernung) ___ km × ___ = ___ DM

Fahrkosten für Heimfahrten
mit öffentlichen Verkehrsmitteln ___ / mit eig. Kfz (Entfernung) ___ Einzelfahrt ___ DM × Anzahl ___ = ___ DM

Kosten der Unterkunft am Arbeitsort (lt. Nachweis) ___ DM

Mehraufwendungen für Verpflegung
täglich ___ DM × Anzahl der Tage ___ = ___ DM ___ DM

Vom Arbeitgeber werden steuerfrei ersetzt ▼

7. Besondere Pauschsätze für bestimmte Berufsgruppen, und zwar für ___

Summe **2.899**

→ Summe
− 564 DM
(Abzug unterbleibt, wenn außerdem Pauschsätze nach Nr. 7 anzusetzen sind)

Se.:
Übertragen in Vfg.; ggf. Pauschsätze abziehen und getrennt übertragen.

4) Kürzeste Straßenverbindung zwischen Wohnung und Arbeitsstätte
5) Nur ausfüllen, wenn die Einsatzstelle mehr als 30 km von der Wohnung entfernt ist
6) Ggf. auf besonderem Blatt erläutern

Bitte Belege beifügen!

4

II. Werbungskosten des Ehegatten
1. Aufwendungen für Fahrten zwischen Wohnung und Arbeitsstätte

a) mit eigenem [ ] Pkw [ ] Motorrad/Motorroller Letztes amtl. Kennzeichen [ ] Moped/Mofa [ ] Fahrrad — DM

| Arbeitstage je Woche | Urlaubs- und ggf. Krankheitstage | Erhöhter Kilometersatz wegen Körperbehinderung von mindestens 70 v.H. | von mindestens 50 v.H. und Gehbehinderung | Im Kalenderjahr volle DM |

| Arbeitsstätte in (Ort und Straße) – ggf. nach besonderer Aufstellung – | benutzt an Tagen | einfache Entf. (km)⁴⁾ | Ständig wechselnde Einsatzstelle vom – bis⁵⁾ | |

b) mit öffentlichen Verkehrsmitteln (monatlich   DM) Gesamtaufwendungen   DM
   Davon werden vom Arbeitgeber steuerfrei ersetzt   DM

2. Beiträge zu Berufsverbänden (Bezeichnung der Verbände)

3. Aufwendungen für Arbeitsmittel (Art der Aufwendungen, z. B. typische Berufskleidung)⁶⁾

4. Weitere Werbungskosten (z. B. Fortbildungs- und Reisekosten)⁶⁾ – soweit sie nicht steuerfrei ersetzt werden –

5. Mehraufwendungen für Verpflegung
- bei über 12 Stunden Abwesenheit von der Wohnung — Arbeitszeit von – bis | Abwesenheit von – bis | Tage
- bei ständig wechselnden Einsatzstellen und über 10 Stunden Abwesenheit von der Wohnung — Arbeitszeit von – bis | Abwesenheit von – bis | Tage
- bei Berufskraftfahren (Art der Tätigkeit) — Fahrtätigkeit über 6 Std. Anzahl der Tage | Fahrtätigkeit über 12 Std. Anzahl der Tage

Vom Arbeitgeber werden steuerfrei ersetzt ▼   DM

6. Mehraufwendungen für doppelte Haushaltsführung
Der doppelte Haushalt ist aus beruflichem Anlaß begründet worden
Grund⁶⁾   am   und hat seitdem ununterbrochen bestanden bis   Beschäftigungsort
Mein Ehegatte hat sich an meinem Beschäftigungsort aufgehalten vom – bis

Eigener Hausstand: [ ] Ja, in   seit   Falls nein, wurde Unterkunft am bisherigen Ort beibehalten? [ ] Nein [ ] Ja
[ ] Nein

Kosten der ersten Fahrt zum Beschäftigungsort und der letzten Fahrt zum eigenen Hausstand
[ ] mit öffentlichen Verkehrsmitteln [ ] mit eigenem Kfz (Entfernung)   km ×   DM) =   DM

Fahrkosten für Heimfahrten
[ ] mit öffentlichen Verkehrsmitteln [ ] mit eig. Kfz (Entfernung   km)   Einzelfahrt DM Anzahl ×   =   DM

Kosten der Unterkunft am Arbeitsort (lt. Nachweis)   DM

Mehraufwendungen für Verpflegung
täglich   DM × Anzahl der Tage   =   DM   DM

Vom Arbeitgeber werden steuerfrei ersetzt ▼

7. Besondere Pauschsätze für bestimmte Berufsgruppen, und zwar für

Summe

Summe 564 DM (Abzug unterbleibt, wenn außerdem Pauschsätze nach Nr. 7 anzusetzen sind)

Se.: Übertragen in Vfg.; ggf. Pauschsätze abziehen und getrennt übertragen.

III. Sonderausgaben
Versicherungsbeiträge (z. B. Beiträge zu gesetzlichen Rentenversicherungen, Krankenversicherungen, Lebensversicherungen usw.) sowie Beiträge an Bausparkassen können **nicht im Ermäßigungsverfahren** geltend gemacht werden. Diese sogenannten Vorsorgeaufwendungen werden beim laufenden Lohnsteuerabzug pauschal berücksichtigt.

1. Renten, dauernde Lasten (Empfänger, Art und Grund der Schuld)

2. Unterhaltsleistungen an den geschiedenen/dauernd getrennt lebenden Ehegatten
(Bitte den Vordruck Anlage U ausfüllen und beifügen)

3. Kirchensteuer   200

4. Steuerberatungskosten   240

5. Aufwendungen für die eigene Berufsausbildung oder die Weiterbildung in einem nicht ausgeübten Beruf (Bitte auf besonderem Blatt erläutern)

6. Spenden und Beiträge (Bitte Bescheinigungen nach vorgeschriebenem Muster beifügen)
a) für wissenschaftliche und kulturelle Zwecke
b) für mildtätige, kirchliche, religiöse und gemeinnützige Zwecke   120
c) für staatspolitische Zwecke (Mitgliedsbeiträge und Spenden an politische Parteien)

Summe   560

Summe
− 270 DM
− 540 DM

Se.: Übertragen in Vfg.

Bitte Belege beifügen!

Vermerke des Finanzamts
4) Kürzeste Straßenverbindung zwischen Wohnung und Arbeitsstätte
5) Nur ausfüllen, wenn die Einsatzstelle mehr als 30 km von der Wohnung entfernt ist
6) Ggf. auf besonderem Blatt erläutern

IV. Freibetrag für Aufwendungen zur Pflege des Eltern-Kindverhältnisses, wenn das Kind dem anderen Elternteil zuzuordnen ist. (Kinder von geschiedenen oder dauernd getrennt lebenden Eltern sowie nichteheliche Kinder, wenn beide Elternteile im Inland wohnen.)

Voraussetzung ist, daß Sie für das Kind einen Kinderfreibetrag erhalten. (Bitte auch Abschnitt Ⓑ ausfüllen!)

Vorname des Kindes	Aufwendungen entstehen	vom – bis
Vorname des Kindes	Aufwendungen entstehen	vom – bis

Vermerke des Finanzamts

☐ DM
+ ☐ DM
Summe ☐ DM
Übertragen in Vfg.

V. Außergewöhnliche Belastungen
Haben Sie Kinder, bitte auch Abschnitt Ⓑ ausfüllen!

1. Allgemeine außergewöhnliche Belastungen (ggf. auf besonderem Blatt erläutern und zusammenstellen)

a) Kinderbetreuungskosten für haushaltszugehörige Kinder bis 16 Jahre

Antragsgründe

Erwerbstätigkeit des Antragstellers	vom – bis	Körperbehinderung des Antragstellers	vom – bis	Krankheit des Antragstellers	vom – bis
Bei alleinstehenden Antragstellern				Es besteht ein gemeinsamer Haushalt der Elternteile	vom – bis
Erwerbstätigkeit des Ehegatten bzw. des anderen Elternteils bei gemeinsamem Haushalt	vom – bis	Körperbehinderung des Ehegatten bzw. des anderen Elternteils bei gemeinsamem Haushalt	vom – bis	Krankheit des Ehegatten bzw. des anderen Elternteils bei gemeinsamem Haushalt	vom – bis
Vorname und Anschrift des Kindes				Das Kind gehört zu meinem Haushalt	vom – bis
Art der Aufwendungen		Gesamtbetrag DM		Dienstleistungen	vom – bis

Aufwendungen für Kinderbetreuung ☐ DM

Übertragen in Berechnungsschema auf Seite 6

b) Andere allgemeine außergewöhnliche Belastungen

Art der Belastung (z. B. durch Krankheit, Todesfall)

	Gesamtaufwendungen DM	Abzüglich erhaltene oder zu erwartende Ersatzleistungen DM	Berücksichtigungsfähige Aufwendungen DM

Gesamtbetrag der anderen allgemeinen außergewöhnlichen Belastungen ☐ DM
Übertragen in Berechnungsschema auf Seite 6

2. Aufwendungen für eine Hausgehilfin/Haushaltshilfe oder Heim-/Pflegeunterbringung

☐ Beschäftigung einer Hausgehilfin/Haushaltshilfe | vom – bis | Aufwendungen im Kalenderjahr | DM

Name und Anschrift der beschäftigten Person oder des mit den Dienstleistungen beauftragten Unternehmens

Abziehbar ☐ DM

☐ Der Antragsteller oder sein Ehegatte ist in einem **Heim** oder **dauernd zur Pflege** untergebracht. Dadurch entstehen auch Kosten für Dienstleistungen, die mit denen einer Hausgehilfin oder Haushaltshilfe vergleichbar sind.

Name und Anschrift der untergebrachten Person (einschließlich Bezeichnung des Heimes usw.)

Unterbringung vom – bis	Art der Dienstleistungskosten

Abziehbar + ☐ DM

Antragsgründe
☐ Vollendung des 60. Lebensjahrs des Antragstellers od. seines Ehegatten | Nicht nur vorübergehende körperliche Hilflosigkeit, schwere Körperbehinderung, Krankheit (ärztliche Bescheinigung beifügen) des Antragstellers, seines Ehegatten, seines Kindes oder einer zu seinem Haushalt gehörigen unterhaltenen Person

3. Aufwendungen für die Berufsausbildung eines Kindes (Ausbildungsfreibetrag)

Eine Steuerermäßigung kommt nur in Betracht, wenn Sie für das Kind einen Kinderfreibetrag erhalten und Ihnen Aufwendungen für die Berufsausbildung entstehen.

(1. Kind) Vorname, Familienstand und Anschrift des Kindes

Claudia, ledig, Talstr. 10, 5300 Bonn

Art der Berufsausbildung: *Ausbildung zum Büro-Kaufmann* | vom – bis *1.1.-31.12.87*

Auswärtige Unterbringung	vom – bis *1.1.-31.12.87*	Ausbildungsort *Bonn*	Aufwendungen für die Berufsausbildung entstehen	vom – bis *1.1.-31.12.87*
Das Kind hat innerhalb des Ausbildungszeitraums 1987	Bruttoarbeitslohn *4.800* DM	Ausbildungshilfe aus öffentlichen Mitteln DM	andere Einkünfte/Bezüge (Art und Höhe) DM	

Abziehbar + ☐ DM

(2. Kind) Vorname, Familienstand und Anschrift des Kindes

Art der Berufsausbildung | vom – bis

Auswärtige Unterbringung	vom – bis	Ausbildungsort	Aufwendungen für die Berufsausbildung entstehen	vom – bis
Das Kind hat innerhalb des Ausbildungszeitraums 1987	Bruttoarbeitslohn DM	Ausbildungshilfe aus öffentlichen Mitteln DM	andere Einkünfte/Bezüge (Art und Höhe) DM	

Übertrag ☐ DM

Bitte Belege beifügen!

4. Unterstützung bedürftiger Personen (z. B. Eltern, geschiedene Ehegatten, im Ausland lebende Kinder. Hier sind auch Pakete und Päckchen an Angehörige in der DDR oder in Berlin (Ost) einzutragen. Bei mehreren Personen besonderes Blatt verwenden.)

Eine Steuerermäßigung kommt nur in Betracht, wenn weder Sie noch andere Personen für den Unterstützten Anspruch auf einen Kinderfreibetrag haben.

Name und Anschrift der unterstützten Person: *Friedrich Mustermann, Bergerstr. 7, 2 Hamburg*

Alter, Familienstand, Beruf, Verwandtschaftsverhältnis der unterstützten Person: *73, verwitwet, Rentner, Vater*

Die unterstützte Person hat im Unterstützungszeitraum 1987 Bruttoarbeitslohn: ___ DM   Renten: *6.012* DM   andere Einkünfte/Bezüge sowie Vermögen (Art und Höhe): ___ DM

Die unterstützte Person lebt:
[X] in ihrem eigenen oder einem anderen Haushalt
[ ] in meinem Haushalt
zusammen mit folgenden Angehörigen

Eigene Aufwendungen für die unterstützte Person (Art und Zeitraum): *Geldzuwendungen 1.1. – 31.12.1987*   Höhe im Kalenderjahr: *3.000* DM

Nur ausfüllen, wenn der Antragsteller im Haushalt der unterstützten Person lebt:
Die unterstützte Person erhält außerdem für Verpflegung und Wohnung des Antragstellers   Höhe im Kalenderjahr: ___ DM

Grund der Unterstützung (z. B. Alter, Krankheit): *geringe Rente*

Zum Unterhalt der unterstützten Person tragen bei (Name, Anschrift, Zeitraum und Höhe der Unterstützung)

Vermerke des Finanzamts — Übertrag ___ DM — Abziehbar +/- ___ DM — Summe ___ DM — Übertragen in Vfg.

Verteilung der Freibeträge
Werbungskosten können nur auf der Lohnsteuerkarte des Ehegatten eingetragen werden, bei dem sie entstanden sind. Wenn der Freibetrag im übrigen anders als je zur Hälfte auf den Lohnsteuerkarten der Ehegatten aufgeteilt werden soll, dann geben Sie bitte das Aufteilungsverhältnis an (___ v.H.) und fügen Sie die Lohnsteuerkarte des Ehegatten bei.

Versicherung
Bei der Ausfertigung dieses Antrags und der Anlagen hat mitgewirkt
Herr/Frau/Firma ___ in ___ Fernsprecher ___

Ich versichere, daß ich die Angaben in diesem Antrag und in den ihm beigefügten Anlagen wahrheitsgemäß nach bestem Wissen und Gewissen gemacht habe. Ich nehme zur Kenntnis, daß ich verpflichtet bin, unverzüglich die Änderung des Freibetrags auf meiner Lohnsteuerkarte zu beantragen, wenn sich in Abschnitt D Teil I und II Nrn. 1 a und 6 sowie in Teil V Nrn. 2, 3 und 4 angegebenen Verhältnisse im Laufe des Kalenderjahrs 1987 derart ändern, daß die Aufwendungen um mindestens 400 DM geringer sein werden. Mir ist bekannt, daß erforderlichenfalls Angaben über Kindschaftsverhältnisse der für die Ausstellung von Lohnsteuerkarten zuständigen Gemeinde mitgeteilt werden.

Datum: *20.12.1986*   *Willi Mustermann* (Unterschrift des Antragstellers)   *Else Mustermann* (Unterschrift des Ehegatten)

Vermerk des Finanzamts
Berechnung des Freibetrags nach §§ 33, 33c EStG

	Antragsteller/Ehegatten	Kinderbetreuungskosten für ___ Kinder	andere außergewöhnliche Belastungen
Jahresarbeitslohn	DM		
abzüglich Versorgungs-, Weihnachts-, Arbeitnehmer-Freibetrag, Altersentlastungsbetrag, Werbungskosten (mindestens 564 DM)	DM	höchstens Kinderbetreuungskosten	restliche zumutbare Belastung
Zumutbare Belastung nach § 33 Abs. 3 EStG: ___ v.H. von	DM		
8) nur, soweit die anerkannten Kinderbetreuungskosten den Pauschbetrag nach § 33c Abs. 4 EStG übersteigen	ergibt zumutbare Belastung	DM ▶ = DM − = DM	
9) ggf. anteilmäßig nach § 33c Abs. 3 Satz 3 und 4 EStG	Überlastungsbetrag =	DM	DM — höheren Betrag in Vfg. übertragen
	davon höchstens abziehbar nach § 33c Abs. 3 EStG	DM	
	mindestens Pauschbetrag nach § 33c Abs. 4 EStG	DM	
DM			10) einschl. Zahl der Kinderfreibeträge und Zahl der Kinder

1. Freibeträge für besondere Fälle ___
   - Altersfreibetrag ___
   - Pauschbeträge f. Körperbehinderte u. Hinterbliebene ___
   - Freibetrag zur Förd. des Wohneigentums ___
   - Sonderausgaben ___
   - Freibeträge für Kinder ___
   - Kinderbetreuungskosten ___
   - Andere allgemeine außergewöhnliche Belastungen (Antragsteller DM / Ehegatte DM) ___
   - Außergewöhnliche Belastungen in besonderen Fällen ___
   - Zwischensumme ___
   - Werbungskosten ___
   - Jahresfreibetrag ___
   - bisher berücksichtigt ___
   - verbleibender Freibetrag ___
      - Monatsbetrag ___
      - Wochenbetrag ___
      - Tagesbetrag ___

Verfügung
Gültig vom ___ bis ___ 1987

2. Freibetrag bei WK-Pauschsätzen
   v.H.-Satz ___ | monatlich ___ DM
   Gültig vom ___ bis ___ 1987

3. Änderung der StKl in StKl
   Gültig vom ___ bis ___ 1987

4. LStK und Belege an Antragsteller zurück am ___
5. Bescheid zur Post am ___
6. Z. d. A. Datum ___

(Sachgebietsleiter) ___ (Sachbearbeiter) ___

1986

12 Nummer	15 Zeit	11 StNr.	10 86 Vorg	Folgnr.

An das Finanzamt
Musterstadt-Ost

Zutreffende weiße Felder bitte ausfüllen oder ⊠ ankreuzen

☒ **Antrag auf Lohnsteuer-Jahresausgleich**

☐ **Einkommensteuererklärung**
☐ Ich rechne mit einer Einkommensteuererstattung

Kenn-Nr. / Steuernummer / Aktenzeichen des Jahres 1985: 12 345-1234/1234
Steuernummer:

Allgemeine Angaben
Steuerpflichtiger (Stpfl.), bei Ehegatten: **Ehemann**
Telefonisch tagsüber erreichbar unter Nr.

Familienname: **Mustermann**
Vorname: **Willi**
Geburtsdatum (Tag Monat Jahr): **18 10 40** Religion: **rk** Ausgeübter Beruf: **Kfz-Schlosser**
Straße und Hausnummer: **Musterstr. 7**
Postleitzahl / derzeitiger Wohnort: **9999 Musterstadt**

Anschrift wie 1985? ☒ Ja ☐ Nein — Von Zeilen 5 und 6 abweichender Wohnsitz am 31.12.1986

Verheiratet seit dem: **10.1.66** Verwitwet seit dem: Geschieden seit dem: Dauernd getrennt lebend seit dem:

Ehefrau (Vorname): **Else**
ggf. abweichender Familienname:

Geburtsdatum (Tag Monat Jahr): **17 06 45** Religion: **rk** Ausgeübter Beruf: **Buchhalterin**
Straße und Hausnummer, Postleitzahl, derzeitiger Wohnort (falls von Zeilen 5 und 6 abweichend):

Von Zeile 12 abweichender Wohnsitz am 31.12.1986:

Nur bei Einkommensteuererklärung von Ehegatten ausfüllen:
Zusammenveranlagung ☐ Getrennte Veranlagung ☐ Besondere Veranlagung für das Jahr der Eheschließung ☐ Wir haben Gütergemeinschaft vereinbart: Nein ☐ Ja ☐

Bankverbindung Bitte stets angeben! Konto wie 1985? Ja ☐ Nein ☐
Nummer des Bankkontos, Postgirokontos, Sparbuchs, Postsparbuchs: **11 22 33 44** Bankleitzahl: **100 100 10**
Geldinstitut (Zweigstelle) und Ort: **Musterbank Musterstadt**
Kontoinhaber: ☒ Stpfl. (Zeilen 2 u. 3) oder ☐ 32 Name (im Fall der Abtretung bitte amtlichen Abtretungsvordruck beifügen):

Der Steuerbescheid soll nicht mir/uns zugesandt werden, sondern
Name:
Vorname:
Straße und Hausnummer oder Postfach:
Postleitzahl Wohnort:

Unterschrift
Die mit der Steuererklärung angeforderten Daten werden aufgrund der §§ 149 ff. der Abgabenordnung und der §§ 25, 42 des Einkommensteuergesetzes erhoben.

Ich versichere, daß ich die Angaben in diesem Vordruck und den Anlagen wahrheitsgemäß nach bestem Wissen und Gewissen gemacht habe. Mir ist bekannt, daß Angaben über Kindschaftsverhältnisse erforderlichenfalls der für die Ausstellung von Lohnsteuerkarten zuständigen Gemeinde mitgeteilt werden. Wir sind damit einverstanden, daß der Steuerbescheid und Änderungsbescheide jedem der unterzeichnenden Ehegatten zugleich mit Wirkung für und gegen den anderen Ehegatten bekanntgegeben werden.

12.7.1987 Willi Mustermann   Else Mustermann

Datum, Unterschrift(en): Anträge/Steuererklärungen sind eigenhändig – bei E h e g a t t e n von b e i d e n – zu unterschreiben.

EStLSt 1 A – Aug. 86 (3) Bundesland

Angaben zu Kindern

Zeile	Vorname des Kindes (ggf. auch abweichender Familienname)	Geboren am	Wohnort	Kindschaftsverhältnis zum/zur Stpfl./Ehemann		Ehefrau		Bei Pflegekindern: Empfangene Unterhaltsleistungen/Pflegegelder DM
				leibliches Kind/Adoptivkind	Pflegekind	leibliches Kind/Adoptivkind	Pflegekind	
30	1 Wolfgang	3.1.1963	Hannover	X				
31	2 Claudia	12.4.1964	Bonn	X				
32	3 Volker	20.8.1971	Musterstadt	X		X		
33	4							
34	5							

Von diesen Kindern sind vor dem 2.1.1970 – bei a bis d nach dem 1.1.1959 – geboren und
a) standen in Berufsausbildung (Angabe der Schule, des Lehrherrn usw.)
b) konnten eine Berufsausbildung mangels Ausbildungsplatzes nicht beginnen oder fortsetzen
c) leisteten Grundwehrdienst, Zivildienst, befreienden Dienst (nur bei Unterbrechung der Berufsausbildung; bitte erläutern)
d) leisteten ein freiwilliges soziales Jahr
e) konnten sich wegen körperlicher, geistiger oder seelischer Behinderung nicht selbst unterhalten

vom – bis

Zeile	zu Nr.			vom – bis
38	1	a) Universität Hannover		1.1.–31.12.86
39	2	b) Universität Bonn		1.1.–31.12.86

Von den in Zeilen 30 bis 34 genannten Kindern stehen folgende zu weiteren Personen in einem Kindschaftsverhältnis:

Von leiblichen Eltern (Elternteil) eines Pflegekindes auszufüllen, falls das Pflegekindschaftsverhältnis am 1.1.1986 bestand:

zu Nr.	Name und Anschrift dieser Personen, Art des Kindschaftsverhältnisses	Höhe der Unterhaltsverpflichtung DM	Geleisteter Unterhalt DM
42	1+2 Erika Mustermann-Schmidt, Berlinstr.3, 3000 Hannover		

Das Kind lt. Zeile 42/43 war am 1.1.1986 (oder erstmals 1986) mit Hauptwohnung gemeldet beim Stpfl./nicht dauernd getrennt lebenden Ehegatten und/oder bei sonstigen Personen (Name und Anschrift, ggf. Verwandtschaftsverhältnis zum Kind) oder in (Anschrift)

zu Nr.			Gehörte das Kind lt. – beigefügter – Bescheinigung der zuständigen Behörde zum Haushalt des Vaters?	Ich beantrage den vollen Kinderfreibetrag, weil der andere Elternteil keinen wesentlichen Unterhaltsbeitrag geleistet hat	Ich habe der Übertragung des Kinderfreibetrags auf den anderen Elternteil zugestimmt
46	1	Erika Mustermann-Schmidt, Berlinstr.3, 3000 Hannover	Ja [X]Nein	Ja	Ja
47	2	X	Ja Nein	Ja	Ja

Einkünfte im Kalenderjahr 1986 (inländische und ausländische steuerpflichtige Einkünfte)

aus

Nichtselbständiger Arbeit lt. Anlage(n) N für [X]Steuerpflichtigen/Ehemann [X]Ehefrau

Gewerbebetrieb/Selbständiger Arbeit lt. Anlage GSE

Land- und Forstwirtschaft lt. Anlage L

Vermietung und Verpachtung lt. Anlage(n) V Anzahl

Sonstige Einkünfte lt. Anlage KSO

Kapitalvermögen lt. Anlage KSO

	Alters-renten (Einnahmen)	Stpfl./Ehemann DM	Ehefrau DM		Spar- und Bausparzinsen	Einnahmen Stpfl./Ehem. 303 DM	Einnahmen Ehefrau DM
oder ohne Anlage KSO nur bei				oder ohne Anlage KSO nur bei			
	laufen seit dem				Dividenden	DM	DM

Sonstige Angaben

54	Anzurechnende Steuern	Körperschaftsteuer	DM	Pf	Kapitalertragsteuer 25 v.H.	DM	Pf
55	Aufgrund von Doppelbesteuerungsabkommen steuerfreie ausländische Einkünfte ohne Arbeitslohn lt. Anlage N Zeile 18 (Einzelangaben je Staat auf besonderem Blatt)	Staat	Einkünfte (Stpfl./Ehem.)	Einkünfte (Ehefrau)
56	Ausländische Einkünfte (in den Anlagen enthalten) i.S.d. § 34c EStG Abs.1 Antrag n.Abs.2 Abs.5	1. Staat	Einkünfte	Ausl. Steuer
57	Ausländische Einkünfte (in den Anlagen enthalten) i.S.d. § 34c EStG Abs.1 Antrag n.Abs.2 Abs.5	2. Staat	Einkünfte	Ausl. Steuer
58	Beteiligung i.S. des § 7 des Außensteuergesetzes oder Berechtigung i.S. des § 15 des Außensteuergesetzes	Ausländische Steuern vom Einkommen im Sinne des § 34c Abs. 3 EStG	DM
59	Im Kalenderjahr 1986 hingegebene Darlehen im Sinne des §§ 16, 17 BerlinFG laut beigefügter Anlage B	DM	Ermäßigungsbetrag DM
60	Vermögenswirksame Leistungen als Arbeitgeber, die über den geschuldeten Arbeitslohn hinaus erbracht wurden	Zahl der Arbeitnehmer am 1.10.1985	DM	Ermäßigungsbetrag DM
61	Antrag auf Steuerermäßigung nach § 34f EStG bei erhöhten Absetzungen nach § 7b EStG/§ 15 BerlinFG Im bisherigen Begünstigungszeitraum gehörten auf Dauer zum Haushalt die Kinder lt. Zeilen	30	31	32	33	34

Sonderausgaben

Zeile				
62	– Nicht rentenversicherungspflichtige Arbeitnehmer bitte die Zeilen 31 bis 36 der Anlage N ausfüllen –		Bitte nur volle DM-Beträge eintragen	99 13
63	Gesetzliche **Sozialversicherung** (nur Arbeit**nehmer**anteil) und/oder befreiende Lebensversicherung sowie andere gleichgestellte Aufwendungen (ohne steuerfreie Zuschüsse des Arbeitgebers) – In der Regel auf der Lohnsteuerkarte bescheinigt –	Stpfl./Ehemann	5.560	30
64		Ehefrau	3.335	31
65	Gesetzlicher Arbeit**geber**anteil zur gesetzlichen **Rentenversicherung,** steuerfreie Zuschüsse des Arbeitgebers zu gleichgestellten Aufwendungen (In der Regel auf der Lohnsteuerkarte bescheinigt) steuerfreie Beträge der Künstlersozialkasse an die BfA	Stpfl./Ehemann	3.034	32
66	Es bestand Knappschaftsversicherungspflicht	Ehefrau	1.815	33
67	**Freiwillige** Angestellten-, Arbeiterrenten-, Höher**versicherung** (abzüglich steuerfreier Arbeitgeberzuschuß) sowie Beiträge von Nichtarbeitnehmern zur gesetzlichen Altersversorgung	Stpfl./Ehegatten		41
68	**Krankenversicherung** (freiwillige Beiträge sowie Beiträge von Nichtarbeitnehmern zur gesetzlichen Krankenversicherung – abzüglich steuerfreier Zuschüsse, z. B. des Arbeitgebers –)	in 1986 gezahlt / in 1986 erstattet	–	40
69	**Unfallversicherung**	136 / –	136	42
70	**Lebensversicherung** ohne vermögenswirksame Leistungen (einschl. Sterbekasse u. Zusatzversorgung; ohne Beiträge in Zeilen 63 u. 64)	72 / –	72	44
71	**Haftpflichtversicherung** (ohne Kasko-, Hausrat- und Rechtsschutzversicherung)	428 / 35	393	43
72	Beiträge an **Bausparkassen,** die als Sonderausgaben geltend gemacht werden – ohne vermögenswirksame Leistungen –			34
73	Institut, Vertrags-Nr. und Vertragsbeginn		Beiträge	35
74	Für 1986 habe(n) ich/wir und nach dem 1. 1. 1969 geborenen Kinder eine **Wohnungsbau-** oder **Sparprämie** beantragt: Nein / Ja			38
75	**Renten**	tatsächlich gezahlt / abziehbar		11 / 12 v. H.
76	**Dauernde Lasten**	10		10
77	**Unterhaltsleistungen** an den geschiedenen/dauernd getrennt lebenden Ehegatten lt. **Anlage U**	39		39
78	**Kirchensteuer**	in 1986 gezahlt 519 / in 1986 erstattet 147		13
79	**Steuerberatungskosten**		28	16
80	Aufwendungen für die eigene **Berufsausbildung** oder die Weiterbildung in einem nicht ausgeübten Beruf	Art der Aus-/Weiterbildung **Nähkurs**	125	17
81	**Spenden** und Beiträge für wissenschaftliche und kulturelle Zwecke	lt. beigef. Bestätigung + / lt. Nachweis Betriebsfinanzamt		18
82	für mildtätige, kirchliche, religiöse und gemeinnützige Zwecke	120 +	120	19 / 20
83	**Mitgliedsbeiträge und Spenden** an politische Parteien (§§ 34 g, 10 b EStG)	+		
84	Nur bei Einkommensteuererklärung ausfüllen: **Verlustabzug** nach § 10 d EStG und/oder § 2 Abs. 1 Satz 2 Auslandsinvestitionsgesetz (Bitte weder in Rot noch mit Minuszeichen eintragen)	24 aus 1981 / 25 aus 1982 / 26 aus 1983		21
85		Verlustrücktrag 27 aus 1984 / 28 aus 1985		

Außergewöhnliche Belastungen

Zeile							
86	**Körperbehinderte und Hinterbliebene**		Nachweis ist beigefügt / hat bereits vorgelegen				
87	Name	Ausweis-/Rentenbescheid/Bescheinigung ausgestellt am / gültig bis	Hinterbliebener	Körperbehinderter	blindständig pflegebedürftig	geh- und stehbehindert	Grad der Behinderung v. H.
88							56
89							57
90	**Beschäftigung** einer Hausgehilfin / Haushaltshilfe	Aufwendungen DM	**Heim-** oder **Pflegeunterbringung**	Unterbringung: Art der Dienstleistungskosten			
91	vom – bis	Antragsgrund, Name und Anschrift der Beschäftigten / der untergebrachten Person					58
92	**Freibetrag für besondere Fälle** (bitte Ausweis beifügen) Flüchtling / Vertriebener / Heimatvertriebener / Spätaussiedler / Politisch Verfolgter						
93	**Freibetrag für Aufwendungen zur Pflege des Eltern-Kind-Verhältnisses,** wenn das Kind dem anderen Elternteil zuzuordnen ist Vorname des Kindes / Aufwendungen vom – bis / Vorname des Kindes / Aufwendungen vom – bis						63
94	Wolfgang / 1.1.-31.12.86						66

− 4 −

Zeile				
95	**Unterstützung bedürftiger Personen** Name und Anschrift der unterstützten Person, Beruf, Familienstand			
	Friedrich Mustermann, Musterbergstr. 17, 2000 Hamburg 70, Rentner, verwitwet			
96	Hatte jemand Anspruch auf einen Kinderfreibetrag für die unterstützte Person? ☒ Nein ☐ Ja	Verwandtschaftsverhältnis der unterstützten Person: **Vater**	Geburtsdatum **25.04.1913**	
97	Aufwand für die unterstützte Person vom – bis **1.1.–31.12.1986**	DM **3.000**	Grund der Unterstützung **geringe Rente**	
98	Die unterstützte Person hatte im Unterstützungszeitraum: Bruttoarbeitslohn DM	Renten **6.012** DM	andere Einkünfte/Bezüge sowie Vermögen (Art und Höhe)	
99	Die unterstützte Person lebte ☒ in ihrem eigenen oder einem anderen Haushalt ☐ in meinem Haushalt	zusammen mit folgenden Angehörigen		
100	Zum Unterhalt der unterstützten Person haben auch beigetragen (Name, Anschrift, Zeitraum und Höhe der Unterstützung)			

	Ausbildungsfreibetrag (1. Kind) Vorname, Familienstand und Anschrift des Kindes
101	Wolfgang, ledig, Berliner Str. 63, 3000 Hannover
102	Art der Berufsausbildung: **Studium** — vom – bis **1.1.–31.12.86**
103	Auswärtige Unterbringung vom – bis **1.1.–31.12.86** Ausbildungsort **Hannover** — Aufwendungen für die Berufsausbildung entstanden **1.1.–31.12.86**
104	Das Kind hatte innerhalb des Ausbildungszeitraums 1986: Bruttoarbeitslohn **2.000** DM — Ausbildungshilfe (z. B. BAföG-Zuschüsse) **1.800** DM — andere Einkünfte/Bezüge (Art u. Höhe)

	Ausbildungsfreibetrag (2. Kind) Vorname, Familienstand und Anschrift des Kindes
105	Claudia, ledig, Römerstr. 117, 5300 Bonn
106	Art der Berufsausbildung: **Studium** — vom – bis **1.1.–31.12.86**
107	Auswärtige Unterbringung vom – bis **1.1.–31.12.86** Ausbildungsort **Bonn** — Aufwendungen für die Berufsausbildung entstanden **1.1.–31.12.86**
108	Das Kind hatte innerhalb des Ausbildungszeitraums 1986: Bruttoarbeitslohn **2.800** DM — Ausbildungshilfe DM — andere Einkünfte/Bezüge (Art und Höhe)

	Kinderbetreuungskosten für haushaltszugehörige Kinder bis 16 Jahre	Bei Alleinstehenden: Es bestand ein gemeinsamer Haushalt der Elternteile			vom – bis
109					
110	ich war	erwerbstätig	körperbehindert	krank	vom – bis
111	Der Ehegatte bzw. der andere Elternteil bei gemeinsamem Haushalt war	erwerbstätig	körperbehindert	krank	vom – bis
112	Vorname und Anschrift des Kindes		Das Kind gehörte zu meinem Haushalt		vom – bis
113	Art der Aufwendungen	Gesamtbetrag DM	Dienstleistungen		vom – bis

	Andere außergewöhnliche Belastungen Art der Belastung	Gesamtaufwand im Kalenderjahr DM	Erhaltene/zu erwartende Versicherungsleistungen, Beihilfen, Unterstützungen; Wert des Nachlasses usw. DM
114			
115	Krankheitskosten lt. Aufstellg.	9.500	7.300
116			
117			

118	Nur bei geschiedenen oder dauernd getrennt lebenden Elternpaaren oder bei Eltern nichtehelicher Kinder: Laut beigefügtem gemeinsamen Antrag sind die Ausbildungsfreibeträge auf einen Elternteil zu übertragen und/oder die für Kinder zu gewährenden Pauschbeträge für Körperbehinderte/Hinterbliebene in einem anderen Verhältnis als je zur Hälfte aufzuteilen.
119	Nur bei getrennter Veranlagung von Ehegatten ausfüllen: Bei mir zu berücksichtigender Anteil an den Sonderausgaben v. H. außergewöhnlichen Belastungen v. H.

				1986
Name und Vorname des Arbeitnehmers: *Mustermann, Willi*	**Anlage N**		99	2
Kenn-Nr. des Jahres 1985/Aktenzeichen/Steuernummer: *12 123-1234/1234*	Einkünfte aus nichtselbständiger Arbeit		89	

Jeder Ehegatte mit Einkünften aus nichtselbständiger Arbeit hat eine eigene Anlage N abzugeben

Zeile						
1	Steuerklasse, Zahl d. Kinderfreibeträge u. d. Kinder lt. Lohnsteuerkarte: *drei / 2-2*	Bei Ehegatten: ist auch für den Ehegatten eine Lohnsteuerkarte ausgestellt? Nein ☐ Ja ☒, und zwar Steuerklasse *fünf*				10
2	**Angaben zum Arbeitslohn**		Erste Lohnsteuerkarte DM / Pf	Weitere Lohnsteuerkarte(n) DM / Pf		40 / 42
3	Bruttoarbeitslohn		10 *31.586 —*	11		44 / 11
4	Lohnsteuer	nach Abzug der vom Arbeitgeber im Jahresausgleich erstatteten Beträge	40 *2.791 —*	41		41
5	Kirchensteuer des Arbeitnehmers Nur bei konfessionsverschiedener Ehe:		42 *143 19*	43		43
6	Kirchensteuer für den Ehegatten (lt. Abschnitt IV Nr. 6 Ihrer Lohnsteuerkarte)		44	45		45
7	Vermögenswirksame Leistungen — Lebensversicherungsvertrag	Versicherungsunternehmen und Vertragsnummer *Deutsche Lebensvers. AG 385520094*		54 *624 —*		54
8	Zulagensatz 16/26 v. H. — Nach dem 12.11.1980 abgeschlossener anderer Vertrag	Vertragsart, Unternehmen, Nr. und Datum des Vertrags		58		55 / 58
9	Vor dem 13.11.1980 abgeschlossener anderer Vertrag			62		59 / 62
10	Kapitalbeteiligungen	Anlageart, Unternehmen und Datum des Vertrags		52		63 / 52
11	Zulagensatz 23/33 v. H. — Bausparbeiträge	Bausparkasse, Nr. und Datum des Vertrags		56		
12	Andere Anlage(n)	Anlageart, Unternehmen, Nr. und Datum des Vertrags		60		64 / 56
13	Ausgezahlte Arbeitnehmer-Sparzulage			51 *100 80*		57
14	Kurzarbeiter- und Schlechtwettergeld (Beträge lt. Lohnsteuerkarte)		34 Ausgezahlter Betrag *754 —*	19 Bruttobetrag *1.020 —*		60
15	Arbeitslosengeld, Arbeitslosenhilfe (Bruttobetrag lt. Bescheinigung des Arbeitsamts)			20 *1.670 —*		61
16	Angaben über Zeiten und Gründe der Nichtbeschäftigung (Nachweise bitte beifügen) *1.1. - 26.1.1986 arbeitslos*					51 / 34
17						19
18	Steuerfreier Arbeitslohn für Tätigkeit im Ausland nach Doppelbesteuerungsabkommen (DBA), Auslandstätigkeitserlaß (ATE)	Staat	39 DBA	36 ATE		20 / 14
19	Arbeitslohn für mehrere Jahre Antrag auf Verteilung auf mehrere Jahre durch Veranlagung (§ 34 Abs. 3 EStG)		auf andere Jahre entfallender Arbeitslohn ▶	14		47
20	Bei Jahresausgleich: Einbeziehung wird beantragt	13 Arbeitslohn	46 Lohnsteuer	48 Kirchenst. Arbeitn.	49 Kirchenst. Ehegatte	32
21	Entschädigungen sind einzubeziehen zur Anwendung des erm. Steuersatzes / in d. Jahresausgleich ohne Ermäßigung	66 Arbeitslohn	80 Lohnsteuer	84 Kirchenst. Arbeitn.	87 Kirchenst. Ehegatte	33
22	Arbeitnehmer-Erfindervergütungen sollen nicht / sollen einbezogen werden	Arbeitslohn	Lohnsteuer	Kirchenst. Arbeitn.	Kirchenst. Ehegatte	Kz. / West
23	Versorgungsbezüge (im Bruttoarbeitslohn — Zeilen 3 und 20 — enthalten)	aus einem früheren Dienstverhältnis 32	aus allen weiteren früheren Dienstverhältnissen 33	davon Bezüge mit ausgezahlter Berlin-Zulage lt. Lohnsteuerkarte 23		26
24						22
25	Berlinervergünstigung	Nach dem Berlinförderungsgesetz ausgezahlte Arbeitnehmerzulagen lt. Lohnsteuerkarte		26		38
26		Nur ausfüllen bei Abgabe des Vordrucks in Berlin (West)	In Zeilen 3 und 20 enthaltene Arbeitslöhne (ohne Versorgungsbezüge), die nicht aus Berlin (West) sind	22		21
27		Nur ausfüllen bei Abgabe des Vordrucks außerhalb von Berlin (West)	In Zeilen 3 und 20 enthaltene Arbeitslöhne, für die Berlin-Zulagen ausgezahlt worden sind			16
28	Grenzgänger nach	Beschäftigungsland	Arbeitslohn ▶	16 in ausländ. Währung		17 / 65
29	Steuerpflichtiger Arbeitslohn, von dem kein Steuerabzug vorgenommen worden ist		65 Streikgelder	15 andere Beträge		67
30	Steuerfrei erhaltene Aufwandsentschädigung	aus der Tätigkeit als		Betrag		68 / 69

Anlage N für Einkünfte aus nichtselbständiger Arbeit – Aug. 86 (3)

– 2 –

Zeile			
31	Ich habe in 1986 bezogen: ☐ beamtenrechtliche od. gleichgestellte Versorgungsbezüge ☐ Altersruhegeld aus der gesetzlichen Rentenversicherung		

Es bestand 1986 **keine gesetzliche Rentenversicherungspflicht**

32	a) jedoch eine Anwartschaft auf Altersversorgung (ganz oder teilweise ohne eigene Beitragsleistung) aus dem aktiven Dienstverhältnis als		35 Kz Wert
33	☐ als Beamter ☐ als Vorstandsmitglied		
34	Das aktive Beschäftigungsverhältnis bestand 1986 während des ganzen Jahres / nur vom – bis	Arbeitslohn für diesen Teil des Jahres ▶ DM	Summe der Zeilen 34 und 36
35	b) und auch keine Anwartschaft auf Altersversorgung oder eine Anwartschaft nur aufgrund eigener Beitragsleistung aus der Tätigkeit		
36	☐ als Vorstandsmitglied/ GmbH-Gesellschafter-Geschäftsführer ☐ im Rahmen v. Ehegattenarbeitsverträgen, die vor dem 1.1.1967 abgeschlossen wurden ☐ als (z. B. Praktikant, Student)	Arbeitslohn DM	12 Kz Wert

Werbungskosten

37	**Fahrten zwischen Wohnung und Arbeitsstätte**			
38	Aufwendungen für Fahrten mit eigenem ☒ Pkw ☐ Motorrad/Motorroller	Letztes amtl. Kennzeichen **MU-NR 282**	☐ Moped/Mofa ☐ Fahrrad	
39	Arbeitstage je Woche / Urlaubs- u. Krankheitstage	Erhöhter Kilometersatz wegen Körperbehinderung 70 v. H. / von mindestens 50 v. H. und erheblicher Gehbehinderung		
40	Arbeitsstätte in (Ort und Straße) – ggf. nach besonderer Aufstellung – **Musterstadt, Bergstr.**	benutzt an Tagen **201**	einfache Entf. (km) **12**	Ständig wechselnde Einsatzstelle vom – bis	Tage / km 70
41				71
42				72
43	Aufwendungen für Fahrten mit öffentlichen Verkehrsmitteln		74	74
44	Vom Arbeitgeber in 1986 für Fahrten zwischen Wohnung und Arbeitsstätte steuerfrei ersetzte Fahrkosten		73	73
45	**Beiträge zu Berufsverbänden** (Bezeichnung der Verbände) **Gewerkschaft**	DM **276**	Kz	Wert
46	**Aufwendungen für Arbeitsmittel** (Art der Aufwendungen) **Arbeitskleidung, Anschaffung u. Reinigung**	+ **168**		
47	Weitere Werbungskosten (z. B. Fortbildungs- und Reisekosten) – soweit nicht steuerfrei ersetzt –	+		
48		+ ▶	77 **444**	77

49	**Mehraufwendungen für Verpflegung** bei über zwölfstündiger Abwesenheit von der Wohnung					Kz Wert
50	Arbeitszeit von – bis Uhr	Abwesenheit von – bis Uhr	Zahl d. Tage	× 3 DM =	DM	
51	ständig wechselnden Einsatzstellen und über zehnstündiger Abwesenheit von der Wohnung					
52	Arbeitszeit von – bis Uhr	Abwesenheit von – bis Uhr	Zahl d. Tage	× 5 DM =	DM	Vom Arbeitgeber steuerfrei ersetzt ▼
53	Berufskraftfahrer mit Fahrtätigkeit	über 6 Stunden Zahl der Tage	über 12 Stunden Zahl der Tage		DM	
54	Art der Tätigkeit			Summe Zeilen 50 bis 53	DM ▶	DM 76	76

55	**Mehraufwendungen für doppelte Haushaltsführung**	Beschäftigungsort		
56	Der doppelte Haushalt wurde aus beruflichem Anlaß begründet Grund / am / und hat seitdem ununterbrochen bestanden bis 1986	Mein Ehegatte hat sich an meinem Beschäftigungsort aufgehalten vom – bis		Werbungskosten zu Kz 23 oder 38
57	Eigener Hausstand ☐ Nein ☐ Ja, in / seit	Falls nein, wurde Unterkunft am bisherigen Ort beibehalten? ☐ Nein ☐ Ja		25
58	**Kosten d. ersten Fahrt zum Beschäftigungsort u. d. letzten Fahrt zum eigenen Hausstand** mit öffentlichen Verkehrsmitteln / mit eigenem Kfz. (Entfernung km) = DM			Werbungskosten zu Kz 22
59	**Fahrkosten für Heimfahrten** mit öffentlichen Verkehrsmitteln / m. eigenem Kfz. (Entfernung km) Einzelfahrt DM × Anzahl = DM	Vom Arbeitgeber steuerfrei ersetzt ▼		28
60	**Kosten der Unterkunft am Arbeitsort** (lt. Nachweis)	DM		Werbungskosten zu Versorgungsbezügen
61	**Mehraufwendungen für Verpflegung** täglich DM × Zahl der Tage =	DM		27
62	Summe Zeilen 58 bis 61	DM ▶	75	75
63	**Besondere Pauschsätze für bestimmte Berufsgruppen** – bitte die Berufsgruppe genau bezeichnen –		78	78

242

Anlage N 1986
Einkünfte aus nichtselbständiger Arbeit

Name und Vorname des Arbeitnehmers: Mustermann, Else
Kenn-Nr. des Jahres 1985/Aktenzeichen/Steuernummer: 12 123-1234/1234

99 | 2
89

Jeder Ehegatte mit Einkünften aus nichtselbständiger Arbeit hat eine eigene Anlage N abzugeben

Zeile 1 — Steuerklasse, Zahl d. Kinderfreibeträge u. d. Kinder lt. Lohnsteuerkarte: *fünf*
Bei Ehegatten: ist auch für den Ehegatten eine Lohnsteuerkarte ausgestellt? Nein ☐ Ja ☒, und zwar Steuerklasse *drei*

Angaben zum Arbeitslohn

Zeile	Position	Erste Lohnsteuerkarte (DM/Pf)	Weitere Lohnsteuerkarte(n) (DM/Pf)
3	Bruttoarbeitslohn	10: 19.012,—	11:
4	Lohnsteuer (nach Abzug der vom Arbeitgeber im Jahresausgleich erstatteten Beträge)	40: 4.168	41:
5	Kirchensteuer des Arbeitnehmers (Nur bei konfessionsverschiedener Ehe:)	42: 375,12	43:
6	Kirchensteuer für den Ehegatten (lt. Abschnitt IV Nr. 6 Ihrer Lohnsteuerkarte)	44:	45:

Vermögenswirksame Leistungen

Zeile				
7	Zulagensatz 16/26 v. H.	Lebensversicherungsvertrag	Versicherungsunternehmen und Vertragsnummer	54
8		Nach dem 12.11.1980 abgeschlossener anderer Vertrag	Vertragsart, Unternehmen, Nr. und Datum des Vertrags	58
9		Vor dem 13.11.1980 abgeschlossener anderer Vertrag		62
10	Zulagensatz 23/33 v. H.	Kapitalbeteiligungen	Anlageart, Unternehmen und Datum des Vertrags	52
11		Bausparbeiträge	Bausparkasse, Nr. und Datum des Vertrags	56
12		Andere Anlage(n)	Anlageart, Unternehmen, Nr. und Datum des Vertrags	60
13	Ausgezahlte Arbeitnehmer-Sparzulage			51
14	Kurzarbeiter- und Schlechtwettergeld (Beträge lt. Lohnsteuerkarte)	34 Ausgezahlter Betrag	19 Bruttobetrag	
15	Arbeitslosengeld, Arbeitslosenhilfe (Bruttobetrag lt. Bescheinigung des Arbeitsamts)		20	
16	Angaben über Zeiten und Gründe der Nichtbeschäftigung (Nachweise bitte beifügen)			51
17				34
				19
18	Steuerfreier Arbeitslohn für Tätigkeit im Ausland nach Doppelbesteuerungsabkommen (DBA), Auslandstätigkeitserlaß (ATE)	Staat	39 DBA / 36 ATE	20
19	Arbeitslohn für mehrere Jahre — Antrag auf Verteilung auf mehrere Jahre durch Veranlagung (§ 34 Abs. 3 EStG)	auf andere Jahre entfallender Arbeitslohn	14	47 ESt zu Kz 14
20	Bei Jahresausgleich: Einbeziehung wird beantragt	13 Arbeitslohn	46 Lohnsteuer	48 Kirchenst. Arbeitn.	49 Kirchenst. Ehegatte	32
21	Entschädigungen sind einzubeziehen zur Anwendung des ermäß. Steuersatzes / in d. Jahresausgleich (ohne Ermäßigung)	66 Arbeitslohn	80 Lohnsteuer	84 Kirchenst. Arbeitn.	87 Kirchenst. Ehegatte	33
22	Arbeitnehmer-Erfindervergütungen sollen nicht einbezogen werden / sollen einbezogen werden	Arbeitslohn	Lohnsteuer	Kirchenst. Arbeitn.	Kirchenst. Ehegatte	Kz Wert
23	Versorgungsbezüge (im Bruttoarbeitslohn — Zeilen 3 und 20 — enthalten)	aus einem früheren Dienstverhältnis 32	aus allen weiteren früheren Dienstverhältnissen 33	davon Bezüge mit gezahlter Berlin-Zulage lt. Lohnsteuerkarte 23	26
24					22
25	Berlinvergünstigung	Nach dem Berlinförderungsgesetz ausgezahlte Arbeitnehmerzulagen lt. Lohnsteuerkarte	26	zu Zeile 27: § 22 BerlinFG 38
26		Nur ausfüllen bei Abgabe des Vordrucks in Berlin (West)	In Zeilen 3 und 20 enthaltene Arbeitslöhne (ohne Versorgungsbezüge), die nicht aus Berlin (West) sind	22	zu Zeile 27: § 21 BerlinFG 21
27		Nur ausfüllen bei Abgabe des Vordrucks außerhalb von Berlin (West)	In Zeilen 3 und 20 enthaltene Arbeitslöhne, für die Berlin-Zulagen ausgezahlt worden sind		16
28	Grenzgänger nach	Beschäftigungsland	Arbeitslohn ▶	16 in ausländ. Währung	17 / 65
29	Steuerpflichtiger Arbeitslohn, von dem kein Steuerabzug vorgenommen ist	65 Streikgelder	15 andere Beträge	Länderschlüssel (Arbeitgeber-FA) 67
30	Steuerfrei erhaltene Aufwandsentschädigung	aus der Tätigkeit als	Betrag	St-Kl. 68 / Geschl. 69

Anlage N für Einkünfte aus nichtselbständiger Arbeit – Aug. 86 (3)

Zeile					
	Ich habe in 1986 bezogen:				Vorsorgepauschale gekürzt = 1 ungekürzt = 2
31	beamtenrechtliche od. gleichgestellte Versorgungsbezüge ☐		Altersruhegeld aus der gesetzlichen Rentenversicherung ☐		
	Es bestand 1986 **keine gesetzliche Rentenversicherungspflicht**				
32	a) jedoch eine Anwartschaft auf Altersversorgung (ganz oder teilweise ohne eigene Beitragsleistung) aus dem aktiven Dienstverhältnis		als		35 Kz Wert
33	als Beamter ☐ als Vorstandsmitglied ☐				
34	Das aktive Beschäftigungsverhältnis bestand 1986 während des ganzen Jahres / nur vom – bis		Arbeitslohn für diesen Teil des Jahres ▶	DM	
35	b) und auch keine Anwartschaft auf Altersversorgung oder eine Anwartschaft nur aufgrund eigener Beitragsleistung aus der Tätigkeit				Summe der Zeilen 34 und 36
36	als Vorstandsmitglied/GmbH-Gesellschafter-Geschäftsführer	im Rahmen v. Ehegattenarbeitsverträgen, die vor dem 1.1.1957 abgeschlossen wurden	als (z. B. Praktikant, Student)	Arbeitslohn DM	12

Werbungskosten

Zeile									
37	**Fahrten zwischen Wohnung und Arbeitsstätte**								Kz Wert
38	Aufwendungen für Fahrten mit eigenem Pkw / Motorrad/Motorroller		Letztes amtl. Kennzeichen		Moped/Mofa	Fahrrad			
39	Arbeitstage je Woche	Urlaubs- und Krankheitstage	Erhöhter Kilometersatz wegen Körperbehinderung von mindestens 70 v. H. / von mindestens 50 v. H. und erheblicher Gehbehinderung						
40	Arbeitsstätte in (Ort und Straße) – ggf. nach besonderer Aufstellung –			benutzt an Tagen	einfache Entf. (km)	Ständig wechselnde Einsatzstelle vom – bis			Tage km Pf
								70	
41								71	
42								72	
43	Aufwendungen für Fahrten mit öffentlichen Verkehrsmitteln						74	74	
44	Vom Arbeitgeber in 1986 für Fahrten zwischen Wohnung und Arbeitsstätte steuerfrei ersetzte Fahrkosten						73	73	
45	Beiträge zu Berufsverbänden (Bezeichnung der Verbände)				DM			Kz Wert	
46	Aufwendungen für Arbeitsmittel (Art der Aufwendungen)				+				
47	Weitere Werbungskosten (z. B. Fortbildungs- und Reisekosten) – soweit nicht steuerfrei ersetzt –				+				
48					+ ▶		77	77	

Zeile							
49	**Mehraufwendungen für Verpflegung bei** über zwölfstündiger Abwesenheit von der Wohnung						Kz Wert
50	Arbeitszeit von – bis Uhr	Abwesenheit von – bis Uhr	Zahl d. Tage × 3 DM =	DM			
51	ständig wechselnden Einsatzstellen und über zehnstündiger Abwesenheit von der Wohnung						
52	Arbeitszeit von – bis Uhr	Abwesenheit von – bis Uhr	Zahl d. Tage × 5 DM =	DM	Vom Arbeitgeber steuerfrei ersetzt ▼		
53	Berufskraftfahren mit Fahrtätigkeit	über 6 Stunden Zahl der Tage	über 12 Stunden Zahl der Tage				
54	Art der Tätigkeit		Summe Zeilen 50 bis 53 DM	DM – ▶		76	76

Zeile						
55	**Mehraufwendungen für doppelte Haushaltsführung** Der doppelte Haushalt wurde aus beruflichem Anlaß begründet		Beschäftigungsort			
56	Grund	am	und hat seitdem ununterbrochen bestanden bis 1986	Mein Ehegatte hat sich an meinem Beschäftigungsort aufgehalten vom – bis Nein / Ja		Werbungskosten zu Kz 21 oder 38
57	Eigener Hausstand Nein / Ja, in		seit	Falls nein, wurde Unterkunft am bisherigen Ort beibehalten? Nein / Ja		25
58	Kosten d. ersten Fahrt zum Beschäftigungsort u. d. letzten Fahrt zum eigenen Hausstand mit öffentlichen Verkehrsmitteln / mit eigenem Kfz. (Entfernung) km =			DM		Werbungskosten zu Kz 22
59	Fahrkosten für Heimfahrten mit öffentlichen Verkehrsmitteln / m. eigenem Kfz. (Entfernung) km	Einzelfahrt DM ×	Anzahl =	DM		28
60	Kosten der Unterkunft am Arbeitsort (lt. Nachweis)			DM	Vom Arbeitgeber steuerfrei ersetzt ▼	Werbungskosten zu Versorgungsbezügen
61	Mehraufwendungen für Verpflegung täglich DM ×	Zahl der Tage =		DM		27
62		Summe Zeilen 58 bis 61		DM ▶	DM	75 75
63	**Besondere Pauschsätze für bestimmte Berufsgruppen** – bitte die Berufsgruppe genau bezeichnen –				78	78

Stichwortverzeichnis

Abbruch der Berufsausbildung 120
Abbuchungen vom überzogenen Konto 119
Abholfahrten
 – von der Arbeitsstätte 74 f
 – von der Fortbildungsstätte 35
Abitur 110
Abmagerungskur 120
Abordnung eines Beamten 19, 31
Abschlußlehrgang 19
Abwesenheit von der Wohnung 70 f
Adoption 120 f
 – Vorbereitungskosten 121
Änderung des Bescheids wegen neuer Tatsachen 165 f, 185
Aktentasche 87
Alarmanlage 92
Alkoholeinfluß 75
Altenpflegeheim 121
Altersgrenze 13
Amateurfunk 87
Anerkennung von Aufwand 122
Angehörige, finanziell abhängige 57, 61
Anstaltskosten 122
Anwärterbezüge 13
Arbeitnehmer ohne eigenen Hausstand 44
Arbeitsgemeinschaft 40 f, 62
Arbeitsgerät 13
Arbeitslohn 13 ff
 – Rückzahlung 92
Arbeitsmittel 76, 87 ff
Arbeitsstätte, regelmäßige 25
Arbeitszimmer 82 ff
 – Aufbewahrung privater Gegenstände 83
 – geringfügige Nutzung 84
 – Kellerraum 83 f
 – Nachweis der beruflichen Nutzung 84
 – Nutzung am Wochenende 85
 – Nutzungswert 85
 – private Nutzung 82
 – Reinigung durch den Ehegatten 86
 – Teil eines Raumes 86

 – Voraussetzung für die Anerkennung 86
 – vorübergehende Nutzung 85
Arzt 65, 93, 112, 117
Asthma 93
Asylbewerber 45
Aufnahme der blinden Mutter in den Haushalt 122
Aufwendungen, ungewöhnlich hohe 87
Ausbildungsfreibetrag 122 f
Ausbildungskosten 114 ff
Ausbürgerung 92
Ausländische Arbeitnehmer 48, 49, 50, 51, 54, 55, 56, 58, 92, 111, 147
Auslandsreisen 63
Außendienstmonteur 27, 31 f, 35
Außendiensttätigkeit 63
Außenhandelskaufmann 41
Außergewöhnliche Belastungen 120 ff
Außergewöhnliche Kosten 45
Aussetzung der Vollziehung 160, 176 ff
Aussteuer 123 ff
Ausreise aus einem Ostblockstaat 45
Ausreise aus Polen 123
Ausreiseerlaubnis 123
Austauschmotor 23 f, 73, 80
Auswärtige Unterbringung 117
 – Freibetrag 132
Auswanderung aus der CSSR 125

Badekur 125
Bahnpostbegleitdienst 63 f
Balint-Gruppe 102
Balkon 83
Bankdirektor 92
Bauarbeiter 32
Bausparbeiträge 119
Baustelle 34
Baustellenwagen 20
Beamter 19, 64, 105, 108
Beerdigung 125

- in Australien 126
- in den USA 126
Belege 93
Belegpflicht 126
Bereitschaftspolizist 114
Berichtigung einer offenbaren Unrichtigkeit 164 f, 184
Berufsausbildung 122
Berufsausbildungsförderungsgesetz (BaföG) 114
- Rückerstattung 141
Berufsfortbildung 86
Berufskleidung 87 f, 93
- Reinigung 88
Berufskraftfahrer 62, 71, 72
Berufskrankheit 93
Berufstätigkeit von Eheleuten an verschiedenen Orten 46
Beschäftigungsdauer 64
Beschwerde 157 ff
Beschwerdeverfahren 129
Besteuerungsrecht in Italien 16
Besuchsfahrten der Familie 46 f
Besuchtsfahrten in ein Krankenhaus 127 f
Beseitigung eines Fremdschadens 127
Betriebsausflug 14
Betriebsprüfer 87
Betriebssportveranstaltung 75
Betriebsveranstaltung 14
Betriebswirt 37, 41 f, 114, 115
Betriebswirtschaftsakademie 114
Bewährungshelfer 93
Beweislast 93
Bewirtungskosten 93 f, 102
Blindenhund 88
Brille 94
Bürgerliche Kleidung 94 f
Bürgschaft 95, 128
Bundesfinanzhof 9 ff, 169 ff
- Verfahrenskosten 200 ff
Bundeswehrfachschule 35
Bundeswehrhochschule 36
Busfahrer 26, 72

Chemielaborant 43

Darlehen für die Berufsausbildung 115
Darlehensverlust 95, 109
Dauernd getrennt lebende Eheleute 50
DDR
- Angehörige 126
- Dienstreisen 14
- Fahrten 130
- Flucht 131 f

- Geld- und Sachzuwendungen 133, 141 f
- Krankheitskosten 137
- Paketsendungen 138 f
- Tätigkeit 15 f
Devisenkonto 151
Diätverpflegung 128
Dienstgänge 64
Dienstjubiläum 95 f
Dienstreisen 62, 64 f, 71, 76, 78
Dienstwohnung 107, 109
Dienstuniform 112
Differenz zwischen Ersatz vom Arbeitgeber und Pauschalbeträgen 73
Doppelbesteuerungsabkommen 16
Doppelte Haushaltsführung 44 ff
- Dauer 50
- Notwendigkeit 56
- Ruhen 57
- Unterbrechung 58 f
Doppelzahlung von Erschließungskosten 129
Durchgangszimmer 83

Eheähnliche Gemeinschaft 51
Ehegatten-Fahrgemeinschaft 19
Ehescheidungskosten 129
Ehescheidungsverfahren 129
- Getrenntleben während des 133
Ehewidriges Verhältnis 59
Ehrenamtliche Tätigkeiten 76, 96
Eigentumswohnung/Eigenheim 83
Einbürgerungskosten 92, 96
Einkommenssteuer-Tabelle 207 ff
Einspruch 157 ff
-, um eine Bescheidbegründung zu erhalten 173
- Rücknahme 159, 172
- Begründung 159 f, 174 f
- Vorsorglicher 157 f, 171
- Frist 158 f
Elektronenrechner 87
Entfernung von der regelmäßigen Arbeitsstätte 32
Entfernung zwischen Wohnung und Arbeitsstätte 19 f, 32
Entgangene Einkünfte 97
Entlassung aus der tschechoslowakischen Staatsangehörigkeit 129
Entlohnung für eine mehrjährige Tätigkeit 13
Erbbaurecht 14
Erhalt eines Gegenwertes 129 f
Erkrankung des Vaters im Ausland 130
Erneuerung eines Familiengrabs 130
Ersatzleistungen 76

STICHWORTVERZEICHNIS

Erstattung von Krankheitskosten durch die Krankenkasse 130

Fachkurse 65
- für Gruppendynamik 39
- zur Persönlichkeitsentfaltung 39 f

Fachliteratur 88, 97, 112

Fahrten
- zu ein und demselben Ort 32
- zur Baustelle 20
- zur Einsatzstelle 31 f
- zu ständig wechselnden Einsatzstellen 76
- zur Fortbildungsstätte 36
- zur Gaststätte 76 f
- zur Kaserne 21
- zur Werkstatt 77
- zwischen Urlaubsort und Arbeitsstätte 77
- zwischen Wohnung und Arbeitsstätte 19 ff, 77 f

Fahrtkosten 51
Fahrtstrecke 21
Familienhaushalt
- Begründung eines behelfsmäßigen 46
- Beteiligung 47 ff
- Nachweis 56

Familienheimfahrten 51 f
Familienwohnsitz
- Abwesenheit 44
- außerhalb des Arbeitsorts 46
- Verlegung 59 f, 109

Familienwohnung, vorübergehende Aufgabe 61
Fensterputzer 130
Ferienhaus 21
Ferienzentrum 28
Fernlehrgang 86
Fernmeldetechniker 73
Finanzanwärter 41, 67
Finanzbeamter 19, 88
Finanzgericht 9 ff, 157 ff, 169 ff
- Verfahrenskosten 193 ff

Finanzielle Leistungen zwischen Geschwistern 131
Fluglotse 97
Flugreisen 65 f
Flugzeugführer 40
Folgeschäden 78
Forstdirektor 110
Fortbildungsdauer 37
Fortbildungskosten 35 ff, 37 f, 97
Fortbildungslehrgang 38, 40
Fortbildungsveranstaltung 22

Freibeträge 207
Freibetrag für Berufsausbildungskosten 117
Freiwillige Ablösung 122
Freiwillige Sozialversicherungsbeiträge für ein behindertes Kind 132
Frischzellenbehandlung 132 f
Führerschein (Pkw) 97
Führerschein (Privatflugzeug) 97

Garage am Arbeitsplatz 98
Gastarbeiter s. ausländische Arbeitnehmer
Gaststättenbesuch 14
Geldverlust durch Diebstahl 98
Geldwerter Vorteil 13, 15
Geldzuwendungen an
- Angehörige aus Polen 133
- Besucher aus den Ostblockstaaten 133
- ein ausländisches Waisenhaus 118
- Familien in der Dritten Welt 117
- Kommunale Wahlvereinigungen 117

Gemeindeverwaltungsschule 37
Gemeinschaftsverpflegung 73
Geschenke bei Besuchen in Gefängnissen 93
- an Mitarbeiter 102

Getränkeverkaufsfahrer 62
Gewerkschaft 96
Gewinnbeteiligungs- und Vermögensbildungsmodell 15
Gleisbauarbeiter 33, 52
Großfamilie 52
Gutschriften beim Arbeitgeber 15

Haartransplantationen 134
Hafenarbeiter 26 f
Haushaltsersparnis 121, 139
Haushaltshilfe 130, 134, 135
- Freibetrag für 140

Hausrat
- Entschädigung 144
- Wiederbeschaffung 123, 144, 155 f
- Verlust 110

Heimcomputer 89
Heimfahrten 52 f
an den Wochenenden 66
Heirat 53 ff
vor/Nach der Einreise in die Bundesrepublik Deutschland 54
- während des Heimaturlaubes im Ausland 54 f

Herstellungsaufwand anenkmalgeschützten Gebäuden 135

247

Hochschullehrer 63
Hochschulstudium 39, 115 f, 131
– an einer Fachhochschule 35, 115
– Fernstudium (Offizier) 36 f
– Geschichte als Zweitfach 116
– Kinder- und Jugendpsychotherapie 43
– eines Kindes im Ausland 144
– einer in Korea lebenden Schwester 131
– als Offizier 39
– Prozeßkosten für die Zulassung 140 f
– Psychagogik 116
– Psychologie 117
– Zahnmedizin 43
– Zusatzstudium für die Lehrbefähigung an Sonderschulen 44

Ingenieur 35, 87 f, 100, 103
Jahresurlaub im Heimatland 55
Journalisten 98, 112
Juristenausbildung 13, 98

Kapitalverbrechen 155
Kaufmannsgehilfe 42, 117
Kinderbetreuungsfreibetrag 135
Kindergeld (Weiterleitung) 155
Kinderpflegerin 98 f, 135
Kirchenmusiker 91
Klage 167 ff, 189 f
– Einschränkung 168 f
– Frist 167
– Kosten 168
– Rücknahme 168 f, 191
Klassenfahrt 99, 132
Kleidung 155
(s. auch Berufskleidung)
Körperbehinderung 22 f, 135 ff
– Freibetrag 140
– Querschnittslähmung 145
– Arbeitstraining in einer Behindertenwerkstatt 122
Körperbehindertes Kind, Pauschbetrag 139
Kommunion 15
Konfirmation 15
Konkurs 129, 145
Kontoführungsgebühren 99
Kostennachweis 66
Krankheit 138
– am Urlaubsort 137
Kreditaufnahme zur Finanzierung von Lebenshaltungskosten wegen Arbeitslosigkeit 137
Kundendienst-Techniker 69
Kur 138

Landesfinanzschule 19
Laubengrundstück 21
Lehrabschlußprämie 15
Lehramtsanwärter s. Referendar
Lehrer 33, 39, 43 f, 68, 69, 88, 89, 90, 91, 97, 99, 102, 103, 104, 115, 116
Lehrgänge 23, 55, 73, 100
Lehrgangszuschüsse 40
Lernbehindertes Kind 140
Lizenzen für den
– Linienflug 40, 100
– Segelflug 100
– Segel- und Motorflug 100
Lohnsteuer-Ermäßigungsverfahren 119, 227 ff
Lohnsteuer-Jahresausgleich 227 ff
Lohnsteuerkarte 205 f
Lokomotivführer 73

Merkantiler Minderwert 79
Mietaufwendungen am Arbeitsort 56
Miteigentum des Ehegatten (Wohneigentum) 84
Mitgliedsbeiträge für einen Industrieclub 15
Mitgliedschaft in einem Tennisclub 101
Mittagsheimfahrten 23
Mobile Reserve 33
Möblierung der Wohnung am Arbeitsort 56
Musikinstrumente 89 ff

Nachschlagewerke
– allgemeine 88
– in englischer Sprache 97
Nähkurs 116
Nähmaschine 116
Nebenräume 84
Niederschrift beim Finanzamt 158
Noten 89

Oberkellner 87

Parken vor der Arbeitsstätte 80
Parkgebühren 25, 67 f
Pauschbetrag 28, 207
Pauschsätze 56, 73
Persönliche Verhältnisse von unterstützten Angehörigen 139
Pfarrer 89
Pflegeheim 139
Pflegekindschaftsverhältnis zwischen Geschwistern 140
Pkw
– Diebstahl 76

Stichwortverzeichnis

- Gebrauchtfahrzeug 24
- Kosten 22, 66, 81
- Kreditzinsen 23, 66, 99 f
- Motorschaden 23 f, 79 f
- Nutzungs eines fremden Pkw 24 f
- Nutzungsdauer 101
- Private Nutzung auf Fahrten zwischen Wohnung und Arbeitsstätte 80

Polizeibeamter 29, 31, 68
Postbeamter 63
Praktikum 25
Privates Wirtschaftsgut 113
Privatschule 140
Proband 93
Prozeßkosten 101, 116
Prüfungen
- Patentanwalt 101
- Pharma-Referent 41
- Steuerbevollmächtigter 42 f

Psychagoge 38
Psychologe 41
Psychotherapeut 117

Räumliche Trennung 85 f
Rechtsstreit 141
Redakteur 98
Realschulreife 110
Referendar
- Lehramt 25, 33
- Rechts-(Gerichts-) 17, 27, 62, 68, 83, 111

Regelmäßige Arbeitsstätte 62 f
Regimentsball 80
Reisekosten 62 ff
Reisekostenvorschuß (Verlust) 70
Reitlehrer 101
Reitpferd 101
Rentenversicherung 138, 141
Repräsentationsaufwendungen 102
Revision 9 f, 169 f
Richter 91
Ruhen des Verfahrens 166 f, 188

Schadenersatz 81
Schadenersatzleistungen 102, 142 f
Scheidungsverfahren 143
Schiffsoffizier 104
Schreibmaschine 91
Schreibtisch 89, 91
Schreibtischsessel 89
Schulden des Vaters (Übernahme) 145
Schulgeld 151
Schußwaffen 91
Seeleute 52
Seereisen zur Linderung von Asthma 143

Sekretärin 97
Seminare
- (Balint-Gruppe) 102
- (Psychologie) 103
- Psychotherapie 41

Servvererin 87
„Sittliche Verpflichtung" 143 f
Soldat 80
- Offizier 36, 39, 43
- Zeitsoldat 21, 35, 52, 61, 100

Sonderausgaben 114 ff
Sonstige Werbungskosten 92 ff
Sozialarbeiter 38, 116
Sozialpädagoge 38
Spätaussiedler 144
Spenden 117 ff
- an einen katholischen Orden im Ausland 118

Sportkleidung 91
Sportverein 118
Sprachkursus im Ausland 144
- in England 103
- Französisch 97

„Springer" 33
ständig wechselnde Einsatzstellen 31 ff
Stereoanlage 92
Steuerbescheid 157 ff
Steuergehilfin 110
Steuerklassen 206
Steuerliches Sammelwerk 88
Steueroberinspektor 42
(Stil-)Möbel 89
Strafgefangener 57
Strafverteidigung 103
Streifenfahrten 68
Streitwert 207
Studienfahrten 68 f
Studienreisen 69
Studienseminar 25 f
Sturmschaden 127
Supervisionsveranstaltung 43

Tägliche Rückkehr zur eigenen Wohnung 69
Tätigkeit auf verschiedenen Einsatzstellen 34 f
Tätigkeitsort und Umfang 82
Tätigkeitsorte 26 f, 33 ff
- Ausbildung 27
- Bank 26
- an Bord eines Schiffes 69
- Hafen 26
- in Italien 16
- Nahverkehr 26

Tagegelder 17
Tageszeitung 70
Taxi 27 f
Technikerschule 43
Telefonkosten 103 ff
Teppich 155
Therapiekosten 144 f
Tierpflege 105
Todesfallversicherung 16
Toupet 145
Trachtenanzug 93

Überlassung von Wirtschaftsgütern 17
Übernachtungskosten 70
Umbaumaßnahmen am Einfamilienhaus 145 f
Umzug 57 f, 101
– aus Gesundheitsgründen 146
– Bereitschaft 58
– in ein Eigenheim 105 f
– in eine Eigentumswohnung 105
– der Familie ins Ausland 146
– Kosten 106 ff, 146 f
– späterer 58
Unfall auf der Fahrt zur Beerdigung 147
Unfallkosten 74 ff
Unterbrechung der Arbeitszeit 28
Unterbringung eines Kindes im Heimatland 147
Unterbringungskosten 147 f
Unterhalt eines Wehrpflichtigen 148
Unterhalt in einer eheähnlichen Lebensgemeinschaft 148
Unterhaltsaufwendungen 148 f
Unterhaltsfreibetrag 149
Unterhaltsleistungen 138, 150 f, 153
Unterhaltspflicht 151
Unterhaltszahlungen
– eines ausländischen Arbeitnehmers 151 ff
– an den geschiedenen Ehegatten 153 f
Unterhaltszuschüsse 17
Unterrichtskosten 109
Urlaubsfahrt 136

Verböserung 159
Verlobte 60 f, 61
Verlosung 17
Verlust des Gehaltsanspruchs 109
Verlust durch Hausverkauf 110
Verlust eines privaten Bankguthabens 154
Verpflegung durch den Dienstherrn 74

Verpflegungsmehraufwand 32 f, 40, 55, 67 f, 70 ff, 138
– Schätzung des Mehraufwands 74
– Vergleichsgrundlage 74
Versetzung 61
Versicherungsangestellter 100
Versicherungsprämien 17, 81
Verspätungszuschlag 166, 186 f
Verstoß gegen Verkehrsvorschriften 81
Vertretungszwang 169 f
Verwaltungsjagden 110
Verwaltungs- und Wirtschaftsakademie 44, 117
Volkshochschule 110
Vorschuß von Prozeßkosten an Unterhaltsberechtigte 154
Vorsorgeaufwendungen 119 f, 228
Vorsorgepauschale (Kürzung) 119
Vorsorgeuntersuchung 18
Vorstandsmitglied einer Genossenschaft 39

Wäscherei 134
Wahlkampfkosten 110 f
Wahlstation 111
Wahlverteidiger 155
Waldarbeiter 32, 34
Weihnachtsgeschenke 112
Wehrdienst 111
Wehrübungen 112
Werbegeschenke 112
Werbungskosten 19 ff
– Pauschsätze 112
Werkswohnung 108
Wertminderung 81 f
Wiederbeschaffungszuschlag der Kaskoversicherung 82
Wiedereinsetzung in den vorigen Stand 162 ff, 180 ff
Wirtschaftsfachschule 42
Wochenendhaus 29
Wohnbedarf 85
Wohnmobil 28
Wohnungsbrand 156

Zahlungen zwecks Einstellung eines Straf- oder Bußgeldverfahrens 118
Zeitpunkt des Abzuges 156
Zivilprozeß 156
– Folgekosten 132
Zusicherung der steuerlichen Abzugsfähigkeit 118
Zuwendung von Wirtschaftsgütern 119
Zweitwohnung 28 ff

Abkürzungsverzeichnis

Abs.	Absatz	BUKG	Bundesumzugskostengesetz
AFG	Arbeitsförderungsgesetz	EFG	Entscheidungen der Finanzgerichte
AO	Abgabenordnung		
Bafög	Bundesausbildungsförderungsgesetz	EStG	Einkommensteuergesetz
		FG	Finanzgericht
BFH	Bundesfinanzhof	GG	Grundgesetz
BStBl	Bundessteuerblatt		
BGB	Bürgerliches Gesetzbuch	LStR	Lohnsteuerrichtlinien

Bücher für Ihren unternehmerischen Erfolg

Tips zur Unternehmensgründung, 8. überarbeitete und erweiterte
Auflage, 288 Seiten, gebunden   49,80 DM

Hubert K. Simon: Wie textet man eine Anzeige, die einfach alles
verkauft, 6. erweiterte Auflage, 176 Seiten, gebunden   49,80 DM

Joseph Cossman: Wie ich $ 1.000.000 im Mail-Order-Geschäft
verdiente, 224 Seiten   49,80 DM

Howard Sparks: Mail-Order-Erfolgsbuch, 224 Seiten   49,80 DM

Og Mandino: Das Geheimnis des Erfolgs, 2. Auflage, 192 Seiten,
gebunden   49,80 DM

Walter Schönert: Werbung, die ankommt, 4. überarbeitete Auflage,
276 Seiten, gebunden   49,80 DM

Alfred R. Stielau-Pallas: Die zehn Gebote für Ihren Erfolg,
2. überarbeitete Auflage, 336 Seiten, geb.   49,80 DM

Kenneth Albert: Gründen, kaufen, franchisen, Deutsche Erstausgabe,
256 Seiten, gebunden   49,80 DM

Alfred R. Stielau-Pallas: Ab heute erfolgreich, 3. Auflage, 272 Seiten,
gebunden   49,80 DM

Geld verdienen mit dem Mikrocomputer, 5. erweiterte Auflage,
Arbeitsmappe   98,— DM

Murray Raphel & Ray Considine: Der große Ideenklau, Wie man
Erfolgsideen für Werbung und Verkauf kopiert, 2. Auflage,
240 Seiten   49,80 DM

C.V. Rock: Geld verdienen mit Musik, 240 Seiten, gebunden   49,80 DM

Franchise-Chancen, Selbständigmachen als Partner erfolgreicher
Unternehmen, 160 Seiten, Großformat 20 x 28 cm   49,80 DM

Arbeitsmappe Elektronikgeschäft   98,— DM

Reinhold Schütt: Geschäfte per Post, Wie Sie mit Versandhandel Ihre
Umsätze verdreifachen, 208 Seiten, Großformat 21 x 29,8 cm,
gebunden   98,— DM

Katalog für die Anzeigen- und Kleinanzeigenwerbung,
Großformat 21 x 29,8 cm   49,80 DM

Bücher für Ihren unternehmerischen Erfolg

Reinhold Schütt: Import—Export, Ein Wegweiser zum erfolgreichen Aufbau einer Import-Export-Firma, 3. überarbeitete und erweiterte Auflage, 336 Seiten, Großformat 21 x 29,8 cm, gebunden   98,— DM

Joe Weisbecker: Die Geldmaschine, 250 Ideen für lukrative Nebenverdienste mit dem Mikrocomputer, 2. überarbeitete Auflage, 232 Seiten   49,80 DM

Heinz Mollenhauer: Geld verdienen mit Fotografieren, 2. überarbeitete Auflage, 184 Seiten, gebunden   49,80 DM

Victor Wild: Handbuch für Geschäfte mit dem Mikrocomputer, 2 Bände im Schuber, 520 Seiten   98,— DM

Vera F. Birkenbihl: Der persönliche Erfolg, 272 Seiten, gebunden   49,80 DM

C.V. Rock: Geld verdienen von zu Hause aus, 50 Nebenverdiensttips speziell für Frauen, 2. überarbeitete Auflage, 240 Seiten, gebunden   49,80 DM

Horst Mehler & Klaus Kempe: Wie mache ich mich als Immobilienmakler selbständig, 3. überarbeitete Auflage, 352 Seiten, gebunden   49,80 DM

Reinhold Schütt: Direktvertrieb, Ein Wegweiser zum erfolgreichen Aufbau einer Direktvertriebsorganisation, 240 Seiten, Großformat 21 x 29,8 cm, gebunden   98,— DM

Horst Mehler: Die Erfolgreichen, Deutschlands junge Unternehmer, Originalausgabe, 272 Seiten, gebunden   49,80 DM

H.G. Mirbach: Ihr Recht auf selbständige Arbeit, Unternehmensgründung und Handwerksrecht, Originalausgabe, 304 Seiten, gebunden   98,— DM

Horst Mehler & Hermann Keppler: Wie mache ich mich als Heilpraktiker selbständig, 2. Auflage, 240 Seiten   49,80 DM

Murray Raphel & Ken Erdman: Das Do-it-yourself-Handbuch der Direktwerbung, Originalausgabe, 228 Seiten, gebunden   49,80 DM

Sigurd R. Betz: Wie mache ich mich mit einem Taxi und Kurierdienst selbständig, 232 Seiten   49,80 DM

Lothar J. Seiwert: Mehr Zeit für das Wesentliche, 4. Auflage, 344 Seiten, gebunden   49,80 DM

Bücher für Ihren unternehmerischen Erfolg

Michael Schuncke: Schlüsselworte erfolgreicher Anzeigen,
2. Auflage, 272 Seiten   49,80 DM

Psychologie der Lebenskunst, 2. überarbeitete Auflage,
272 Seiten, gebunden   49,80 DM

Johannes Georg Bischoff & Jürgen Tracht: Wie mache ich mich als
Handelsvertreter selbständig, 192 Seiten   49,80 DM

Hans Slomma: Ihr gutes Recht als Steuerzahler, 256 Seiten   49,80 DM

Gerd Dörr & Egon Raasch: Das Reisegeschäft — Wie gründe und führe
ich ein Reisebüro, 256 Seiten   49,80 DM

Horst Mehler & Wolfgang Zabel: Wie mache ich mich in der
Versicherungsbranche selbständig, 272 Seiten   49,80 DM

Andreas Sattler: Wie mache ich mich als Ingenieur selbständig,
152 Seiten   49,80 DM

Stanley R. Rich & David Gumpert, deutsche Bearbeitung A. Schulze:
Geschäftspläne — So sichern Sie Finanzierung und Erfolg Ihres
Unternehmens, 208 Seiten, gebunden   49,80 DM

Bitte fordern Sie kostenlos und unverbindlich die Gratisinformation über die Spezialreporte an vom Verlag Norman Rentrop, Theodor-Heuss-Str. 4/UK, 5300 Bonn 2, Tel. 0228/8205-0. Sie kommt sofort.

der erfolgsberater

Niemand kann auf allen Gebieten Bescheid wissen: Steuern, Behördenwege, Computer, Werbung, Fördermittel, Versicherungskniffe, Arbeitsrecht, Lohnfortzahlung, Gesellschaftsform und, und, und.

Gerade im steuerlichen und rechtlichen Bereich gibt es so viele Fallen, so viele Haken und Ösen. Doch wie kann man die umgehen, ohne gleich mit dem Gesetz in Konflikt zu kommen? Wie kann man trotzdem den eigenen Vorteil wahren?

Wie oft haben Sie sich deshalb schon gewünscht, daß Sie beim erfolgreichen Aufbau Ihres Unternehmens Spezialisten zur Verfügung haben? Finanzplaner, Organisationsmanager, Unternehmensberater, Rechtsanwälte, Steuerexperten, Personalberater, Versicherungsfachleute und Werbeberater.

Jetzt ist endlich Schluß damit, daß sich das nur Großunternehmen leisten können: Wir haben die besten Erfolgsberater für Sie unter Vertrag genommen und liefern Ihnen das geballte Expertenwissen frei Haus.

Das umfangreichste Beratungswerk für Unternehmensgründer

„Der Erfolgsberater" gibt Ihnen zuverlässig und aktuell Antwort auf alle geschäftlichen Fragen. Über 100 Fachautoren beraten Sie mit Entscheidungshilfen zu allen Fragen des Unternehmensaufbaus. Steuerberater, Rechtsanwälte, Banker, Experten aus Kammern und Verbänden, Unternehmensberater, Versicherungsmathematiker, Werbespezialisten, erfolgreiche Unternehmer und andere Beratungsexperten.

Kein Fachchinesisch

„Der Erfolgsberater" ist speziell für Existenzgründer und Inhaber kleinerer Unternehmen entwickelt worden. Für Leute, die wenig Zeit haben. Die sich nicht erst mühsam durch theoretische Erörterungen quälen wollen. Deshalb kommt „Der Erfolgsberater" sofort zur Sache.

Doppelnutzen: Nachschlagewerk und aktuelle Beratungszeitschrift in einem

„Der Erfolgsberater" bietet Ihnen doppelten Nutzen:

1. Wie in einem Lexikon können Sie zu jedem Thema nachschlagen. Zu fast jeder nur erdenklichen Frage finden Sie klare und verständliche Entscheidungshilfen. 4 Ordner mit mehr als 3.400 Seiten zu den Themengebieten: Steuern * Recht * Versicherung * Organisation * Personal * Unternehmensplanung * Finanzen * Werbung.

2. Jeden Monat aktuelle Beratung. Jeden Monat etwa 90 Seiten zusätzlich. Dadurch bleiben Sie stets auf dem laufenden. Über alle steuerlichen, gesetzlichen und anderen Veränderungen. Gleichzeitig erhalten Sie aktuelle Tips und Meldungen. Und Ihre Sammlung von Entscheidungshilfen wächst stetig. Auf welche Frage Sie jetzt auch eine Antwort suchen. Sie finden jede Problemlösung sofort mit dem aktuellen Suchwortregister.

Für Unternehmer, die mehr erreichen wollen

„Der Erfolgsberater" nimmt Ihnen Ihre eigene Arbeit nicht ab. Aber er hilft Ihnen, dafür mehr Zeit zu finden. Denn in allen Entscheidungen sind Sie sicherer, wenn Sie vorher seine Beratung gesucht haben. 24 Stunden am Tag haben Sie vollen Zugriff auf Fachwissen. Praxisgerecht aufbereitet. Von erfahrenen Unternehmern und Beratern in verständlichem Deutsch geschrieben. So erreichen Sie mehr. Holen sämtliche Reserven aus Ihrem Geschäft. Motivieren Ihre Mitarbeiter. Sind schneller am Ziel, weil Sie mit Checklisten, Praktikerformularen und Musterverträgen wertvolle Zeit sparen. Und trotzdem viele Fehler vermeiden. So gewinnen Sie leicht manche zusätzliche Mark.

Lassen Sie sich ohne Risiko überzeugen. Fordern Sie kostenlos und unverbindlich die Gratisinformation über den „Erfolgsberater" an vom **Verlag Norman Rentrop, Th.-Heuss-Str. 4/EB, 5300 Bonn 2, Telefon 0228/8205-0**. Sie kommt sofort.

die geschäftsidee

Ein Abonnement sichert Ihnen die jeweils neuesten Geschäftsideen und einen wichtigen Informationsvorsprung

Brandaktuell können Sie alle zwei Monate die neuesten Ergebnisse des Geschäftsidee-Redaktionsteams auf Ihren Tisch bekommen. Durch ein Abonnement. Fordern Sie kostenlos und unverbindlich die Gratisinformation „UK" vom Verlag Norman Rentrop, Theodor-Heuss-Str. 4/UK, 5300 Bonn 2, Tel. 0228/8205-0, an. Sie kommt sofort.

Kurzbeschreibung

Die Geschäftsidee erscheint sechsmal im Jahr. Jede Ausgabe umfaßt 104—120 DIN A 4-Seiten und enthält **zwei** ausführliche Marktstudien, genannt „Unternehmenskonzepte", über lukrative Unternehmen, die mit geringem Startkapital (meist 500 DM bis 100.000 DM) zu gründen sind.
Darüber hinaus veröffentlichen wir:

1. Erfolgsberichte erfolgreicher Jungunternehmer
Da lesen Sie keine Reportagen, die ans Herz gehen, sondern knallhart ausrecherchierte Berichte über Leute, die in den letzten Jahren das große Geld gemacht haben.

2. Neue Produkte
Informationen über wirkliche Neuheiten, die es zum Teil in Deutschland noch gar nicht gibt. Womit können Sie Ihr Angebot erweitern und Zusatz-Umsatz reinholen? Alle Angaben immer mit Bezugsquellennachweis, mit vollständiger Adresse und Telefonnummer.

3. Aktuelle Warnungen vor betrügerischen Angeboten
Immer wieder versuchen Scharlatane, gutgläubigen Menschen mit phantastischen Versprechungen das Geld aus der Tasche zu locken. Wir beobachten neue Anbieter und sagen Ihnen, was Sie davon zu halten haben.

4. Kurzberichte über brandheiße, seriöse Geschäftsgelegenheiten

5. Werbetips
Hier erfahren Sie, wie clevere Geschäftsleute statt durch mehr Geld durch mehr Köpfchen bessere Werbewirkung erzielen.

6. Lizenz-Börse
Technologische Neuheiten und ihre Herstellungspreise. Und neue Produkte, für die Sie Lizenzen erwerben können.

7. Franchise-Portraits
Wie Sie sich mit Lizenzen großer Unternehmen selbständig machen können. Was kosten Lizenzen? Was sind sie wirklich wert? Worauf müssen Sie achten?

Die Geschäftsidee ist nur im Abonnement erhältlich.

Wer liest die Geschäftsidee?

Bezieher sind in erster Linie Personen, die sich mit einem lukrativen Kleinunternehmen eine eigene Existenz bzw. ein zweites Bein aufbauen wollen oder die nach einer Kapitalanlage suchen, bei der sie die volle Kontrolle behalten.
Darüber hinaus zählen aber auch folgende Fachleute zu unseren Abonnenten:

Rechtsanwälte
halten sich durch unseren Dienst auf dem laufenden, um ihre Mandanten besser über Geschäftsmöglichkeiten beraten zu können.

Steuerberater/Wirtschaftsprüfer
werden von ihren Klienten immer wieder nach günstigen Geschäftsgelegenheiten gefragt. Dafür abonnieren sie unsere unabhängig erstellten Berichte.

Bankkaufleute
verlangen nach objektiven Informationen über Kosten- und Ertragsfragen von Kleinunternehmen. Die „Geschäftsidee" liefert sie ihnen.

Unternehmensberater
benötigen unsere gründlich und umfassend ausgearbeiteten Berichte, um ihren Klienten, die oft mit wenig durchdachten Plänen zu ihnen kommen, in der Praxis erprobte, erfolgreiche Unternehmen empfehlen zu können.